Studies on the Spread of Zoroastrianism in Medieval China

中古祆教东传及其华化研究

张小贵 著

上海古籍出版社

本书为国家社科基金青年项目（12CZS072）成果

本书出版受暨南大学高水平大学建设经费资助

前　言

　　古代中国所流行的火祆教，又称祆教、火教、拜火教等，乃源于波斯的琐罗亚斯德教（Zoroastrianism）。根据文献记载，入华祆教主要以粟特为首的中亚民族为信仰载体，观其礼俗，与波斯琐罗亚斯德教之间并不完全等同。两者的差异表明火祆教并非由波斯本土直接输入，而是经由中亚传入中国。

　　波斯琐罗亚斯德教，是人类文明史上最古老的一个宗教，该教系因教主琐罗亚斯德（Zoroaster）而得名。琐罗亚斯德，陈垣先生音译为“苏鲁阿士德”，宋僧赞宁的《僧史略》、南宋姚宽的《西溪丛语》则写作“苏鲁支”。其实，根据古伊朗语文献，教主名字应读为查拉图斯特拉（Zarathustra），却由于古希腊人讹音而沿袭为琐罗亚斯德。所谓琐罗亚斯德教，即信仰先知查拉图斯特拉启示之宗教。传统观点认为琐罗亚斯德生活于公元前660—前583年（或公元前628—前551），随着学界对该教经典的深入研究，从其所使用的语言及所描述的内容看，越来越多的学者认为其应早于公元前6世纪，甚至将琐罗亚斯德的生卒年代推至公元前1000年之前。

　　语言学的研究表明，《阿维斯陀经》和琐罗亚斯德教应起源于中亚南部和东伊朗地区。到了阿契美尼（Achaemenian）王朝时期（约公元前550—前330），该教已作为国教，在波斯帝国境内风靡流行。而此时的中亚粟特地区也已经纳入古波斯帝国版图，因此其祆教除保有古老的传统外，很可能亦受古波斯体系化的琐罗亚斯德教影响。至马其顿的亚历山大征服波斯并实行希腊化时期（公元前330—前141），琐罗亚斯德教渐趋湮灭。在帕提亚（Parthian）王朝（公元前141—公元224）末叶，它又重新兴起。到了萨珊（Sasanian）王朝（224—651），它重被奉为国教，臻于全盛。严格地说，萨珊王朝并非简单恢复阿契美尼王朝的宗教，而是在新的时期对古宗教体系化、规范化。现存的琐罗亚斯德教经典，绝大部分就是在这个时期，通过国家的力量，按统治者的旨意，整理形成的，事见公元9世纪编订的帕拉维文献《宗教行事》（Denkard）第四卷17—18节的记载。[1] 可以说，萨珊版的琐罗亚斯德教才是严格意义上的宗教。到了公元7世纪中叶，阿拉伯人征服波斯，该教日益式微。大概在公元8世纪至10世纪间，波斯本土不愿改宗伊斯兰教的虔诚琐罗亚斯德教徒，成批离开家乡，远涉重洋，移民到印度西部海岸地区定居，继续其祖先的信仰，逐渐发展成为当地一个新的少数民族，印度人取波斯的谐音谓之帕尔西人（Parsis），称其所奉的宗教为帕尔西教（Parsism），事见帕尔西人用波斯文撰作的编年史诗《基萨桑赞》（Qesse-Ye Sanjān）。[2]

　　萨珊时期，中亚祆教与波斯琐罗亚斯德教之间的关系如何呢？我们知道，萨珊帝国包含了中亚西部和阿富汗的东部地区，并延伸到外高加索、美索不达米亚和阿拉伯的一部分。然而粟特地

---

[1] Prods Oktor Skjærvø, *The Spirit of Zoroastrianism*, Yale University Press, 2011, p.41. Mansour Shaki, "The Dēnkard Account of the History of the Zoroastrian Scriptures", *Archīv Orientālnī*, 49, 1981, pp.116, 118–119.

[2] Alan Williams, *The Zoroastrian Myth of Migration from Iran and Settlement in the Indian Diaspora: Text, Translation and Analysis of the 16th Century Qesse-Ye Sanjān, "The Story of Sanjan"*, Leiden · Boston: Brill, 2009. J. J. Modi, *The Religious Ceremonies and Customs of the Parsees*, Bombay 1922, 2nd 1937, repr. 1986.

区并不在其版图之内。在频繁的政治变迁中,粟特地区并未臣属于波斯,但政治联系的中断并不意味着文化上的隔绝。唐时的粟特地区尽管已经伊斯兰化,但"易主而未易宗",仍与波斯本土的琐罗亚斯德教保持联系。然而将汉籍所记的中亚祆教习俗与波斯萨珊朝琐罗亚斯德教的习俗比较,可发现两者存在着明显的区别。如唐宋笔记和敦煌文书所记的祆主剖腹之类的巫术、幻术习俗,并不为正统琐罗亚斯德教所容。以目前的研究来看,中亚传播及流入中国的祆教与波斯原教旨的琐罗亚斯德教之间,其较为明显的差异当属葬俗了。中亚粟特人的祆教崇拜,包括诸多祆神形象,已不断被文字记载和考古发现所证明。彼类图像资料与古波斯文献的记载能否一一对应,已成为学界日益关注的课题。一般认为,正统琐罗亚斯德教徒除了教主查拉图斯特拉的圣像外,并无其他偶像崇拜,这一传统观点也越来越受到挑战。另外,中亚地区自古是波斯、拜占庭、印度与中国文明的交汇之地,伊斯兰化之前,不仅佛教、印度教、基督教、摩尼教、祆教等几大宗教都在不同程度上流行,而且当地的宗教信仰更是五花八门。因此,当地的祆教信仰不可避免会受到多种文明、多种宗教的影响。

就目前的研究来看,祆教与琐罗亚斯德教之间的区别至少可概括为如下三方面:

(1)神谱。琐罗亚斯德教,最大的神叫阿胡拉·马兹达,主神是天神,还有六个辅神辅助它,故可以说,琐罗亚斯德教基本上是一神教。祆教不一样,有琐罗亚斯德教的神,也吸收了印度早期的神,如四条手臂的娜娜(Nana)神,起源于西亚两河流域,从贵霜进入中亚。在中亚,还有一些本地的神。所以祆教是多神教,与波斯的琐罗亚斯德教是有区别的。

(2)形象。琐罗亚斯德教不搞偶像崇拜,但祆教从出土文物看,起码有两种偶:木偶、陶偶。从偶像来看,一种搞偶像崇拜,一种不搞。

（3）葬仪。琐罗亚斯德教是天葬，让鸟兽处理尸体，有尸台。祆教，则是在死尸自然风化后，将遗骨放到骨瓮里。[1]

中国火祆教与同源于波斯的其他两个外来宗教，即摩尼教、景教不同，前者并不像后两者那样有汉译经典传世，遂使后人对入华祆教的了解不乏歧异之处。这种由于"展转间接"传播"致失原来精意"的结果，正有待于学界的深入探讨。

"外夷习俗之传播，必有殊类杂居为之背景"，既然祆教传入中国主要以粟特移民为载体，则对入华胡人聚落宗教生活的考察，有助于我们对祆教入华传播的认识。有关粟特聚落祆教信仰的研究，百年来中外学界成果颇多。20世纪末以来，太原隋代虞弘墓和西安北郊北周安伽墓的发掘，引起学界对有关发现，特别是涉及中亚历史文化的文物遗存，进行了热烈讨论；对其中的祆教内涵，尤其是祆教神祇、祭祀和赛祆场景，进行了不同程度的解读。2003年6月，在西安未央区大明宫乡井上村东出土的北周史君墓，2004年4月在南距上揭安伽墓仅150米又发现了北周康业墓，把粟特祆教的研究推向了高潮。上揭考古新发现为古代中亚民族的习俗、信仰提供了丰富的第一手资料，有助于我们深入认识入华祆教徒的宗教生活。根据相关墓志记载，这些墓主的身份多为"土生胡"而非"兴生胡"。窃以为，要对这些墓葬资料的文化内涵作出更切合历史实际的解读，必须借助陈寅恪先生"胡人汉化的世代层次"这一历史理念：

---

[1] 蔡鸿生先生于2006年4月5日下午在中山大学历史系中外关系史"学理与方法"讨论课上，评论了"粟特人在中国——历史、考古、语言的新探索"会议及同名论文集，对祆教与琐罗亚斯德教之间的区别作出了精彩概括。参见《"粟特人在中国"的再研讨》，陈春声主编《学理与方法——蔡鸿生教授执教中山大学五十周年纪念文集》，香港：博士苑出版社，2007年，第9—13页；此据修订本，见其著《读史求实录》，广州：广东人民出版社，2010年，第32页。

　　吾国中古之时,西域胡人来居中土,其世代甚近者,殊有考论之价值。若世代甚远久,已同化至无何纤微迹象可寻者,则止就其仅余之标帜即胡姓一事,详悉考辨,恐未必有何发见,而依吾国中古史"种族之分,多系于其人所受之文化,而不在其所承之血统。"之事例言之,(见拙著《唐代政治史述论稿》及《隋唐制度渊源略论稿》。)则此类问题亦可不辨。故谓元微之出于鲜卑,白乐天出于西域,固非妄说,却为赘论也。[1]

只有将胡客的先驱与其后裔严加区别,才可避免将胡姓居民与胡族移民混为一谈,才能明察中古"胡化"现象的变迁,从而对入华粟特人的汉化形式与程度做出精确分析。也惟有如此,对此类墓葬主人宗教信仰状况的推测始有历史感可言。

　　19世纪末叶以来中亚的出土文物中,包含有佛教、景教、摩尼教等宗教经典的粟特文写本,而迄今为止未能确认有过粟特文本的火祆教经典,由此看来,粟特系的祆教并不具备完整的宗教体系,而不过是胡俗的组成部分。唐会昌灭法,火祆教亦曾受到取缔。之后,火祆教的命运如何呢?宋代资料表明,祆庙、祆祠已被纳入官方轨道,与泰山、城隍等传统祠庙一样,享受官方规定的祭祀标准。祆神已进入了中国的万神殿,成为民间诸神之一。也就是说,以粟特人为主要载体的祆教进入中国后,又受到中国传统文明的洗礼,逐步华化。考察祆教在唐宋中国的华化形态,对于研究异质文明之融入中华传统文明,要比其他两个夷教,即景教和摩尼教,更具典型的意义。由于祆教并未以完整宗教体系入传中国,没有将其经典汉译行世,故就中古祆教的传播走向,从礼俗的角度进

---

〔1〕陈寅恪《白乐天之先祖及后嗣》,见氏著《元白诗笺证稿》,上海古籍出版社,1978年,第307—308页;北京:三联书店,2001年,第317页。

行考察无疑更有说服力。礼俗作为一种习惯势力,其固有的保守性和连续性,对于认识宗教的原始面目,无疑大有裨益。琐罗亚斯德教史研究的权威英国玛丽·博伊斯教授(Mary Boyce,1920—2006),评论西方学界的琐罗亚斯德教研究时,特别强调研究仪式的重要性:

> 他们以基督教为中心来审视琐罗亚斯德教,因此当新宗教吸收了琐罗亚斯德教的主要信条后,其重要性也随之完结。因此他们并不关心现存的琐罗亚斯德教仪式,也不关心其独特的信条。
>
> 西方琐罗亚斯德教研究的一个弱点是过分依赖文书……在对宗教进行纯学术研究时,很可能会主观选择一些看似重要的部分;而根据与现实信仰的接触,可以使人们了解信徒对本教教义的理解,这些教义可能就体现在主要仪式中。[1]

博伊斯教授这一观点显然已得到国际琐罗亚斯德教学界的呼应,近年有关这方面的研究已大有改观。由于火祆教没有汉译经典出土,又缺乏明确的遗址遗物的发现,所以国人研究不乏模糊之处。以祆教礼俗为研究对象,无疑有助于我们的立足点落到实处,从而全面和深入地认识祆教"展转间接"传入中国后,其发生变异的过程及最终命运。

---

[1] Mary Boyce, "The Continuity of the Zoroastrian Quest", in W. Foy ed., *Man's Religious Quest: A Reader*, London: Croom Helm in association with the Open University Press, 1978, p.604, 613.

目录

第一章　祆教教主华名考释

第一节　祆教"苏鲁支"语源考

近年福建霞浦新发现了一批民间宗教科仪抄本，其间多见"苏鲁（路）支佛"之名，[1] 甚至有专颂该佛之唱词，证明源于古代波斯的祆教亦为中国民间宗教所吸收，或者说，该教在中国最终亦汇入了中国之民间宗教。本节拟就该教创立者"苏鲁支"一词的语源作一考察，冀为日后解读霞浦抄本所见祆教成分作一铺垫。

一般认为，中古时期流行的祆教乃源于波斯琐罗亚斯德教（Zoroastrianism），不过与其他两个同时期流行中土的夷教，即摩尼教、景教有所不同，其并无汉译经典问世，文献中有关该教的记载，多见诸教外典籍。如有关该教创始人的记录，即见于北宋太平兴国三年（978）佛僧赞宁所撰《大宋僧史略》，其第五十五篇《大秦末尼》条有云：

---

[1] 有关发现的详细报道和论证详参陈进国、林鋆《明教的新发现——福建霞浦县摩尼教史迹辨析》，载李少文主编，雷子人执行主编《不止于艺——中央美院"艺文课堂"名家讲演录》，北京大学出版社，2010年，第343—389页。

火祆^{火烟}教法，本起大波斯国。号苏鲁支，有弟子名玄真，习师之法，居波斯国大总长，如火山，后行化于中国。贞观五年（631），有传法穆护何禄，将祆教诣阙闻奏。[1]

《大宋僧史略》所记表明，火祆教起源于波斯，其创立者被称为"苏鲁支"。"苏鲁支"是否即为波斯琐罗亚斯德教先知琐罗亚斯德（Zoroaster）？现代火祆教研究的奠基人陈垣先生，早在1923年正式发表的《火祆教入中国考》一文中便已指出："西历纪元前五六百年，波斯国有圣人，曰苏鲁阿士德Zoroaster，因波斯国拜火旧俗，特倡善恶二原之说：谓善神清静而光明，恶魔污浊而黑暗；人宜弃恶就善，弃黑暗而趋光明；以火以光表至善之神，崇拜之，故名拜火教。……《四裔编年表》于'周灵王二十一年'波斯条下曰：是时琐罗阿司得著经立教，为波斯之圣。即指此也。"[2]陈垣先生并引南宋绍兴间姚宽《西溪丛语》卷上的记载："予长兄伯声，尝考火祆字，其画从天，胡神也，音醖坚切，教法佛经所谓摩醯首罗也。本起大波斯国，号苏鲁支，有弟子名玄真，习师之法，居波斯国大总长如火山，后行化于中国。"[3]就姚氏所记，陈垣先生评论道："苏鲁支之说，本于北宋初赞宁《僧史略》（卷下），苏鲁支当即苏鲁阿士德。"[4]苏鲁阿士德、琐罗阿司得无疑乃为Zoroaster的音译，现在一般音译为琐罗亚斯德。"苏鲁支"即为其中古时期的译

〔1〕（宋）赞宁《大宋僧史略》，日本大正新修《大藏经》（54），No.2126，财团法人佛陀教育基金会出版部，1990年3月初版，第253页中。

〔2〕陈垣《火祆教入中国考》，完成于1922年4月，发表于《国学季刊》第一卷第一号（1923年1月），发表后，1923年1月、1934年10月作者进行过两次校订。本书采用1934年10月校订本，据《陈垣学术论文集》第一集，北京：中华书局，1980年，第304页。

〔3〕（宋）姚宽撰，孔凡礼点校《西溪丛语》（《西溪丛语·家世旧闻》，唐宋史料笔记丛刊），北京：中华书局，1993年12月第1版，2006年9月北京第3次印刷，第42页。

〔4〕陈垣《火祆教入中国考》，《陈垣学术论文集》，第305页。

音，这是目前学界较为通行的观点。[1]不过，对于"苏鲁支"一词的确切语源，学界尚无专门探讨。因此，比较古代诸种语文有关琐罗亚斯德的不同拼写与音读，或许有助于探知汉文"苏鲁支"的语源。

先知琐罗亚斯德一名，首见于该教经典《阿维斯陀经》中最古老的部分《伽萨》(*Gāthās*)中，写作 zaraθuštrā，读作 Zarathushtra，如《伽萨》第3首 *Ushtavaitī Gāthā* 第14节(*Yasna* 46.14)记载：[2]

zaraθuštrā kastē aṣauuā uruuaθō
mazōi magāi kə̄.vā fərasrūidiiāi vaštī
aṯhuuō kauuā vīštāspō yāhī
yə̄ṇgstū mazdā hadəmōi minaš ahurā
tə̄ṇg zbaiiā vaŋhə̄uš uxδāiš manaŋhō
哦，Zarathushtra，谁是您的真诚盟友，
共襄传教盛举？谁愿借以威名远扬？
这位维什塔斯帕国王，他愿担此重任。
哦，智慧上神，
我愿以善思之言，晓谕他们。

据学者研究，《伽萨》是先知琐罗亚斯德的作品，其用古阿维斯陀语(Old Avestan)写成，其语法结构和风格，以及内容与创作于公元前1700年左右的《梨俱吠陀》(*Rigveda*)极为接近，时

---

〔1〕林悟殊《摩尼教华名辨异》，原刊香港《九州学林》2007年春季5卷1期，第180—243页；此据其著《中古夷教华化丛考》，兰州大学出版社，2011年，第57页。

〔2〕Helmut Humbach and Klaus Faiss, *Zarathushtra and His Antagonists*, Wiesbaden: Dr. Ludwig Reichert Verlag, 2010, p.137.

间至少应在公元前1千年之前。[1]复考新《阿维斯陀经》(Young Avesta)中，先知的名字为zaraϑuštrā，读作zarathushtra，与《伽萨》写法相同。如《诸神颂》第五部《水神颂》(Arədwī Sūrā Anāhitā Yašt)第17—18节记载道：[2]

> tąm yazata yō daδuuå ahurō mazdå airiiene vaējahi vaŋhuiiå dāitiiaiiå ...
>
> āaṯ hīm jaiδiiaṯ auuaṯ āiiaptəm dazdi mē vaŋuhi səuuište arəduuī sūre anāhite
>
> yaϑa azəm hācaiiene puϑrəm yaṯ pourušaspahe ašauuanəm zaraϑuštrəm
>
> anumatōe daēnaiiāi anuxtōe daēnaiiāi anu.varštōe daēnaiiāi
>
> 造物主阿胡拉·马兹达，在至善雅利安领地礼拜她。
>
> 他如此向她祈求道：赐予我力量，哦，善而强大的苏拉·阿娜希塔，
>
> 吾将劝诱婆鲁沙斯帕(Pourušaspa)之子，循规蹈矩的Zarathustra,
>
> 谨遵本教善思、善言、善行之律法！

据古伊朗语言学家的研究，新阿维斯陀语比古阿维斯陀语晚两到三百年，如新《阿维斯陀经》的《诸神颂》中，Farvardin Yašt比《伽

---

[1] Mary Boyce, *A History of Zoroastrianism*, Vol.1, Leiden: E. J. Brill, 1975, 3rded., 1996, p.3. Jean Kellens, "Zarathustra and the Old Avesta", in his *Essays on Zarathustra and Zoroastrianism*, transl. and ed. by P. O. Skjærvø, Mazda Publishers, Inc., 2000, pp.31-47.

[2] P. O. Skjærvø, "Zarathustra in the Avesta and in Manicheism. Irano-Manichaica IV", *La Persia e l'Asia centrale da Alessandro al X secolo* (Roma, 9-12 novembre 1994), Roma: Accademia Nazionale dei Lincei, 1996, p.597.

萨》晚最少两百年,[1]相当于阿契美尼时期的古波斯文碑铭时间或略早。[2]

中古波斯文帕拉维文(Pahlavi)文书中,先知的名字写作zarduxšt,读作zardušt。 如创作于9、10世纪[3]的《宗教行事》(Dēnkard 7.4.63)记载:[4]

> wēnābdāg-dwārišnīh ī dēwān pēš az Zarduxšt andar gēhān
> Škast kālbod ī-šān pas pad frāz-srāyišnīh ī Zarduxšt dēn
> Zardušt 将世上无所不在的恶魔尽收眼底。
> Zardušt念诵本教圣言,立将彼等摧毁。

根据古伊朗语言学家的研究,Zardušt一词应由米底语(Medean)有关古波斯先知的称谓*Zarat.uštra演变而来。[5]对比阿维斯陀语中的zaraϑuštrā,中古波斯文Zardušt一词显然更为简约。

以上所引古波斯先知之名,皆见于琐罗亚斯德教内典。此外,帕提亚文(Parthian)摩尼教文书M42也记录了这一波斯先知,写

〔1〕 T. Burrow, "The Proto-Indoaryans", *Journal of the Royal Asiatic Society*, 1973, p.139.

〔2〕 Jean Kellens, *Essays on Zarathustra and Zoroastrianism*, pp.35 –39. 新《阿维斯陀经》中的某些部分与古《阿维斯陀经》类似,因此亦被称为"仿古阿维斯陀语"(pseudo-Old Avestan), 见K. Hoffmann and J. Narten, *Der Sasanidische Archetypus. Untersuchungen zu Schreibung und Lautgestalt des Avestischen*, Wiesbaden, 1989, p.89. 也有学者认为古《阿维斯陀经》与新《阿维斯陀经》是同时代的,见I. Gershevitch, "Approaches to Zoroaster's Gathas", *Iran*, 33, 1995, pp.1–29.

〔3〕 M. Macuch, "Pahlavi Literature", in R. E. Emmerick & M. Macuch ed., *The Literature of Pre-Islamic Iran*, New York: The Persian Heritage Foundation, 2009, pp.130–131.

〔4〕 M. Molé, *La legende de Zoroastre selon les textes pehlevis*, Paris: Librairie C. Klincksieck, 1967, pp.52–53.

〔5〕 I. Gershevitch, "Zoroaster's own Contribution", *Journal of Near Eastern Studies*, Vol.23, No.1, 1964, p.38.

作 zrhwšt, 读作 zarhušt:[1]

> lwg 'wd zhg'n pdrwft, mn wsn'd 'wsxt zrhwšt 'w p'rs
> šhrd'ryft, 'wš nm'd
> r'štyft, wjyd mn hnd'm 'c hft pdgs rwšn'n.
>
> （孩子祈求：）世界面临灾难，孩子们变得恐慌。为了我，
> zrhwšt 降临波斯。他开示真言，从七域之光明中挑用作吾"四
> 肢"之物。

粟特文摩尼教文书中，亦不乏这位伊朗先知的记载，写作
zr'wšc, 读作 zrušč。[2] 如勒柯克在吐鲁番胜金口所获粟特文
书（T III S=TM462）18434 号残片正面，即有关于这位先知的
传说，德国著名伊朗学家宗德曼（W. Sundermann）教授将其释
读为：[3]

> ...zr'w]šc[h...] tykw[š...] xw zr[...] 'sky s'r LA [...]
> xw 'ɪt'w zr'wšch šw' kw xrtx'yz s'r. rt[ms...] ''pryw'nh [...
> ...] wny'h p'δy kw[ZY *ZKn] zrwry yzδ'ys 'skw['z. ...

---

[1] Mary Boyce, *A Reader in Manichaean Middle Persian and Parthian, Texts with Notes*, Leiden: E. J. Brill, 1975, p.171. 译文参考 Hans-Joachim Klimkeit, *Gnosis on the Silk Road. Gnostic Texts from Central Asia*, HarperSanFrancisco, 1993, p.125. 另参阅 D. Durkin-Meisterernst, *Dictionary of Manichaean Middle Persian and Parthian*, (*Dictionary of Manichaean Texts*, Vol.III, *Texts from Central Asia and China*, ed. by Nicholas Sims-Williams, Part 1) Turnhout: Brepols, 2004, p.384.

[2] 参阅 P. B. Lurje, *Personal Names in Sogdian Texts*, (Iranisches Personennamenbuch Band II, Mitteliranische Personennamen Faszikel 8), Wien: Verlag der Österreichischen Akademie der Wissenschaften, 2010, p.473.

[3] Sundermann, "Bruchstücke einer manichäischen Zarathustralegende", in R. Schmitt and P. O. Skjaervø eds., *Studia Grammatica Iranica. Festschrift für Helmut Humbach*, Munich, 1986, pp.461–482.

zrwr wyspw [...] ZY ZKw xyp[δ...

……Zrušč 看着……Zarwar 没有……向上

正直的 Zrušč 走向西方。并且……祈祷（赞美）……

在一棵树脚下，Zarwar 的偶像在那儿

Zarwar……每个……和他自己的……

现存大英图书馆的一份粟特文残片（Or.8212.84=Ch.00289），有关波斯先知的写法与上引粟特文略有差异，但读音并无二致：[1]

1　[....]mwγšt myšt'y wšt'y wšt''y

2　'štwγm'y twrt'y 'γwšt'yrtm

3　wyδ'γty 'YKZY 'skw'z 'γw βγ'n MLK'

4　'βs'yst y γwpw 'δδβγ 'wyh β(w)δ'nt'k

5　rwγšn' γrδ mnyh prw šyr'kw šm'r'kh

6　pr'ys wr 'γw 'sptk 'rt'w <u>zrwšc</u>

7　šw βr' nm'c MN s'pt z'nwk'

8　'kw γw'r'nt MN γw'r'nt z'nwk'

9　'kw s'pt rtšw m'yδ ptyškwy βγ'

10　[š](y)r'nk''rk δ'tnm'nn δ't

当其时，名震遐迩、无所不能的众神之王 ādhvagh，正居住在香氲缭绕的天堂中善思。这时完美正直的苏鲁支（zrwšc）走来，向他祈祷，从左膝到右膝，从右膝到左膝，然后向他祈求道："哦，神，仁慈的立法者，公正地进行审判……"

[1] N. Sims-Williams, "The Sogdian Fragments of the British Library", *Indo-Iranian Journal*, Vol.18, 1976, pp.46-47.

此外,琐罗亚斯德之名亦见于摩尼教回鹘文文书,其写法与粟特文相同,见于勒柯克1905年在Idiqut Shahri发现,并于1908年刊布的一份摩尼教文书,其反面9—14行内容如下:

9　yäk antaq ölti: qamlar uluγï

10　uvutluγ boltï: ymä zrušč b[urxan]

11　ärtüki yirdä turup bavï[l balïq]

12　ortusïngaru bardï anta[......]

13　[tn]grilik itilmiš [...]

14　[...]

恶魔当场死亡。最伟大的祭司颇感惭愧。从先知Zrušč所在之处,他站起来,走进巴比伦[城]的中间。在那儿[……]一座庙建立起来[……][1]

学者们早已论及8、9世纪之后,回鹘奉摩尼教乃由于回鹘助唐平乱后,依靠粟特人发展商业经济,因而在宗教信仰上亦不得不受到信奉摩尼教的粟特人的左右。[2]因此回鹘文摩尼教文书受粟特文影响自不难理解。[3]

此外,现在通行的英文Zoroaster,为拉丁语写法,应借自希腊语Zōroastrēs,意为"熟知众星者",源于希腊哲学家对Zarathushtra

[1] 文书原编号为T II D 175,现编号U4。P. O. Skjærvø, "Zarathustra in the Avesta and in Manicheism. Irano-Manichaica IV", pp.618-620.

[2] 林悟殊《回鹘奉摩尼教的社会历史根源》,原刊《世界宗教研究》1984年第1期,此据其著《摩尼教及其东渐》,北京:中华书局,1987年,第87—99页;台北:淑馨出版社增订本,1997年,第83—95页。

[3] Y. Yoshida, "When Did Sogdians Begin to Write Vertically?", *Tokyo University Linguistic Papers,* 33, 2013, pp.375-394.

的讹称。[1]在希腊文中,这一名称有以下几种变体:Zathraustēs、Zōroastēr、Zaratas和Zarades。[2]

马小鹤先生在讨论霞浦文书中的"苏路支"和"苏鲁支"时,采用了蒲立本(E. G. Pulleyblank, 1922—2013)所构拟的后期中古音(LMC. Late Middle Chinese),并据米克尔森(G. B. Mikkelsen)《摩尼教汉文献词典》注明相应的安息文(Pth. 即Parthian帕提亚文)及其读音,以及英文译名,指出苏路支、苏鲁支乃源于帕提亚文zrhwšt [zarhušt] "zoroaster"。马先生提到:"琐罗亚斯德在中古波斯文(MP即Middle Persian)中作zrdrwšt,读若zardrušt;粟特文文书TM393作'zr'wšc。"[3]然未论及"苏路支"和"苏鲁支"直接来自何种语言。根据高本汉(K. Karlgren, 1889—1978)构拟的中古音,苏鲁支/苏路支可读作suo-luo-tþ˜(e(,而根据蒲立本所构拟的中古音,其可读作sou-lou-cje。[4]从以上所列举诸种语文关于琐罗亚斯德的不同称谓中,窃意粟特文Zrušč与"苏鲁支"三字最为接近。而粟特文声母"Z"和汉语苏的声母"S"之差异,则可从中古汉语清浊声母交替运用中寻求解释。[5]日本粟特文专家吉田豊教授曾揭示,汉语"四"的粟特语读音有三种:"sy\zy\s[y]";汉语

[1] Helmut Humbach and Klaus Faiss, *Zarathushtra and His Antagonists*, p.5.
[2] Gh. Gnoli, "Further Considerations on a Manichaean Dating of Zoroaster", in N. Sims-Williams ed., *Proceedings of the Third European Conference of Iranian Studies*, Part 1, *Old and Middle Iranian Studies*, Wiesbaden: Dr. Ludwig Reichert Verlag, 1998, pp.16-17. P. O. Skjærvø, "Zarathustra in the Avesta and in Manicheism. Irano-Manichaica IV", pp.607-609.
[3] 马小鹤《明教"五佛"考——霞浦文书研究》,《复旦学报》(社会科学版)2013年第3期,第112页。D. Durkin-Meisterernst, *Dictionary of Manichaean Middle Persian and Parthian*, p.384.
[4] http://www.eastling.org/tdfweb/midage.aspx.
[5] [加拿大]蒲立本著,孙景涛译《古汉语语法纲要》,北京:语文出版社,2006年,第10页。

"谕示"的粟特文读音为"ywzy",[1]都有助于说明用"苏"来对应粟特文Zrušč,符合中古粟特文汉文互译的规律。也就是说,汉籍有关古波斯先知名字的音读应来自粟特语。至于选用"苏"字的原因,荣新江先生曾提示笔者,"苏"常作为中古时期入华伊朗系民众的汉译姓氏,其中一个显例便是1955年冬西安出土的晚唐苏谅妻马氏墓志。该志文为帕拉维文与汉文双语合璧。[2]汉文志文为:

> 左神策军散兵马使苏谅妻马氏,己巳生,年廿六,于咸通十五年甲午岁二月辛卯建廿八日丁巳申时身亡,故记。[3]

马氏的帕拉维文墓志表明其是虔诚的琐罗亚斯德教徒。为解读该志文,半个世纪以来,各国学者付出了大量努力,其中不乏歧异之处。[4]张广达先生综合各家成果,概括婆文墓志大意为:[5]

> 1—2行　此(乃)苏谅(Sūrēn?)家族之故兵马使×××的女儿、故马氏之墓。

---

〔1〕吉田豊《ソグド文字で表記された漢字音》,《東方學報》第66册,京都,1994年,第350、339、307页。

〔2〕陕西省文物管理委员会《西安发现晚唐祆教徒的汉、婆罗钵文合璧墓志—唐苏谅妻马氏墓志》,《考古》1964年第9期,第458页。

〔3〕作铭《唐苏谅妻马氏墓志跋》,《考古》1964年第9期,第458—461页;又收于《夏鼐文集》下卷,北京:社会科学文献出版社,2000年,第108—111页。

〔4〕有关婆文墓志的语言学研究,可参阅刘迎胜《唐苏谅妻马氏汉、巴列维文墓志再研究》,《考古学报》1990年第3期,第295—305页。

〔5〕张广达《再读晚唐苏谅妻马氏双语墓志》,《国学研究》第十卷,北京大学国学研究院中国传统文化研究中心,2002年11月第1版,第16页;后收入其著《文本 图像与文化流传》,桂林:广西师范大学出版社,2008年,第267页。

　　3—4行　亡于(已)故伊嗣俟之二百四十年(872)、唐朝之二六〇年(874)、永胜之君、至圣天子咸通十五年(874)之Spandarmat月 Spandarmat日

　　5—6行　建卯(?)二十八日。(下句动词YHWWNT't/bavād为祈愿语气)(愿)她归位于阿胡拉马兹达和诸天使(身侧),永生于天堂。愿她安息。

苏谅来自伊朗地区,并信奉琐罗亚斯德教,与汉文将其教主音译为苏鲁支,或许并非文字上的巧合。

　　上引赞宁《大宋僧史略》在追溯火祆教起源,交代先知名号苏鲁支,其弟子玄真传法的事迹之后,尚记有传法穆护何禄将祆教诣阙闻奏一事:"贞观五年,有传法穆护何禄,将祆教诣阙闻奏。"[1]来华胡人多以国为姓,该何禄应来自中亚粟特地区的何国。史书不乏其时何国与唐朝频繁往来的记载,何禄于贞观五年入朝并介绍祆教当有其事。有关何国祆教流行的情况,及何禄身份穆护的含义,笔者曾撰文讨论,不赘。[2]值得注意的是,《僧史略》将苏鲁支事迹与何禄上奏祆教一事连类而书,或许表明正是何禄向中原王朝的统治者讲述了祆教的起源,其中包括先知之名字及门徒传教事迹。何禄为粟特人,这正与上文所分析的"苏鲁支"之粟特语源相吻合。

　　中古粟特人以"善商贾"著称于世,"去傍国,利所在,无不至",[3]其足迹遍及中亚、西亚和东亚,被誉为"亚洲内陆的腓尼

---

〔1〕(宋)赞宁《大宋僧史略》,第253页中。

〔2〕张小贵《"穆护"与〈穆护歌〉考辨》,《文史》2013年第2辑,第53—72页;收入其著《祆教史考论与述评》,兰州大学出版社,2013年,第74—97页。

〔3〕《新唐书》卷二二一下,第6244页。

基人"。[1]为了顺利地与各个民族进行贸易，掌握一定的语言工具显有必要。有关入华粟特人擅长多种语言，传世文献已见载。如著名的突厥与粟特人后裔安禄山"及长，忮忍多智，善億测人情，通六蕃语，为互市郎"。[2]史思明"又解六蕃语，与禄山同为互市郎"。[3]表明为了进行贸易，这些粟特人往往掌握多种语言。

擅长语言的粟特人还担任不同民族交往的外交使节。据记载，568年，出使君士坦丁堡的突厥使节摩尼亚诃（Maniakh），即为粟特人，虽然他的母语是粟特语，但可以用波斯语与拜占庭的同行们进行交流。[4]

除传世文献记载外，近年考古发现亦见粟特人擅长语言翻译的事例。1986年，固原南郊出土的史诃耽墓志记载了这位在唐为官的粟特人后裔擅长语言翻译："君讳诃耽，字说，原州平高县人，史国王之苗裔也。……曾祖尼，魏摩诃大萨宝、张掖县令。祖思，周京师萨宝、酒泉县令。父槃陀，隋左领军、骠骑将军……寻奉敕直中书省翻译，朝会、禄赐，一同京职。贞观三年，加授宣德郎。七年，又加授朝请郎。九年，又加授通义郎。十三年，加授朝议郎。十九年，丁母忧……永徽四年，有诏：'朝议郎史诃耽，久直中书，勤劳可录，可游击将军、直中书省翻译如故。'名参省禁卅余年，寒暑不易。其勤终始弥彰，其恪属日月休明，天地［贞］观。爰及升中告禅，于是更锡崇班，是用超迁，出临方岳。乾封元年，除虢州诸军

---

[1] 蔡鸿生《唐代九姓胡与突厥文化》，北京：中华书局，1998年，第46页。

[2]《新唐书》卷二二五上，第6411页。

[3]《旧唐书》卷二〇〇上，第5376页。

[4] ［美］丹尼斯·塞诺斯，党宝海译《中古内亚的翻译人》，收入《丹尼斯·塞诺内亚研究文选》，北京：中华书局，2006年，第197—198页。关于摩尼亚诃的事迹，可参阅［法］沙畹编著，冯承钧译《西突厥史料》，北京：中华书局，2004年，第209—211页。

事、虢州刺史。"[1]表明这位粟特后裔从贞观初（629年之前）至乾封元年（666）后近四十年间担任中书省翻书译语直官，是唐代翻书译语直的代表人物。[2]

身为粟特人的何禄，一定和他的族人一样，具备不凡的语言能力。一般来说，袄教祭司在7岁时即开始接受专业训练，掌握各种仪式及其重要含义，学习编写经典的艺术，及时向神祈祷，以及关于今生来世的宗教神学，以及复杂的多神信仰等等。到15岁时，其已基本掌握全部祭祀仪式。这一宗教传统历经数千年而基本未变。[3]何禄既为职业祭司，一定也经受了这些严格训练，否则其焉能"将袄教诣阙闻奏"？众所周知，袄教具有很强的保守性，其并不热衷翻译本教经典，亦不主张向外民族传教。因此，何禄在向中原王朝上奏本教时，用不着携带本教经典，其凭借出色的语言才能和职业素养，当可向朝廷介绍本教的来龙去脉。而其所述，朝廷职官必有所记录。因此，上揭赞宁所载有关袄教之内容，很可能就是据佚失的相关唐代政书。

第二节　霞浦抄本所见"苏鲁支"史事考释

2008年以来，林鋆先生主导、陈进国先生担纲的福建霞浦明

---

[1] 罗丰《胡汉之间——"丝绸之路"与西北历史考古》，北京：文物出版社，2004年，第483—484页；其编著《固原南郊隋唐墓地》，北京：文物出版社，1996年，第68—72页。

[2] 李锦绣《唐代的翻书译语直官：从史诃耽墓志谈起》，《晋阳学刊》2016年第5期，第35—57页，第131页。

[3] Mary Boyce, *A History of Zoroastrianism*, Vol.1, p.183; "Zoroaster the Priest", *Bulletin of the School of Oriental and African Studies*, Vol.33, No.1, 1970, pp.22-23.

教遗迹田野调查,发现了一批当地民间法师保有的科仪抄本,内中固有不少明教术语、辞章,[1]但亦不乏其他失传的外来宗教遗迹,本节所要考察的"苏路(鲁)支佛",便是其中之一。

按"苏鲁支"一名,如前节所述,首见于北宋太平兴国三年(978)赞宁所撰《大宋僧史略》第五十五篇《大秦末尼》条。赞宁于火袄教起源的这一说法,为南宋姚宽、僧志磐等所承袭。[2]至1923年,陈垣先生发表《火袄教入中国考》,[3]将苏鲁支比定为琐罗亚斯德教先知琐罗亚斯德(Zoroaster,陈文音译为苏鲁阿士德),即查拉图斯特拉(Zarathustra)。笔者考"苏鲁支"一名,应源于粟特语Zrušč。[4]霞浦抄本屡见"苏路(鲁)支"之名,即为《僧史略》所云波斯先知"苏鲁支",盖无疑问。[5]本节拟在学界既往研究基础上,就霞浦抄本中的"苏鲁支"信息进行解读。

一、霞浦抄本"苏路(鲁)支"纪事概说

霞浦抄本中有出现"苏路(鲁)支"之名讳,惟涉及其行状者则集中见于陈培生法师所藏并手题的"摩尼光佛"科册。该册内文存82页,665行,约8400言,未见任何年代落款(参见图1-1至7)。就其形成年代,据林悟殊先生考,不可能早于明代,[6]应成

---

[1]详见陈进国、林鋆《明教的新发现——福建霞浦县摩尼教史迹辨析》,载李少文主编,雷子人执行主编《不止于艺——中央美院"艺文课堂"名家讲演录》,北京大学出版社,2010年,第343—389页。

[2](宋)姚宽撰,孔凡礼点校《西溪丛语》(《西溪丛语·家世旧闻》,唐宋史料笔记丛刊),北京:中华书局,1993年,第42页。(南宋)志磐撰《佛祖统纪》,苏渊雷、高振农选辑《佛藏要辑选刊》(12),上海古籍出版社,1994年,第346页。

[3]陈垣《火袄教入中国考》,据《陈垣学术论文集》第一集,北京:中华书局,1980年,第304—305页。

[4]张小贵《袄教"苏鲁支"语源考》,荣新江、罗丰主编《粟特人在中国:考古发现与出土文献的新印证》,北京:科学出版社,2016年,下册,第653—660页。

[5]林悟殊《明教五佛崇拜补说》,《文史》2012年第3辑,第385—408页。

[6]林悟殊《明教五佛崇拜补说》,第397页。

于清初。[1]

顾科册第2页（类似写法尚见第47页、第61页）有五佛位牌图，作：[2]

008		元始天尊那罗延佛
009		神变世尊苏路支佛
010	大圣	慈济世尊摩尼光佛
011		大觉世尊释迦文佛
012		活命世尊夷数和佛

科册第62至64页，更有"五雷子"唱词：[3]

```
496          随案唱　五雷子
497    一佛那罗延，降神娑婆界，国应波罗
498    门，当淳人代。开度诸明性，出离生死
499    苦。愿亡灵乘佛威光，证菩萨会。
500    二佛苏路支，以大因缘故，说法在波斯，
501    度人无数。六道悉停酸，三途皆息苦。
502    愿亡灵乘佛威光，证菩萨会。
503    三佛释迦文，四生大慈父，得道毗蓝
504    苑，度生死苦。金口演真言，咸生皆觉
505    悟。愿亡灵乘佛威光，证菩萨会。
```

---

[1] 见林悟殊《清代霞浦"灵源法师"考论》，《中华文史论丛》2015年第1辑，第247—284页。

[2] 录文据林悟殊《明教五佛崇拜补说》，第396页。

[3] 录文据林悟殊《明教五佛崇拜补说》，第388页。

506　四佛夷数和,无上明尊子,降神下拂

507　林,作慈悲父。刹刹露真身,为指通

508　宵路。愿亡灵乘佛威光,证菩萨会。

509　五佛摩尼光,最后光明使,讬化在王

510　宫,示为太子。说法转金轮,有缘蒙济

511　度。愿亡灵乘佛威光,证菩萨会。

512　稽首我世尊,以大因缘故,应化下生

513　来,作四生父。悲心度众生,永离生死

514　苦。愿慈悲接引亡灵,往生净土。

顾上揭所录的"一佛那罗延、二佛苏路支、三佛释迦文、四佛夷数和、五佛摩尼光",其五佛序次,无疑应源于摩尼的一段语录,见其中古波斯语撰写的名作《沙卜拉干》(*Šābuhragān*):

> 明神的使者一次又一次地把智慧和善行传到人间。有一个时代由名叫佛陀的使者传到印度,又一个时代由名叫琐罗亚斯德的使者传到波斯,另一个时代由叫耶稣的使者传到西方。而今,启示又降下来,在这个最后的时代,先知的职分落在我摩尼身上,由我作为向巴比伦传达神的真理的使者。[1]

该段语录关于诸先知的类似表述,还散见于吐鲁番出土的粟特语摩尼教《喻经》,即文书 T III T 601(Ch/U 6914)、T III 2015(So. 15000.5)及 T II D 2(Ch 5554),其间摩尼自称是继琐罗亚斯德、释

---

[1] E. Sachau (ed.), *The Chronology of the Ancient Nations*, London: W. H. Allen & Co.,1879, p.207. 译文及详细考证见林悟殊《明教五佛崇拜补说》,第390—394页。

迦牟尼、耶稣之后的第四位先知。[1]

　　值得注意的是,尽管五佛的组合序列来源于摩尼语录,但上揭唱词中有关五佛的具体信息除摩尼光佛外,却未必直接来自摩尼教经典。揣摩尼语录的上下文,其本意显然只是为了理顺自己与其他三大宗教教主之间的关系,宣扬本教继其他宗教而起的合理性,因此其只是列举了诸先知的出场顺序,并非要信徒将其他三大教主亦同样供奉。是以,现存西域摩尼教文献未见对其他先知事迹与神通有多所介绍。

　　摩尼之所以特别强调自身与其他不同宗教先知的关系,盖缘其自信所宣说之教义,乃来自神启,而此前之诸先知几乎都同有类似的神启经历,因此摩尼坚信自己与先知们经历类似,扬善去恶的目标并无二致。但是摩尼毕竟是自立新门户,为了解释本教形成的合理性,摩尼提出早期宗教"衰落"的理论:早前的先知们未确保其教义的连续性,很少撰写著作;门徒们自始即误解了原始教义,误解代代累加;更兼邪恶力量频遣使徒添乱,遂致真理最终消亡。也就是说,从摩尼教的角度看,以前宗教的衰落乃源于其自身,诸先知未能引领人类进入真理之途,以致人类离真理愈来愈远。[2]摩尼一方面要理顺自己在人类宗教史上的地位,一方面又要批判以前的先知以确立自身的合法性,当然不会将其他宗教的先知纳入本教的主神崇拜系列。至若摩尼教文献所赞颂的耶稣(汉文摩尼经作"夷数"),其实并非创立基督教的那位先知,而是摩尼创世说中,大明尊第三批召唤之明神,其被遣往大地,执行启

〔1〕W. Sundermann, *Ein manichäisch-soghdisches Parabelbuch, mit einem Anhang von Friedmar Geissler über Erzählmotive in der Geschichte von den zwei Schlangen* (Berliner Turfantexte XV), Berlin, 1985, pp.19−36.

〔2〕W. B. Henning, "The Murder of the Magi", *Journal of the Royal Asiatic Society*, Vol. 76:3−4, 1944, pp.136−137.

迪人类元祖亚当和拯救人类灵魂的使命。[1]

然而,霞浦《摩尼光佛》科册显然并非仅局限于上引摩尼语录那样排列诸先知名号,且于各先知均有专偈礼赞,专赞苏鲁支者见于第66页与第77页:[2]

第66页

525　志心信礼:第二苏路支,救净风性,

526　下波斯,开化爵多习,十二现灵奇,

527　威声震,鼻蛇出,去昏迷,为有天

528　神像,妖幻往波毘,放神光照尽崩

529　隳。……

第77页

615　大圣苏路支佛,和:愿开诚信大慈门和佛

616　二尊苏路是真身,叱喝邪魔到业轮。

617　世界三千威振习,城门十二现威神。

618　鼻蛇叱去王心悟,死后重苏国论称。

619　六十年间身寂去,宗风三百岁清真。

就上揭两段唱词所涉及物事,盖无从求诸摩尼教文献。而据现存的汉文献,亦无从稽考,是否是科册制作者自行杜撰出来,则又未必,缘其字里行间,隐约透露了早期祆教先知的某些行状。下面就个中较为明显易考者,参考西域文献试行辨释。

---

[1] M. Boyce, *A Reader in Manichaean Middle Persian and Parthian*, Leiden: E. J. Brill, 1975, p.10; 参阅[德]克里木凯特撰,林悟殊翻译增订《古代摩尼教艺术》,淑馨出版社,1995年,第30页。

[2] 录文据林悟殊《〈摩尼光佛〉释文并跋》,其著《摩尼教华化补说》,兰州大学出版社,2014年,第480、484页。

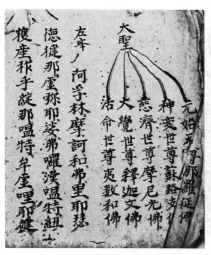

图1-1　《摩尼光佛》科册第2页

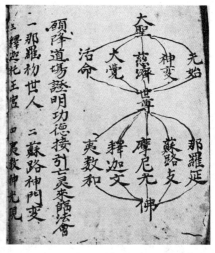

图1-2　《摩尼光佛》科册第47页

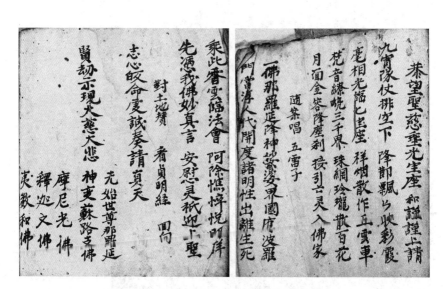

图1-3　《摩尼光佛》科册第61页　　　图1-4　《摩尼光佛》科册第62页

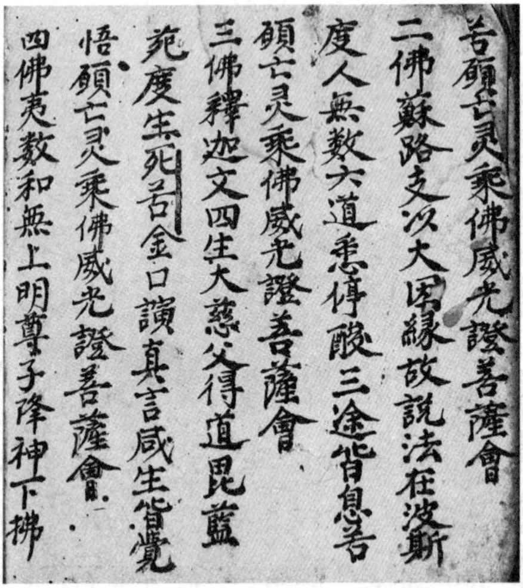
菩願亡灵乘佛威光證善薩會
二佛蘇路支以大因緣故說法在波斯
度人無數六道悉停酸三途皆息苦
願亡灵乘佛威光證善薩會
三佛釋迦文四生大慈父得道毗藍
苑度生死苦金口讚真言咸生皆覺
悟願亡灵乘佛威光證善薩會
四佛夷數和無上明尊子降神下拂

图1-5　《摩尼光佛》科册第63页

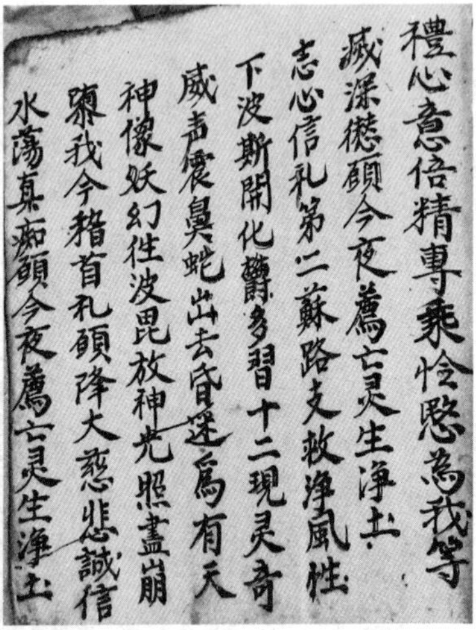
禮心意倍精專乘恪懇為我等
滅深愆願今夜薦亡灵生淨土
志心信礼第二蘇路支救淨風性
下波斯開化饒多習十二現灵奇
威声震臭蛇出去昏迷爲有天
神像妖幻往波毘放神光照盡崩
頹我今稽首礼願降大慈悲誠信
水蕩真痴願今夜薦亡灵生淨土

图1-6　《摩尼光佛》科册第66页

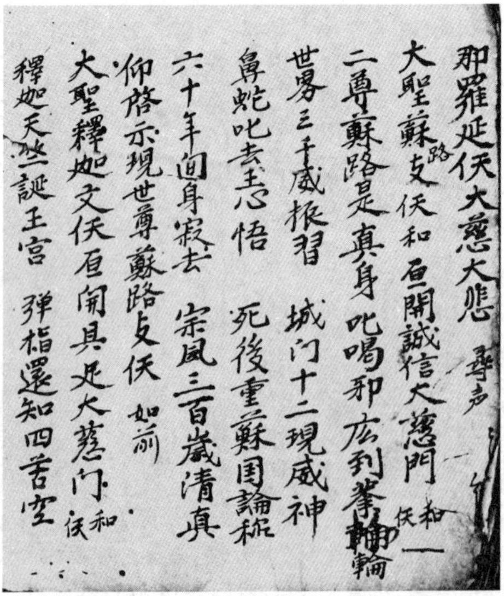
那羅延佛大慈大悲　舉声
大聖蘇路支佛和　亘開誠信大慈門　和佛　一
二尊蘇路是真身　叱喝邪宏到峯輪
世界三千威振習　城门十二現威神
鼻蛇叱去王心悟　死後重蘇国論稱
六十年間身寂去　宗風三百歲清真
仰啓示現世尊蘇路支佛　如前
大聖釋迦文佛亘開具足大慈门　和佛
釋迦天竺誕王宫　弹指還知四苦空

图1-7　《摩尼光佛》科册第77页

二、若干语句考释

"说法在波斯"（500行）与"下波斯"（526行）

依文献记载，先知琐罗亚斯德于20岁时，不顾家人反对，离家出走，追寻自我的生活。据说他30岁时，参加庆祝春节（Maidhyōi. zarəma）的活动。在黎明时分，他到附近的小河取水以参加豪麻（haoma）仪式。他奋力走进小河深处，以获取最纯净的水。由于从纯净的水中走出，并沐浴春日黎明的晨曦，当他返回岸上时，正好处于仪式的洁净状态。他看到岸边正站着一位光芒四射的神祇，其自称瓦胡·马那赫（Vohu Manah，意为"善意的企图"）。瓦胡·马那赫将先知带至上帝阿胡拉·马兹达（Ahura Mazdā）和其他五位大神面前，"由于他们的圣光，琐罗亚斯德看不到自己在地上的倒影"。[1]这是琐罗亚斯德首次见到上帝，并聆听启示。先知遵上帝之命，成为使者，开始了传教事业。如经典所披露："因此吾自始便被您选中"（Y.44.11），[2]"吾全心与瓦胡·马那赫一道共同监管灵魂，因为熟知阿胡拉·马兹达会奖赏我们的行为，若条件成熟，吾将教导人们追求正义（aša-）。"（Y.28.4）[3]

若仅从字面意思理解，科册所云"说法在波斯"或"下波斯"，则显明苏鲁支首传教法之地在波斯。这是否符合该教的史实呢？据学者的研究，先知所用的阿维斯陀语（Old Avestan）乃介于"今日伊朗（即古波斯）人所操的西部伊朗方言与印度边界至阿姆河北岸的东部方言"之间，[4]在语言特征上与公元2世纪以来的花剌

---

[1] Mary Boyce, *A History of Zoroastrianism*, Vol.1, Leiden: E. J. Brill, 1975, 3rd ed., 1996, p.185.

[2] Helmut Humbach and Klaus Faiss, *Zarathushtra and His Antagonists*, Wiesbaden: Dr. Ludwig Reichert Verlag, 2010, p.124.

[3] Helmut Humbach and Klaus Faiss, *Zarathushtra and His Antagonists*, p.75.

[4] W. B. Henning, "The Disintegration of the Avestic Studies", *Transactions of the Philological Society*, 1942, p.51.

子模语的特征极类似。[1]因此，先知出生及最初传教的地方应在伊朗高原东北部地区，而非位于西南的古波斯之地。但是随着印伊人向西向南迁徙，先知的信仰也逐渐传播到伊朗高原。在公元前7世纪左右，先知的教义传到米底，到公元前5、6世纪时随着波斯阿契美尼王朝的兴起，琐罗亚斯德教已在伊朗高原蓬勃发展，成为古波斯帝国的国教了，[2]以至于公元前6世纪时希腊人就从波斯人的口中了解到这位远古先知人物。[3]

　　早在19世纪末，德国著名印度学家、伊朗学家格德纳（K. F. Geldner）就已指出：“在《伽萨》中，查拉图斯特拉乃真实的历史人物，而非神话中人物。”[4]1930年，德国伊朗学家隆梅尔（Lommel）则进一步指出：“在《伽萨》中，先知是真实的历史人物；而在新《阿维斯陀经》中比较古老的部分，先知则完全变成神话人物。”[5]有关先知查拉图斯特拉是否果为真实的历史人物，学界也偶有质疑者。如法国学者穆雷（M. Molé）在1963年指出，从已知琐罗亚斯德教文书中，对先知琐罗亚斯德进行历史性的分析是不可能的。[6]不过此一观点学界鲜有回应。先知查拉图斯特拉乃真实的历史人物，这一观点显为20世纪学界的主流观点。如20世纪下半叶国际琐罗亚斯德教史研究的权威学者玛丽·博伊斯（Mary Boyce）教授，在1992年出版的著作中指出：“（查拉图斯特拉）在《伽萨》中是真实的历史人

---

〔1〕 W. B. Henning, *Zoroaster-politician or Witch-doctor?*, London, 1951, pp.44−45.

〔2〕 P. O. Skjærvø, "The Achaemenids and the *Avesta*", V. S. Curtis & S. Stewart eds., *Birth of the Persian Empire*, (The Idea of Iran, Vol.1), London: I. B.Tauris, 2005, repr. 2010, pp.52−84.

〔3〕 Mary Boyce, *A History of Zoroastrianism*, Vol.1, pp.190−191.

〔4〕 W. Geiger and E. Kuhn eds., *Grundriss der Iranischen Philologie*, Vol.II, Strassburg, 1911, p.29.

〔5〕 H. Lommel, *Die Religion Zarathustras nach dem Awesta dargestellt*, Tübingen, 1930, p.4.

〔6〕 M. Molé, *Culte, mythe et cosmologie dans l'Iran ancien*, Paris: Presses Universitaires de France, 1963, p.524.

物,后来(在新《阿维斯陀经》中)被吸纳进入神话世界,变成半神话的人。"[1]不过,即便承认先知是真实存在的历史人物,有关其生平却鲜为人知,学界颇多争论。如有关先知生卒年,博伊斯教授就至少提出过公元前1200年、前1700年等几种不同观点。[2]1980年,意大利著名的伊朗学家诺里(G. Gnoli)曾出版《琐罗亚斯德的时代与故乡》一书,专门讨论这个问题,他基本同意博伊斯的观点,即公元前1000年前后。[3]但是时隔20年之后,诺里又出版了《历史上的琐罗亚斯德》一书,完全否定了自己之前的观点,转而认同早在1949年,博伊斯的老师亨宁(W. B. Henning)提出的公元前7—前6世纪的观点。[4]也就是说,与"一佛那罗延,降神娑婆界"不同,科册不言苏鲁支"降神"波斯国,但云"说法在波斯""下波斯",实已默示华夏并无先知生于波斯之说,惟知其传教于波斯,成功于波斯。其实,据国际学界有关琐罗亚斯德教先知生平的研究,该教在人类宗教史上之占有重要地位亦是始于古波斯帝国。霞浦抄本所留下的这条汉文资料,无疑源自古代来华祆教徒的传说。

"开诚信大慈门"(615行)

窃意此句意在表明先知所传宗教之核心理念。按琐罗亚斯德教教义之核心为"善思、善言、善行"。尽管扬善乃诸多宗教之要旨,但琐罗亚斯德教尤其强调将善与真紧密联系在一起,真是善的体现,善是真的基础,互为表里。真诚、诚信是善的重要表现。如被视为琐罗亚斯德教最原始、最重要的经典《伽萨》(*Gāthās*)第一

---

[1] Mary Boyce, *Zoroastrianism. Its Antiquity and Constant Vigour*, Calif., and New York: Costa Mesa, 1992, p.113.

[2] Mary Boyce, *Zoroastrians, Their Religious Beliefs and Practices*, London: Routledge, 2001, p.xiii.

[3] Gh. Gnoli, *Zoroaster's Time and Homeland. A Study on the Origins of Mazdeism and Related Problems*, Istituto Universitario Orientale. Seminario di Studi Asiatici, Series Minor 7; Naples, 1980.

[4] Gh. Gnoli, *Zoroaster in History*, Biennial Yarshater Lecture Series 2; New York, 2000.

偈《阿胡纳瓦特》(*Ahunawaitī Gāthā*)即大力宣扬真诚与善,如其中第三首(*Yasna* 30)所云:[1]

三

　　世间本存善恶两大本原,即为善思、善言、善行与恶思、恶言、恶行。

　　善思者本真诚,恶思者定虚伪。

四

　　当两大本原相遇,

　　即诞生生命与灭亡,生命源于善端,死亡立于恶端。

　　当末日审判时,

　　真诚而善良者将在天国沐浴阿胡拉的恩典与光辉,

　　虚伪、邪恶之徒则堕身于阿赫里曼的黑暗地狱。

八

　　啊,马兹达! 巴赫曼铲除虚伪与邪恶,

　　严惩罪人与伪信者。

　　啊,阿胡拉! 请开启永恒天堂的大门,

　　奖赏为真诚与善良而奋斗的人们。

九

　　啊,马兹达!

　　愿我等能将世间变得更为美好。

　　啊,奥尔迪贝赫什特和诸天神!

　　请护佑我们,使吾等信念坚定,人人皆能明辨善恶。

十一

　　世间的凡人们呀!

---

[1] Helmut Humbach and Klaus Faiss, *Zarathushtra and His Antagonists*, pp.80-84.

　　汝等若理解马兹达下传人世的宗教，未来必定成功。

　　若追求真诚、善良，将永享安乐；若执着谎言，必受残酷惩罚。

经文表明，在末日审判之时，真诚善良者将升天国永沐阿胡拉的恩典与光辉，虚伪、邪恶之徒则堕入恶魔统治的黑暗地狱。据西方学者的研究，在古波斯琐罗亚斯德教经典中，负责审判的是密特拉神（Mithra）。密特拉一词的原始含义为"契约"。早在1907年，法国学者莫雷（Meillet）就指出，《阿维斯陀经》中常见的mithra一词意为"协议、契约、盟约"，在古代"契约主要是一种宗教行为，伴有规定的仪式和固定的格式；其所采用的表述并非只是针对个人的行为；而是用一种具有神秘力量的套语，足以阻吓企图违约的人。印度—伊朗的Mitra既体现契约的精神，又具有维护契约的力量。"[1]密特拉负责监察人们的行为，看看谁遵守了契约，谁又违反了契约。这些契约包括朋友、公民之间的协议，贸易伙伴之间的合约，以及夫妻间的婚约，甚至城邦之间的条约。[2]正是因为职责如此重要，密特拉必须时刻处于戒备状态，就好像太阳一样，从早至晚不断地监视人们的行动。[3]古典作家和亚美尼亚史籍也记载道，波斯很早就流行在火或太阳前向密特拉祈祷的风俗。[4]古代汉籍记载古波斯"烧铁灼舌"的神判法即为以火对违反契约者进行惩罚，明显与古波斯有关密特拉司契约的信仰密切

---

〔1〕A. Meillet, "Le dieu indo-iranien Mitra", *Journal Asiatique*, 1907, p.156.

〔2〕Yt.10.116–117, Ilya Gershevitch, *The Avestan Hymn to Mithra*, Cambridge University Press, 1959, pp.130–133.

〔3〕A. Meillet, "Le dieu indo-iranien Mitra", pp.150–154. Ilya Gershevitch, *The Avestan Hymn to Mithra*, pp.35–40.

〔4〕F. Cumont, *Textes et Monuments Figurés Relatifs aux Mystères de Mithra*, Brussells: H. Lamertin, Libraire-éditeur, 1899, I, p.229 n.2.

相关。[1]以上内容足证"诚信"在琐罗亚斯德教教义中的重要地位。因此，"开诚信大慈门"实有开宗明示本教"真善、诚信"要义之意。科册在颂赞"五佛"中其他四佛时，亦有愿开大慈门之套语，但修饰语不同："大圣摩尼光佛，愿开智惠大慈门"（75页，599行）；"大圣那罗延佛，愿开怜愍大慈门"（76页，608行）；"大圣释迦文佛，愿开具足大慈门"（77页，621行）；"大圣夷数和佛，愿开忍辱大慈门"（78页，627行）。[2]五佛之中，唯独苏鲁支佛"开诚信大慈门"，可见诚信乃该教理念之特色、核心。

当然，"信"是诸多宗教所宣扬的道德准则。如基督教即提出"信、望、爱"之神学道德，但此处之信并非作"诚信"解，乃"信任"之义；而且这三者并非等列，最重要的是"爱"，如《新约·格林多前书》第十三章十三节记载："现今存在的，有信、望、爱这三样，但其中最大的是爱。"[3]敦煌出土唐代景教汉文经典《志玄安乐经》第148行载："众天说之，不穷真际。若人信爱，少分修行。"[4]揣其文意，亦以爱为首义。这与上引科册宣扬苏鲁支"开诚信大慈门"表明本教诚信之要义，显然不能等同。

"十二现灵奇"（526行）与"王心悟"（618行）

据载，琐罗亚斯德的传教事业并非自始便一帆风顺。他接受神启后最初10年间，只成功地使一个人，即其堂兄弟梅迪约马赫（Maidhyōimāh）皈依。新《阿维斯陀经》之《诸神颂》（Yašts）第13

---

〔1〕张小贵《古波斯"烧铁灼舌"考》，《西域研究》2011年第1期，第108—115，144页；收入其著《祆教史考论与述评》，兰州大学出版社，2013年，第3—14页。

〔2〕录文据林悟殊《〈摩尼光佛〉释文并跋》，第483—484页。

〔3〕香港思高圣经学会释译本《圣经》，第1784页。

〔4〕录文据林悟殊《景教〈志玄安乐经〉敦煌写本真伪及录文补说》所附释文，刊饶宗颐主编《华学》第11辑，广州：中山大学出版社，2014年，第168页；收入《敦煌文书与夷教研究》，上海古籍出版社，2011年，第320页。该经写本照片参阅武田科学振兴财团杏雨书屋编《敦煌祕笈》影片册一，武田科学振兴财团，2009年10月，第128—133页。

部《灵知颂》(*Farvardīn Yašt*)记载,他是"第一位倾听琐罗亚斯德宣示圣言与教义者"。[1]10年未必是个准确的数字,却反映出先知初传教时的艰难险阻:"人们接受他的教义……必要使族人皆知晓,以免受血光之灾。"(Y.46.5)[2]先知甚至向上帝抱怨:"为完成您交代的事业,我正身陷囹圄。"[3]不过,尽管传教之途历经坎坷,先知并没有知难而退,更未轻言放弃。他离开故土,终于在他乡取得成功。他首先赢得王后胡桃萨(Hutaosā)的信任,她"循正教而思,循正教而言,循正教而行……笃信崇拜马兹达的宗教,并使其在整个社区享有令誉。"[4]可能正是通过王后,国王维什塔斯帕(Kavi Vīštāspa)也认同了琐罗亚斯德的教义,"成为这一宗教、诸神、琐罗亚斯德的重要支持者……令该教声誉日隆。"[5]这或可诠释"王心悟"之含义。当然先知在劝国王入教过程中用心良苦。如《诸神颂》第五部《水神颂》(Yt.5.104-105)记载,查拉图斯特拉向水神苏拉·阿娜希塔(Arədwī Sūrā Anāhitā)祈祷,请其保证国王维什塔斯帕定会信奉该教:

> 循规蹈矩的查拉图斯特拉,在雅利安人的领地礼拜她(苏拉)……
>
> 他如是祈求:赐予我力量吧……
>
> 吾将劝诱阿鲁阿特阿斯帕之子,强大的维什塔斯帕,循正

---

〔1〕Yt.13.95. W. W. Malandra, *An Introduction to Ancient Iranian Religion*, Minneapolis: University of Minnesota Press, 1983, p.115.

〔2〕É. Benveniste, "Les classes sociales dans la tradition Avestique", *Journal Asiatique*, Tome CCXXI, 1932, p.126.

〔3〕Y.43.11. Helmut Humbach and Klaus Faiss, *Zarathushtra and His Antagonists*, p.118.

〔4〕Yt.9.26. F. Wolff, *Avesta. Die heiligen Bücher der Parsen*, Strassburg: Verlag von Karl J. Trübner, 1910, p.197.

〔5〕Yt.13.99-100.W. W. Malandra, *An Introduction to Ancient Iranian Religion*, p.115.

教而思······[1]

在《诸神颂》第九部与第十七部中,先知分别向德鲁阿斯帕(Druuāspā)和阿什(Aši)祈祷,请其保证国王维什塔斯帕未来的妻子胡桃萨亦会信奉该教。[2]

据推算,国王维什塔斯帕之皈依正是发生在先知42岁时,[3]距先知接受神启的30岁,正好12年。尽管以前或有过零星的成功,但国王的皈依标志着政治权力对宗教的支持,这才是其教史划时代的事件。因此"十二现灵奇"或许正是表明,先知从着手传教,历经12年,终于获得突破性的进展。

"死后重苏国论称"(618行)

按"国论"谓国人之舆论。例见宋代曾巩《代皇子免延安郡王第二表》所云:"窃以明德懿亲,在天功而有助;隆名重器,为国论之所归。"[4]而"称",赞扬也。是以抄本中"死后重苏国论称"可释义为"死后复活得到举国称颂"。窃意是句乃关乎先知复活之事。

据文献记载,先知享年77岁。不过,先知所开创的传教事业并未因其去世而终止。由于接受了先知的新宗教,国王维什塔斯帕与周围信奉传统宗教的王权国家发生了激烈的战争。《诸神颂》中不乏国王战胜这些异教的记录:"我打败邪恶宗教的塔斯亚凡特(Tąthryavant),崇拜恶魔达厄瓦(daēva)的皮沙那(Pəšana)以

---

〔1〕Yt.5.104-105.W. W. Malandra, *An Introduction to Ancient Iranian Religion*, p.128.

〔2〕P. O. Skjærvø, "Zarathustra in the Avesta and in Manicheism. Irano-Manichaica IV", *La Persia e l'Asia centrale da Alessandro al X secolo* (Roma, 9-12 novembre 1994), Roma: Accademia Nazionale dei Lincei, 1996, p.598.

〔3〕Mary Boyce, *A History of Zoroastrianism*, Vol.1, p.187.

〔4〕(宋)曾巩撰,陈杏珍、晁继周点校《曾巩集》卷二八,北京:中华书局,1984年,第427页。

及邪恶的阿勒加特阿斯帕(Arəjat.aspa)。"[1]《诸神颂》中也多处记载国王的儿子"正直而勇敢的斯奔托达塔(Spəntōdhāta)"[2]、兄弟扎里瓦利(Zairivairi,中古波斯文作Zarēr)[3]及其子巴斯塔瓦利(Bastavairi)[4]、大臣贾姆阿斯帕(Jāmāspa Hvōgva)[5],帮助战胜邻国异教的事迹。这表明虽然先知已死,但是成为先知信徒的国王及其臣子通过一系列战争的胜利,使得新的宗教站稳脚跟,正由于有这种繁荣的背景,让后世信徒得以与先知的复活作联想,遂令先知复活说有了历史前提。

有关先知曾复活的信息,见于琐罗亚斯德教最为神圣重要的祷文《阿胡那·法里耶》(Ahuna Vairya)[6]:

> (琐罗亚斯德)缘正义而被选中,循善端而复活,身具行善之力。其赐牧羊于贫者,吾等应为马兹达及先知而行善。

直到公元10世纪,阿拉伯作家笔下尚有琐罗亚斯德教先知复活的记录:"伊斯哈克是文盲,人称之为'突厥人',因为从前阿布·穆斯林曾一度派他出使突厥。伊斯哈克自命为琐罗阿斯特(即琐罗亚斯德,引者注)的继承者,宣传琐罗阿斯特仍在人间,即将为确立其宗教而显示真身。"[7]

---

〔1〕Yt.5.109. W. W. Malandra, *An Introduction to Ancient Iranian Religion*, p.128.

〔2〕Yt.13.103. F. Wolff, *Avesta. Die heiligen Bücher der Parsen*, p.245.

〔3〕Yt.5.113. W. W. Malandra, *An Introduction to Ancient Iranian Religion*, p.129.

〔4〕Yt.13.103. F. Wolff, *Avesta. Die heiligen Bücher der Parsen*, p.245.

〔5〕Yt.5.68-69. W. W. Malandra, *An Introduction to Ancient Iranian Religion*, p.125.

〔6〕Stanley Insler, "The Ahuna Vairya Prayer", *Hommages et Opera Minora, Monumentum H. S. Nyberg*, Vol. I, Leiden: E. J. Brill, 1975, pp.409-433. Mary Boyce ed. and transl., *Textual Sources for the Study of Zoroastrianism*, Manchester University Press, 1984, p.56.

〔7〕[俄]巴托尔德著、张锡彤、张广达译《蒙古入侵时期的突厥斯坦》,上海古籍出版社,2007年,第230—231页。

复活后的先知逐渐享有本教至高无上的地位,如《诸神颂》第19部《贾姆亚德颂》(Zamyād Yašt)第78与80章记载:

> 我们崇拜强大的凯扬王朝……循规蹈矩的查拉图斯特拉,恪守本教……因此,他是整个物质世界最为循规蹈矩者,最遵守命令者,最具财富者,最荣耀者,最为胜利者。然后循正义的拉宣布,你的一则《阿胡那·法里耶》……驱走地下所有恶魔,使他们无法享受牺牲和祭祀。[1]

科册所云"死后重苏国论称",意谓先知虽死,但其重又复活,并受到举国舆论的一致称颂。上揭史事,或可作为该句之脚注。

值得注意的是,上文关于国王兄弟扎里尔(Zarēr)的事迹亦见于摩尼教粟特文文书,但其角色与琐罗亚斯德教文献的记载截然相反。根据勒柯克(Le Coq)在吐鲁番胜金口所获粟特文书(T III S=TM462)18434号残片正面记载,国王的兄弟扎里尔成为邪恶力量的代表,他不顾先知劝说,拿起弓箭射向先知苏鲁支,虽未射中,却射中自己的兄弟。[2]摩尼教文书所记的差异进一步提示我们,不应从摩尼教角度去追溯霞浦抄本苏鲁支纪事的源头。

尽管上揭苏鲁支唱词的其他语句目前尚令人费解,但仅从以上所释的几句来看,其所披露的有关苏鲁支的信息,尤其是传教历程、教义核心的一些关键词,已足证霞浦抄本中的祆教内容绝非凭空杜撰,而是有所本的。

---

[1] Yt.19.78, 80. Almut Hintze, *Der Zamyād-Yašt. Edition, übersetzung, Kommentar*, Wiesbaden: Dr. Ludwig Reichert Verlag, 1994, p.337, 341–343.

[2] Sundermann, "Bruchstücke einer manichäischen Zarathustralegende", in R. Schmitt and P. O. Skjaervø eds., *Studia Grammatica Iranica. Festschrift für Helmut Humbach*, Munich, 1986, pp.461–482.

虽然迄今未见汉译祆教经典面世，但中古粟特地区却不乏该教经典流行之痕迹。祆教主要由粟特人传播而来，熟知本教教义历史的祭司们一定会带来本教诸多信息。经过历代口耳相传，其中若干信息成为宋代明教创制五佛崇拜的重要依据，后又被霞浦抄本的制作者所采撷。

三、祆教经典在中古粟特的传播遗痕

据学界既往研究，最初将祆教信息带入中国者，即为中古时代来华兴贩的中亚“粟特人”。1907年英国考古学家斯坦因（A. Stein）在敦煌西北的一座长城烽燧（编号为T.XII.a）下发现的粟特文古信札，是迄今在中国发现最早的粟特文文献，有大小不等的十余件残片，系在河西走廊和中国内地经商的粟特人写给家乡撒马尔干的书信。这些信札中包含了初入中国的祆教信息。如保存比较完整的第二号信札，表明早在公元4世纪初，信仰祆教的粟特人就将这一宗教带到了凉州武威。[1]但祆教教士正式向中原王朝介绍本教情状，见诸传世文献记载者，实以《僧史略》所记何禄为

---

[1] H. Reichelt, *Die soghdischen Handschriftenreste des Britischen Museums*, II, Heidelberg 1931, pp.1–42. W. B. Henning, "The Date of the Sogdian Ancient Letters", *Bulletin of the School of Oriental and African Studies (BSOAS)*, Vol.12, 1948, pp.602–605; "A Sogdian God", *BSOAS*, Vol.28.2, 1965, pp.252–253. 并参阅荣新江《祆教初传中国年代考》，原刊《国学研究》第3卷，1995年；此据其著《中古中国与外来文明》，北京：三联书店，2001年，第285—294页。关于第二号信札的最新英译参阅 N. Sims-Williams, "Sogdian Ancient Letter II", *Monks and Merchants: Silk Road Treasures from Northwest China*, eds. A. L. Juliano & J. A. Lerner, New York: Harry N. Abrams with The Asia Society, 2001, pp.47–49; "The Sogdian Ancient Letter II", *Philologica et Linguistica: Historia, Pluralitas, Universitas. Festschrift Für Helmut Humbach zum 80. Geburtstag am 4. Dezember 2001*, ed. by M. G. Schmidt and W. Bisang, Trier: Wissenschaftlicher Verlag, 2001, pp.267–280. 法译参阅 E. de la Vaissière, *Histoire des marchands sogdiens*, Paris: Collège de France, Institut des Hautes Etudes Chinoises, 2002, pp.48–76. 汉译参阅毕波《粟特文古信札汉译与注释》，《文史》2004年第2辑，第77—88页。

始："贞观五年,有传法穆护何禄,将祆教诣阙闻奏。"[1]不过,由于文献记载缺略,何禄究竟向朝廷上奏了什么内容,我们不得而知。众所周知,19世纪末叶以来中亚的出土文物中,不乏佛教、景教、摩尼教等宗教经典的粟特文写本,[2]而迄今为止未能确认有过粟特文本的火祆教经典。[3]因此,若仅从《僧史略》所记字面意思来理解,实无从判断何禄有否向中原王朝进献本教经典;其或很容易得出何禄根本不可能携带本教经典的结论。不过近年来学界研究表明,粟特地区的祆教祭司于本教经典《阿维斯陀经》实际上是熟悉的,这无疑有助我们从多个角度认识何禄"将祆教诣阙闻奏"的丰富内涵。

　　10—11世纪的阿拉伯文献曾记载粟特地区有琐罗亚斯德教经典流行。如阿拉伯作家比鲁尼(al-Biruni, 973-1048)曾提及当时还流行"粟特琐罗亚斯德教文书"(*kitāb al-majūs al-Sughd*,时人称之为*Nawapōstē*,即《九书》——与印度天文学中九大行星相联系的九块宝石)。[4]法国粟特考古专家葛乐耐教授(F. Grenet)认为粟特语文书P.3中即含有与"粟特琐罗亚斯德教文书"相似的

---

〔1〕(宋)赞宁《大宋僧史略》,第253页中。

〔2〕林悟殊《粟特文及其写本述略》,附录于〔德〕克里木凯特著、林悟殊翻译增订《古代摩尼教艺术》,第109—122页。有关粟特文写本的最新综合介绍与研究,可参阅W. Sundermann, "Manichaean Literature in Iranian Languages"; N. Sims-Williams, "Christian Literature in Middle Iranian Languages"; Y. Yoshida, "Buddhist Literature in Sogdian",以上文章均收入R. E. Emmerick & M. Macuch ed., *The Literature of Pre-Islamic Iran*, New York: I. B. Tauris & Co. Ltd, 2009, pp.197-329.

〔3〕日本中亚史专家间野英二教授在解题羽田亨《西域文明史概论》《西域文化史》时,曾指出羽田先生早年希望中亚考古有祆教经典的新发现,但迄今并无此类文献发现,见(日)羽田亨著,耿世民译《西域文明史概论(外一种)》,北京:中华书局,2005年,第10、18页。

〔4〕Y. al-Hādī, ed. Al-Bīrūnī, *kitāb al-Jamāhir fi Ma'rifat al-Jawāhir*, Tehran, 1995, p.354.转引自F. Grenet with Samra Azarnouche, "Where Are the Sogdian Magi?", *Bulletin of the Asia Institute (BAI)*, Vol. 21, 2012 (2007), p.170 n.46.

内容。尽管这份文书可能是8、9世纪回鹘王国统治时期的作品，包含多种文化内涵，尤其是含有印度神话学和天文学要素，然其编者无疑熟悉琐罗亚斯德教背景资料，如文书中对伊朗风神瓦达赫（Wādh）的祈祷，与《阿维斯陀经》中 *Hādōxt Nask*（2.7－8）描述"带着香味的南风，祈愿灵魂到达天堂"的情节相类似；[1]与《诸神颂》之 *Rām Yašt*(Yt.15.44－45)关于风神瓦由（Vayu）乃"万物的征服者，最为神速者"的描述亦相近。[2]以上事例，证明这些粟特语文书的作者曾有意识地取材琐罗亚斯德教经典。[3]

前述现存大英图书馆的一份粟特文残片（Or.8212/84＝Ch.00289），多涉琐罗亚斯德教信息[4]：

    1   [....]mwγšt myšt'y wšt'y wšt''y

    2   'štwγm'y twrt'y 'γwšt'yrtm

    3   wyδ'γty 'YKZY 'skw'z 'γw βγ'n MLK'

    4   'βs'yst y γwpw 'δδβγ 'wyh β(w)δ'nt'k

    5   rwγšn' γrδ mnyh prw šyr'kw šm'r'kh

    6   pr'ys wr 'γw 'sptk 'rt'w zrwšc

    7   šw βr' nm'c MN s'pt z'nwk'

    8   'kw γw'r'nt MN γw'r'nt z'nwk'

    9   'kw s'pt rtšw m'yδ ptyškwy βγ'

---

〔1〕A. Piras, *Hādōxt Nask 2. Il racconto zoroastriano della sorte dell' anima*, Roma, 2000, p.52, 60, 65, 69－70, 82－88. 该文书主要记载死后灵魂的命运。

〔2〕F. Wolff, *Avesta. Die heiligen Bücher der Parsen*, p.272.

〔3〕F. Grenet with Samra Azarnouche, "Where Are the Sogdian Magi?", p.170. 有关P.3号粟特语文书的详细研究参阅 Samra Azarnouche et F. Grenet, "Thaumaturgie Sogdienne: Nouvelle édition et Commentaire du Texte P.3", *Studia Iranica*, Vol.39, 2010, pp.27－77.

〔4〕N. Sims-Williams, "The Sogdian Fragments of the British Library", *Indo-Iranian Journal*, Vol.18, 1976, pp.46－47.

10　[š](y)r'nk''rk δ'tnm'nn δ't

当其时,名震遐迩、无所不能的众神之王 ādhvagh,正居住在香氲缭绕的天堂中善思。这时完美正直的苏鲁支(zrwšc)走来,向他祈祷,从左膝到右膝,从右膝到左膝,然后向他祈求道:"哦,神,仁慈的立法者,公正地进行审判……"

有关这份文书的宗教属性,早年颇有争议。[1]英国粟特文专家辛姆斯·威廉姆斯(N. Sims-Williams)于1976年将该批文书重新转写翻译,论证其应属摩尼教经典的抄本,令人信服。[2]不过,文书中包含诸多琐罗亚斯德教信息,乃毋庸置疑。如英国著名伊朗学家格什维彻(Il Gershvitch)为辛姆斯·威廉姆斯文章所作之跋文,便专门考证该残片前两行源自《阿维斯陀经》祷文《阿森·伏服》(Ašəm vohu)。[3]紧接着的文字,葛乐耐教授认为乃精选自《阿维斯陀经》诸神颂第17部(Ard Yašt 17.21-22),在此颂中女神阿什(Ashi)邀请琐罗亚斯德到其马车相聚,旨在将他引入天堂。阿什的手势即为"从右到左,从左到右",[4]与本件粟特语文书的表述类似。因此葛氏认为此份粟特文书内容应出自佚失的《阿维斯陀经》典籍。[5]

---

〔1〕详细评论可参阅荣新江《书评:龚方震、晏可佳〈祆教史〉》,原刊《欧亚学刊》第3辑,北京:中华书局,2001年;此据其著《中古中国与外来文明》,第456—459页。

〔2〕N. Sims-Williams, "The Sogdian Fragments of the British Library", pp.43-74.

〔3〕N. Sims-Williams, "The Sogdian Fragments of the British Library", Appendix by I. Gershvitch, pp.75-82. Ašəm vohu 祷文内容为"正义是善,是至善。其循吾等意愿而生,其循吾等意愿而必生。正义属于Asa Vahista。"参阅Almut Hintze, "On the Compositional Structure of the Avestan Gāhs", C. Pedersen & F. Vahman (eds.), Religious Texts in Iranian Languages, København: Det Kongelige Danske Videnskabernes Selskab, 2007, p.30.

〔4〕W. W. Malandra transl. and ed., An Introduction to Ancient Iranian Religion, p.134.

〔5〕F. Grenet with Samra Azarnouche, "Where Are the Sogdian Magi?", p.170.

　　另有一份粟特文残片, 当初日本粟特文专家吉田丰先生曾予
释读, 尔后宗德曼（W. Sundermann）教授复加转写与翻译[1]:

'XRZY 'ps' xw 'rt'w zr'wšc ZKw 'BY-' xwp' δδγ prm'y
'P-ZY my 'wn'kw wy-δβ'γ 'krty 'cw 'P-ZY 'sty w'nkw βγtkw
ZY 'yδ 'rw'ntw 'cw ZY prm z'y myrty rty pts'r w'nkw βγtkw
'sty 'PZY kw xypδ δm'nh ''γ-tw 'wβ'y 'WZY L' rtms wyn'y cnn
mwrtw k'r'y 'pštrw ZKw 'BYw z'tkw 'PZY xw ZK z'tkw ZKw
'BYw ZY ZKh m'th ZKw δγwth 'PZY-n ZKh δγwth ZKwh
m'tyh 'PZY ZKh xw'rh ZKw xw'rh 'PZY xw 'βr't ZKw 'βr'tw
ZY tm txmy ZKw txmw 'PZY ZK γwtm ZKw γ-wtm 'PZY ZK
xwt'y xwštk ZKw xwt'y xwy-štk 'WZY L' rtkδ xw z'tk šyr wβ'
'y rtšy 'sty ZKn 'BY 'rw'ny xws'nty-'kh

　　　　正直的苏鲁支问道:"哦, 上帝, 善的 ādhvagh！请向吾
　　等训示:诸灵魂的命运如何, 当人们死后, 会否重回原先的居
　　所？当人死后, 父亲会否见到儿子, 儿子会否得见父亲, 母亲
　　会否看到女儿, 女儿会否得见母亲, 姐妹之间, 兄弟之间, 家
　　人、亲朋好友们, 是否能互相看见？若儿子是善的, 他会否从
　　父亲的灵魂中受益？"

葛乐耐教授认为这段文字记载的是琐罗亚斯德向奥尔马兹达询问
家庭成员在天堂重逢的情形, 其遣词造句与中古波斯文《创世纪》

---

[1] Y. Yoshida, "On the Sogdian Infinitives", *Journal of Asian and African Studies*, Vol.18, 1979, p.187. W. Sundermann, "Zarathustra der Priester und Prophet in der Lehre der Manichäer", in M. Stausberg ed., *Zoroastrian Rituals in Context*, Leiden · Boston: Brill, 2004, p.520.

（Bundahišn, *Gr. Bd.* XXXIV.9, 14）[1]中关于重生的描述类似。虽然这份残片属于摩尼教文书，但其创作素材无疑取自琐罗亚斯德教经典。[2]

以上所讨论的中古时期粟特地区流行《阿维斯陀经》的种种痕迹，无疑为粟特祆教祭司能向中原王朝详禀"苏鲁支"信息提供了坚实基础。既然粟特地区曾流行琐罗亚斯德教经典，该教祭司们当然更易通过经典来了解本教的基本教义、发展史。何禄职居穆护，向中原王朝陈述本教情状，当不可能凭空捏造，而是有本可依。而且，凭借粟特人所具有的语言天赋，即便没有粟特文本的《阿维斯陀经》存世，何禄掌握本教原典应非难事。而在向中原王朝奏闻本民族宗教时，其也一定发挥了出色的语言才能。何禄将祆教诣阙闻奏，或许只是向统治者禀报该教的基本信息，申明其教乃粟特人世代之所奉，无意要汉人皈依；因此即便其当时已带俱夷语经典，亦未必被要求汉译。然其所言，朝廷必有所录，是次诣阙所奏的一些具体内容，亦必见于相关政书，传于坊间。

考琐罗亚斯德教之经典，向以口传著称，[3]除了文献记载何禄正式向中原王朝介绍本教的来龙去脉外，祆教入华历有年所，有关本教的一些信息，特别是关于先知的神迹传说，由华化信徒口传汉人，流播于世，或被形诸文字，进而为民间宗教所采入，实不出奇。

〔1〕B. T. Anklesaria, *Zand-ākāsīh: Iranian or Greater Bundahišn*, Bombay, 1956, p.287.

〔2〕F. Grenet with Samra Azarnouche, "Where Are the Sogdian Magi?", p.170.

〔3〕Ph. G. Kreyenbroek, "Theological Questions in an Oral Tradition: the Case of Zoroastrianism", in R. G. Kratz and H. Spickermann eds., *Götterbilder, Gottesbilder, Weltbilder. Polytheismus und Monotheismus in der Antike. Band I: Äypten, Mesopotamien, Persien, Kleinasien, Syrien, Palästina* (Forschungen zum Alten Testament, Reihe 2, 17), Tübingen: Mohr Siebeck, 2006, pp.199–222.

四、结语

今次霞浦发现的抄本,包含了诸多早已失传的外来宗教遗迹,除学界自始就关注的摩尼教明教、本节所考袄教外,还有唐代景教、元代天主教之遗迹,[1]甚或疑有印度教鸿爪,这就再次昭示吾辈:在古代世界,处于高位的中华文明犹如大熔炉,可以融化各种外来文明,即便曾遭官方迫害排斥的外来宗教,亦照样可为民间宗教所吸收,成为民间宗教之新资源,以至催生新的教门。

---

[1] 参林悟殊《福建霞浦抄本元代天主教赞诗辨释——附:霞浦抄本景教〈吉思咒〉考略》,《西域研究》2015年第4期,第115—134页;《清代霞浦"灵源教"之"夷数和佛"崇拜》,刘东主编《中国学术》总第37辑,北京:商务印书馆,2016年,第191—226页。

第二章 祆庙与火坛源流考

第一节 敦煌祆庙渊源考

当今琐罗亚斯德教徒的重要宗教活动场所是火庙,而根据文献记载和考古发现,在不同历史时期该教庙宇则至少包括神庙与火庙两种不同形态,与之同源的中亚祆教也发展出偶像崇拜与圣火祭祀相混合的宗教传统。中古时期入华的祆教乃以中亚粟特人为主要信仰载体,由于文献记载缺略,且并无确认的考古资料以资证明,人们对入华祆教的宗教活动缺乏全面系统的了解,特别是有关祆庙祭祀的情形,所知不多。所幸敦煌文书中保留了几则有关祆庙的记录,虽然片言只语,对了解这一中古外来宗教的在华活动,亦不无裨益。

一、古波斯的神庙与火庙

有关古波斯的宗教祭祀,公元前5世纪古希腊作家希罗多德(Herodotus,公元前484—425)曾有记录:

　　　　波斯人所遵守的风俗习惯,我所知道的是这样。他们
　　不供养神像,不修建神殿,不设立祭坛,他们认为搞这些名堂
　　的人是愚蠢的。(我想这是由于他们和希腊人不同,他们不
　　相信神和人是一样的。)然而他们的习惯是到最高的山峰上
　　去,在那里向宙斯奉献牺牲,因为他们是把整个苍穹称为宙
　　斯的。[1]

这段记载表明古波斯人并未建造专门的庙宇,而是直接在山顶上
向日月、大地、水火等进行献祭,其他古希腊文献中不乏此类记
载。[2]从公元前5世纪末开始,随着偶像崇拜的流行,伊朗开始出
现专门的神庙了。大流士二世(Darius Ⅱ,公元前423—404年在
位)统治时期至少有两座祭祀阿娜希塔(Anāhiti)的神庙。阿尔塔
薛西斯二世(Artaxerxes Ⅱ,前404—358)也为供奉阿娜希塔而建
造神庙,其继任时的加冕仪式就是在阿娜希塔庙举行的。大流士
另一子小居鲁士也建造了祭祀蒂安娜(Diana)的圣庙。[3]
　　公元前330年亚历山大东征带来的希腊化影响,导致琐罗亚
斯德教徒圣像崇拜现象日益突出;但与此同时,一些教徒坚持认
为圣火才是与神沟通的唯一手段,主张应在庙里供奉圣火。此时
的古波斯大地,可谓神庙与火庙共存。1923年,德国考古工作者在
波斯古城波斯波利斯发掘了著名的"总督庙"(Frataraka Temple)
遗址,内中发现一男一女两尊雕像,男子手持巴萨摩枝(barsom)。

----

[1] George Rawlinson transl., *The History of Herodotus, Great Books of The Western World*, Vol. 6, I. 132, The University of Chicago,1952, p.31; 参阅王以铸译《希罗多德历史》,北京: 商务印书馆,1997年,上册,第68—69页。

[2] A. de Jong, *Traditions of the Magi: Zoroastrianism in Greek and Latin Literature*, Leiden, 1997, p.345.

[3] Mary Boyce, *Zoroastrians, Their Religious Beliefs and Practices*, London, 1979, 1984, 2001, pp.62-63.

该遗址西面建筑为主体，风格属阿契美尼晚期，东部建筑则稍晚；整体建筑包括位于中央的四柱方形内殿、三面环绕的狭长屋室、柱廊以及柱廊与内殿之间的空地等，呈现出典型的古伊朗宗教建筑特征，多为后世伊朗宗教建筑所遵循。四柱大厅后墙有一石台基座，可能用来供奉阿娜希塔神。[1]

除了上述神庙之外，阿契美尼时期也有类似火庙的遗址，学界认为琐罗亚斯德教徒在公元前4世纪时发展出在庙中祀火的仪式。[2]不过，至迟到帕提亚王朝（Parthian，公元前247—公元226）时期，伊朗才开始出现真正的火庙，如锡斯坦地区库赫·卡瓦伽（Kuh-i Khwaja）火庙，年代可追溯至公元前2—前1世纪。火庙由长方形主室与另一稍小的房间组成，中间连着狭窄的通道。每个房间都有大约1米宽的回廊。该庙在萨珊时期改建，包括一间方形圆拱顶的四柱火室和一间小的内室。[3]内室的三面仍保留了狭窄的走廊，这种设计形式可能是为了突出封闭空间的独立性和神圣性。[4]该庙平面图呈倒U形，与阿契美尼时期呈钟形的苏萨（Susa）庙非常相似。一般认为苏萨庙为后世塞琉古和帕提亚王朝的火庙提供了模板，此时伊朗火庙明显是仿照苏萨庙建造的；萨珊时期的火庙则与之不同，其上为正方形穹顶，覆盖着下面的四面拱门。[5]库赫·卡瓦伽火庙在萨珊时期改建后呈此特点即为最佳例证。

------

〔1〕Klaus Schippmann, *Die iranischen Feuerheiligtüer*, Berlin-New York, 1971, pp.177–185. David Stronach, "On the Evolution of the Early Iranian Fire Temple", *Papers in Honor of Prof. Mary Boyce*, Acta Iranica 25, Leiden, 1985, pp.616-617.

〔2〕Mary Boyce, "On the Zoroastrian Temple Cult of Fire", *Journal of the American Oriental Society (JAOS)*, 95.3, 1975, pp.455-456.

〔3〕Barbara Kaim, "Ancient Fire Temples in the Light of the Discovery at Mele Hairam", *Iranica Antiqua*, 39, 2004, p.324.

〔4〕David Stronach, "On the Evolution of the Early Iranian Fire Temple", pp.618-619.

〔5〕Mary Boyce, "On the Zoroastrian Temple Cult of Fire", p.456, 464.

到了帕提亚王朝晚期,越来越多的人反对圣像崇拜,转而支持圣火。伏洛吉斯一世(Vologeses, 公元51—80年在位)统治时,将发行钱币背面的希腊风格圣像改为圣火,一些地方大族则将圣祠中的神像换成火坛,都说明圣火崇拜逐渐开始流行。至萨珊王朝时期(224—651),圣像进一步遭到破坏,越来越多的火庙建立起来。尽管近年有学者提出,萨珊时期的琐罗亚斯德教并不存在真正意义上的破坏圣像运动,但是综观萨珊朝琐罗亚斯德教考古与历史,鲜闻有祭祀圣像的神庙存在。[1]人们将圣像移出圣祠后,需在圣祠里安置圣火,驱逐圣像中的邪恶。

萨珊时期的火庙以今阿塞拜疆的塔赫特·苏莱曼(Takt-e Solaymān)火庙遗址最为引人注目。遗址曾出土一枚泥制印章,上刻"古什纳斯普圣火庙大祭司"字样(mowbed ī xānag ī Adur ī Gushnasp)。[2]该庙位于山顶上,建在湖水旁边,便于祭祀水火,是典型的琐罗亚斯德教宗教祭祀场所。该庙建制繁复,整个山顶由围墙围住,由北方进入大型庭院,庭院三面带有大堂;从南面的大堂穿过门廊,进入一间方形圆顶的砖建小屋,内有几座束腰形祭坛,中间的地上是下沉的方坑。穿过这间屋子是另一道深廊,面湖而开。沿着屋子的南边走,穿过拱廊,则来到一排南北走向的立柱支撑的大堂和前厅。向北走到尽头,则是另一间稍小的方形拱顶石屋,中间是一方三层级火坛基座,表明这儿原本应有一座圣火坛。[3]一般认为这是一座典型的萨珊火庙。

综上所述,到萨珊王朝时期,琐罗亚斯德教重新被尊为国教,

〔1〕Michael Shenkar, "Rethinking Sasanian Iconoclasm", *JAOS*, 135.3, 2015, pp.471-498.

〔2〕Yumiko Yamamoto, "The Zoroastrian Temple Cult of Fire in Archaeology and Literature(II)", *Orient* Vol.XVII, *Report of the Society for New Eastern Studies in Japan*, Tokyo,1981, p.75.

〔3〕Mary Boyce, "On the Zoroastrian Temple Cult of Fire", pp.464-465.

臻于鼎盛,王室贵族开始大规模兴建火庙,逐渐取代偶像崇拜者所使用的神庙。火庙建制非常复杂,多是方形复合建筑,在主殿或庭院前通常会有前厅,石柱支撑的回廊也是火庙的基本建筑特征。火坛在整座火庙建筑中占据核心位置。就火室而言,主要有两种类型:一类为方形圆顶的屋子(chahār tāq),另一类为狭窄走廊环绕的封闭内室(ātashgāh)。[1]现在已经知道大约有50座前一种圣火堂,这种小型纪念性建筑物边长不足10米,少数围有回廊,还有的增建了附属建筑物。这一建筑形式也成为后世伊朗和印度琐罗亚斯德教火庙的样板。[2]

二、祆火并存的中亚祆庙

语言学的研究表明,琐罗亚斯德教圣经《阿维斯陀经》(*Avesta*)的内容和语言具有明显的东伊朗特征,而与西伊朗无涉。[3]至迟在公元前1000年前,《阿维斯陀经》中已出现东伊朗的巴克特里亚语方言 *bāxδī-*。[4]更有学者指出,琐罗亚斯德教创始人查拉图斯特拉的母语不是阿维斯陀语,而是和粟特语接近的早期古代伊朗语的某种形式。[5]《阿维斯陀经》曾记载了位于古代东伊朗和中亚地区的粟特(Sughda, Sogdia)、木鹿(Moru, Magiana)、巴克特里亚(Bakhdhi, Bactria)等地,表明东伊朗地区之流行琐罗

---

[1] Kalpana K. Tadikonda, "Significance of the Fire Altars Depicted on Gandharan Buddhist Sculptures", *East and West*, Vol. 57, No.1/4, 2007, p.30.

[2] G. Gropp, "Die Funktion des Feuertempels der Zoroaster", *Archäologische Mitteilungen aus Iran und Turan (AMI) NF* 2, 1969, p.148ff.

[3] Mary Boyce ed. and transl., *Textual Sources for the Study of Zoroastrianism*, p.7.

[4] Almut Hintze, "Zarathustra's Time and Homeland", in Michael Stausberg ed., *The Wiely Blackwell Companion to Zoroastrianism*, John Wiley & Sons. Ltd, 2015, p.34.

[5] Helmut Humbach, "The Gāthās", in Michael Stausberg ed., *The Wiely Blackwell Companion to Zoroastrianism*, p.40.

亚斯德教要早于波斯本土。[1]新《阿维斯陀经》之《诸神颂》(*Yašt*)的《密特拉颂》即产生于中亚巴米扬地区,[2]就是很好的证明。以上种种证据表明,《阿维斯陀经》和琐罗亚斯德教应起源于中亚南部和东伊朗地区。不过琐罗亚斯德教制度化,成为有体系的宗教,应是到了古波斯阿契美尼王朝时期,因此我们可以说,古波斯琐罗亚斯德教虽起源于中亚祆教,但中亚地区后来流行的祆教不排除又受到前者影响的可能。[3]这一点我们从中亚相关考古发现即可窥见一斑。

20世纪60年代以来,法国考古队在希腊—巴克特里亚的阿伊·哈奴姆城(Ai Khanum,今阿富汗境内)发掘了两座神庙遗址,主庙呈正方形,建于三级高台上,神庙高大的泥砖墙外饰缩进式壁龛,被称为"带内龛的神庙"(Temple with indented Niches)。神庙的平屋顶带有飞檐,内室一分为三,由走廊连到前厅,中间两侧各有收纳用的侧室。尽管这种建筑结构可溯源于美索不达米亚,是希腊化时期当地建筑的典型风格,[4]但其仍然承袭了古伊朗四柱式主殿并绕以回廊的建筑传统,应是阿契美尼时期兴起的建筑模式。庙中祭祀的神可能是阿胡拉·玛兹达、密特拉或被阿契美尼

〔1〕 Frantz Grenet, "An Archaeologist's Approach to Avestan Geography", in Vesta Sarkhosh Curtis and Sarah Stewart eds., *Birth of the Persian Empire*, Vol. 1, London: I. B. Tauris, 2005, pp.29-51.

〔2〕 Frantz Grenet, "Bāmiyān and the *Mihr Yašt*", *Bulletin of the Asia Institute(BAI)*, New Series/Volume 7, 1993, pp.87-94.

〔3〕 Mary Boyce, *A History of Zoroastrianism*, Vol.1, Leiden, 1975, pp.274-276; *Zoroastrians:Their Religious Beliefs and Practices*, pp.39-40. J. P. Moulton, *Early Zoroastrianism*, London: Constable & Company Ltd., 1926, pp.85-88.

〔4〕 V. Shkoda, "Iranian Traditions in Sogdian Temple Architecture", V. S. Curtis, R. Hillenbrand and J. M. Rogers eds., *The Art and Archaeology of Ancient Persia. New Light on the Parthian and Sasanian Empires*, London: I. B. Tauris Publishers, 1998, pp.122-126.

人引入的电神哈达特（Hadad）。[1]在距离城北防御工事百米左右
还有另一座庙遗址，同样位于三层级的墩台之上，外墙亦有壁龛，
其外形与前者颇为相似；但是这座庙没有带顶的走廊，取而代之
的是三间内室通向庭院，由三条独立的阶梯连通，说明庙里很可能
供奉了三位不同的神，即阿胡拉·玛兹达、密特拉和阿娜希塔。这
些庙宇的建筑形制表明，中亚的希腊化统治者仍因循着阿契美尼
波斯的宗教传统，建筑师们主要借鉴了阿契美尼波斯的建筑风格，
希腊式建筑对庙宇的影响则明显局限于装饰性的元素。[2]

　　20世纪70—80年代，苏联考古学家在阿姆河右岸古巴克特里
亚的塔赫特·桑金（Takht-i Sangin）发掘出"阿姆河庙"遗址。该
庙建于公元前4世纪末至3世纪初，为塞琉古王朝和希腊—巴克特
里亚王朝统治时期当地的宗教活动中心。公元前2世纪中期，由
于游牧民族入侵，庙宇被毁，后被不断修复，直到公元4世纪都在
使用。整座庙的中央是四柱式大厅，西北角是一个残存的基座，可
能用来安放神像。四周绕以两列柱廊，大厅每面墙都开有门道，通
向回廊。从平面图来看，若遮住大厅后面的通道，会发现整个庙被
分成三间内殿。该遗址出土了古希腊音乐家玛息阿（Marsyas）的
雕像，时代约为公元前2世纪前半叶，他正在祭坛上演奏长笛，祭
坛刻着希腊铭文："阿特罗索克（Atrosokes）向阿姆河献祭。"另有
阿波罗的神像和其他希腊神像残件。[3]这些考古发现说明该庙曾

---

[1] Michael Shenkar, "Temple Architecture in the Iranian World in the Hellenistic Period",
in Anna Kouremenos, Sujatha Chandrasekaran and Roberto Rossi eds., *From Pella to
Gandhara. Hybridisation and Identity in the Art and Architecture of the Hellenistic East*,
Oxford: Archaeopress, BAR International Series 2221, 2011, p.128.

[2] Michael Shenkar, "Temple Architecture in the Iranian World in the Hellenistic Period",
pp.129-132.

[3] A. Litvinskii and I. R. Pichikian, "The Hellenistic Architecture and Art of the Temple
of the Oxus", *BAI*, New Series/Volume 8, 1994, pp.47-66.

供奉着希腊神。但是庙中放置祭坛的房间内布满灰烬，说明祭火仪式在神庙祭仪中亦占据一席之地。贝赫纳（P. Bernard）曾断言，房间内用火的证据（灰层）只能追溯到贵霜（公元1—2世纪）时期或更晚，尚不能确定这些房间的原始功能。[1]然而发掘者宣称，可以确定至少一间房屋内的祭坛和墙壁同属希腊化时期，表明该祠祭火习俗历史久远。[2]

唐人段成式《酉阳杂组》卷十记载了一座祆神庙的情况：

> 俱德健国乌浒河中，滩流中有火祆祠。相传祆神本自波斯国乘神通来此，常见灵异，因立祆祠。内无象，于大屋下置大小炉，舍檐向西，人向东礼。[3]

一般认为，这座庙即为上引塔赫特·桑金的"阿姆河"庙。该祠"内无像"，明显符合萨珊波斯琐罗亚斯德教反圣像崇拜的传统。

片治肯特（Panjikent）地区发现的两座神庙遗址也证明了这一点。这两座庙始建于公元5世纪，I号神庙时间略早（南庙），包括一条朝东的柱廊和一座四柱大厅，大厅的西墙上有两个神龛，由一条走廊通向内室。大厅和内室三面环绕走廊。II号神庙（北庙）的结构与I号神庙类似，只是柱廊南北墙的时间更晚一些。神庙经历过数次修建，但其主体结构未发生大的改变，祭祀仪式大体上得以保留。5世纪后半叶（第二建筑期），I号庙南面又增加了几座祭坛，其中19号屋内有一座祭坛，被认为用来供奉永燃圣火。

---

〔1〕P. Bernard, "Le Temple du dieu Oxus à Takht-i Sangin en Bactriane: temple du feu ou pas?" *StIr*, 23, 1994, pp.86-90.

〔2〕Michael Shenkar, "Temple Architecture in the Iranian World in the Hellenistic Period", pp.122-123.

〔3〕（唐）段成式著，许逸民校笺《酉阳杂组》前集卷十，北京：中华书局，2015年，第777页。

平台南面角落附近残存了一座神龛，有绘画装饰的痕迹。平台正面亦有绘画残迹。整个画面大概分为三层，中间（距离地面约一米）为红色背景，绘有一人，口上覆布带，手持一束枝条，立于火坛基座前，基座底部呈塔状。距离角落0.4米靠着画墙有一座两段顶部相连的锥状土柱坛，与萨珊时期的库赫·卡瓦伽庙出土的石坛相似。而且，放置神龛的小屋位于大树和水渠边，与伊朗火庙选址的传统亦相符。其中图像人物口上覆带、立于火坛旁，是典型的祆教祭司侍奉圣火的场景。到5世纪下半叶至6世纪早期（在第二和第三期建筑期），I号庙遗址包含了一座专门的火屋，清楚地表明这里礼拜圣火。

到了5世纪下半叶至6世纪早期（即该遗址第三期），该庙的祭拜仪式变得更加复杂。这时信徒们新建了一间屋子——18号房，位于主殿回廊外墙与庭院北边内墙之间，包括一间内室及面东而开的柱廊。在信徒去往南面火室的路上，至少有两间圣屋可供礼拜：一间屋有树，另一间屋则设有壁龛（21号房），可能与对水的祭拜有关。在琐罗亚斯德教的礼拜仪式中，以拜火为中心，往往还同时进行着对其他善端的祭拜。整座庙的建制，完全符合这一宗教特征。到5世纪末至6世纪初（遗址第四期），由于嚈达人（Hephthalite）入侵等战争动乱，片治肯特城墙被摧毁，大量居民逃离了城市，庙宇也随之遭到重创。在I号庙中，南面的主殿损毁严重，人们在之前的火屋遗址上建了塔。这或许表明，人们不再维持永燃圣火，就像后世低一级的拜火仪式那样，当需要时，可临时从祭司家里取来圣火。[1]也正是从此时开始，整个庙群的大型建筑活动减少，大量的艺术品涌现，包括神像、神话的场景、供养人像、信众游行的画面等

---

〔1〕V. G. Shkoda, "The Sogdian Temple: Structure and Rituals", *BAI*, New Series/Volume 10, 1996, pp.195−201.

等。众多神像的出现表明它们或许已由火庙转为神庙了。[1]

总的来说，粟特地区的祆教兼有圣火崇拜与偶像崇拜，既继承了祆教传到波斯之前的本土宗教习俗，也应受到波斯本土成体系的琐罗亚斯德教影响，尤其是火崇拜的部分。正是这种带有鲜明中亚本土特色的祆教经由丝绸之路传入中土。

三、敦煌祆庙溯源

有关敦煌地区的祆庙（寺、舍、祠），主要见诸敦煌文献的记载，如 S.1366《使衙油面破历》所记"四升，十七日准旧城东祆赛神用"，[2] S.214 背《少事商量社司转帖抄》记"帖至，限今月廿日卯时于祆门前取齐。捉二人后到者，罚酒一角；全不来者，罚酒半瓮。"[3] 国家图书馆藏编号为生 25（BD03925）背 10 的《诸杂》中录有"祆庙"字样，[4] P.2748《敦煌廿咏》第十二首《安城祆咏》中所记："板筑安城日，神祠与此兴。一州祈景祚，万类仰休征。"[5] 英国国家图书馆藏敦煌文书 S.2241 号《公主君者者状上北宅夫人》记载了 10 世纪中叶（958）西域"祆寺燃灯"的习俗："孟冬渐寒，伏惟北宅夫人司空小娘子尊体起居万福。即日君者者人马平善。与（與）不用優（憂）心，即当妙矣，切嘱。夫人与君者者沇（沿）路作福，祆寺燃灯。他劫不坚。"[6] P.2569v《儿郎伟》"部领安城大

〔1〕B. I. Marshak and V. I. Raspopova, "Worshipers from the Northern Shrine of Temple II, Panjikent", *BAI*, New Series/Volume 8, pp.187–207.

〔2〕《英藏敦煌文献》，第2册，成都：四川人民出版社，1990年，第277页。

〔3〕《英藏敦煌文献》，第1册，成都：四川人民出版社，1990年，第86页。录文据郝春文主编《英藏敦煌社会历史文献释录》第1卷，北京：科学出版社，2001年，第333页。

〔4〕《国家图书馆藏敦煌遗书》，第54册，北京：国家图书馆出版社，2007年，第100页。

〔5〕《法国国家图书馆藏敦煌西域文献》第18册，上海古籍出版社，2001年，第68页。

〔6〕《英藏敦煌文献》，第4册，成都：四川人民出版社，1991年，第53页。

祆"。[1]但有关祆祠形制,记载最为详细的是 P.2005 敦煌文书《沙州都督府图经》卷三的"四所杂神条":

> 　　祆神。右在州东一里。立舍,画神主。总有廿龛。其院周回一百步。[2]

池田温先生认为此段材料记录的是 7 世纪末的情况,讲述了祆神神殿的位置和规模,认为此祆舍的建筑形制可能承袭了波斯万神殿的四方形结构。[3]姜伯勤先生则根据中亚粟特地区考古发现的方形祠庙遗址,讨论了敦煌祆舍与粟特祠庙间的联系。[4]有关敦煌祆寺形制及其渊源的考察,迄今以姚崇新教授的论著最为翔实。他考察了一批中亚地区从波斯帝国以前直至阿拉伯征服之前不同性质的庙宇,总结出这批建筑主体部分"多为方形、带走廊、顶部由四根柱子支撑或有四柱式凉台"的特点,认为敦煌祆舍形制与布局更可能源于中亚、粟特地区。而在中亚地区,类似结构的神殿的设计理念和遗存的出现却早于琐罗亚斯德教。实际上否定了将敦煌祆庙溯源于阿契美尼朝波斯琐罗亚斯德教庙宇的论点。[5]

　　一般认为,中古祆教乃由粟特人经由丝绸之路传播而来,从这

---

〔1〕《法藏敦煌西域文献》第 16 册,上海古籍出版社,2001 年,第 31—32 页。

〔2〕池田温《沙州图经考略》,《东洋史论丛:榎博士还历记念》,东京:山川出版社,1975 年,第 70—71 页。

〔3〕池田温《8 世紀中叶における敦煌のソグド人聚落》,《ユーラシア文化研究》第 1号,1965 年,第 90 页补注 1;中译本《八世纪中叶敦煌的粟特人聚落》,见《唐研究论文选集》,北京:中国社会科学出版社,1999 年,第 4 页,67 页补注 1。

〔4〕姜伯勤《敦煌吐鲁番文书与丝绸之路》,北京:文物出版社,1994 年,第 245—247页;《敦煌艺术宗教与礼乐文明:敦煌心史散论》,北京:中国社会科学出版社,1996 年,第 490 页。

〔5〕姚崇新、王媛媛、陈怀宇《敦煌三夷教与中古社会》,兰州:甘肃教育出版社,2011年,第 45—52 页。

个角度看讲,言敦煌祆舍源于中亚、粟特地区,自不成问题。但是中亚粟特地区的祆教,虽然包含了早期中亚本土传播的传统,但是波斯琐罗亚斯德教体系化、制度化之后,中亚祆教又主动保持与波斯本教的组织联系,这一点中外史籍均有记载。如《旧唐书·波斯传》记载道:

> 波斯国……俗事天地日月水火诸神,西域诸胡事火祆者,皆诣波斯受法焉。其事神,以麝香和苏涂须点额,及于耳鼻,用以为敬,拜必交股。[1]

《新唐书·波斯传》记载略同。[2]根据中古波斯文献记载,大约830年,粟特的中心地区,即康国撒马尔干的琐罗亚斯德教徒,曾向波斯的宗教领袖法罗赫扎丹(Adurfarnbag Farrokhzadan)询问,当旧达克玛(dakhma,石制表面的塔,用来曝尸)已损坏,新达克玛建好后,应该如何举行仪式。法罗赫扎丹在回信中说道:"新达克玛完工后,如果有人死去,就在达克玛的角落里摆放一些石块,举行正确的仪式,然后把尸体放在上面。"[3]说明即便在伊斯兰化之后,粟特祆教徒也保持着向波斯本教求经取法的传统。

此外,敦煌祆庙的建筑风格,也可溯源阿契美尼时期的波斯琐罗亚斯德教。根据上引敦煌文书的记载,我们可对敦煌祆祠的形制略作分析及推测。"其院周回一百步",依唐制周长约合150米,根据波斯本土火庙为正方形的规制,可推测祆神祠应为边长30—

---

〔1〕《旧唐书》卷一九八,北京:中华书局标点本,第5311页。

〔2〕《新唐书》卷二二一下,北京:中华书局标点本,第6258页。

〔3〕B. N. Dhabhar, *The Persian Rivayats of Hormazyar Framarz and others, their version with introduction and notes*, Bombay: K. R. Cama Oriental Institute, 1932, pp.104-105.

40米的方形祠，[1]殆无疑问。火庙中间是方形的四柱式大殿，四周绕以回廊，这是典型的古伊朗庙的建筑特征。祆祠乃为满足入华粟特移民的祆教信仰而建，入华祆教徒建造祆祠取法中亚或波斯祠庙建制则不言而喻。

学者们曾举出公元前1400年的札库坦（Jarkutan）庙为例，认为这才是中亚祆庙建筑形制的渊源。该庙位于今乌兹别克斯坦铁尔米兹（Termez）北部60千米处，分为东部宗教区与西部行政区（或居住区），中心区域是约400平方米的大平台，发掘者宣称平台上四柱之间的火坛是主要的礼拜对象，可见当时祭祀仪式乃围绕火坛露天举行。从该庙晚期遗存来看，火崇拜在祭祀中的地位越来越重要。[2]不过由于年代久远，札库坦遗址与后来发掘的中亚诸庙存在上千年的时间差，而且这座庙乃露天祭祀，与后来的火庙有本质区别。退一步讲，即便粟特祆庙继承了扎库坦或者中亚本土更古老的文化传统，却也无法完全排除琐罗亚斯德教体系化之后，中亚与波斯两地在宗教组织上的联系。

《沙州图经》记录敦煌祆庙"总有廿龛"，同样可在中亚祠庙中找到模板。据考古发现，中亚庙宇重视开凿壁龛，且龛数较多。前文提及阿伊·哈奴姆地区的"带内龛的神庙"，即为典型代表。片治肯特Ⅰ、Ⅱ号庙中也有壁龛，龛中或置塑像，或绘壁画。[3]此外，考古工作者在花剌子模托普拉克—卡拉古城遗址中央高地东北部也发现了一座大型神殿，殿墙装饰壁画、浮雕和壁龛。壁龛将墙体分成若干组，每组都是独立的雕塑群；据统计在被称为"皇

---

〔1〕池田温：《八世纪中叶敦煌的粟特人聚落》，第67页补注1。

〔2〕A. Askarov & T. Shirinov, "The Palace, Temple and Necropolis of Jarkutan", *BAI*, New Series/Volume 8, pp.13−25.

〔3〕A. M. Belenitskii and B. I. Marshak, "Archaeological substantiations of the dates of Panjikent murals", in G. Azarpay, ed., *Sogdian Painting. The Pictorial Epic of in Oriental Art*, University of California Press, Berkeley·Los Angeles·London, 1981, p.43.

厅"的大殿中共有23或24个壁龛、3座带有相似浅浮雕和壁画构图的壁龛。[1]由此看来,敦煌祆舍继承了中亚粟特地区神庙设壁龛的传统,"总有廿龛"表明壁龛数量也很多,堪比花剌子模神庙中壁龛的规模。敦煌祆祠"画神主",说明祆神是绘制的,这一点,亦可从法国国立图书馆藏P.4518(24)号白画得到证实。[2]与敦煌邻近的伊吾地区,其祆庙祭祀情况或许有助于我们理解敦煌祆庙的形制。事见敦煌文书S.367,该文书写于光启元年(885),现存英国国家图书馆。文书述及贞观十四年(640)高昌未破以前敦煌北面伊州伊吾县祆庙的宗教仪式活动:

> 伊吾县……火祆庙中有素书,形像无数。[3]

尽管关于伊吾祆庙素书究竟是画像还是偶像,尚有争论,但这段记载表明入华祆教行圣像崇拜,则毫无疑问了。这一点也与上文所论粟特祆教既有圣火崇拜也行神像崇拜的传统相一致。尽管萨珊波斯的琐罗亚斯德教已废除圣像崇拜,而以圣火为唯一礼拜对象,但是建造专门的庙宇来祭拜各类神祇,是至迟自阿尔塔薛西斯二世以来形成的传统,正是他引入崇拜诸神圣像,并将神像安置在有顶的庙宇里。[4]粟特祆教显然也保留了阿契美尼波斯建庙拜神的传统,从这一点来看,将敦煌祆庙部分溯源于古波斯琐罗亚斯德教,谅不为过。

---

〔1〕[俄罗斯]И.札巴罗夫,Г.德列斯维扬斯卡娅著;高永久、张宏莉译《中亚宗教概述》,兰州大学出版社,2002年,第129—130页。

〔2〕Jao Tsong-yi(饶宗颐), *Peintures monochromes de Dunhuang*(Dunhuang Baihua敦煌白画),Paris,1978;《饶宗颐二十世纪学术论文集》第八卷《敦煌学(上)》,台北:新文丰出版公司,2003年,第622、653页。

〔3〕《英藏敦煌文献》,第1册,第158页。

〔4〕David Stronach, "On the Evolution of the Early Iranian Fire Temple", p.616.

　　虽然敦煌文书中并未明确记载过火祆庙是否进行圣火崇拜，可是我们根据传世文献记录和考古发现进行推测，敦煌祆庙中应该保留了祭拜圣火的传统。如《通典》卷四○《职官典》记载：[1]

　　　　武德四年置祆祠及官，常有群胡奉事，取火咒诅。

这段记载可以和宋敏求《长安志》卷一○布政坊条下所记相印证：[2]

　　　　西南隅，胡祆祠。武德四年（621）立。西域胡祆神也。祠内有萨宝府官，主祠祆神，亦以胡祝充其职。

这里记载的是长安城内刚刚建立祆祠时，经常有祆教徒取火咒诅的情况。1999年太原出土的虞弘墓、2000年西安安伽墓、2003年西安史君墓，及散落海外的其他有关石葬具残件，皆可见典型的祆教圣火坛形象。[3]说明入华祆教徒非常熟悉本教礼拜圣火的传统。由此看来，敦煌祆庙里亦有祭祀圣火的传统，就不足为奇了。随着粟特人入华日久，华化渐深，到五代宋初之时，行人可以在"祆寺燃灯"，或许就与这里曾经举行过神奇的拜火仪式，遂给人留下灵验的印象有关。[4]

---

〔1〕（唐）杜佑撰，王文锦等点校：《通典》卷四○《职官典》，北京：中华书局，1988年，第1102—1103页。
〔2〕[日]平冈武夫编《唐代的长安和洛阳（资料）》，上海古籍出版社，1989年，第185、116页。（唐）韦述撰，辛德勇辑校《两京新记辑校》（《两京新记辑校·大业杂记辑校》，魏全瑞主编《长安史迹丛刊》），西安：三秦出版社，2006年，第34页。
〔3〕陈文彬《祆教美术中的火坛》，陕西师范大学历史文化学院、陕西历史博物馆编《丝绸之路研究集刊》第二辑，北京：商务印书馆，2018年，第189—204页。
〔4〕张小贵《敦煌文书所记"祆寺燃灯"考》，中央文史研究馆、敦煌研究院、香港大学饶宗颐学术馆编《庆贺饶宗颐先生九十五华诞敦煌学国际学术研讨会论文集》，北京：中华书局，2012年，第566—583页。

英国学者早年在翻译汉文史料中的祆庙时，将其译作"Baga Temple"，而没有译作"Zoroastrian Temple"或"Temple of Zoroastrianism"，注意到祆寺与正统琐罗亚斯德教庙的区别，[1] 姚崇新先生则同意前人将 Baga 比定为祆教最高神阿胡拉·马兹达，指出"高昌、伊吾等地的祆寺中的主尊神有的可能是阿胡拉·马兹达，有的则可能是其他祆神，依此类推，敦煌祆寺的主尊神也未必一定是阿胡拉·马兹达。那么，将祆寺译为'Baga Temple'就未必完全符合实际情况了，至少丝路东段的情况如此。"[2] 两位学者区别祆寺和正统琐罗亚斯德教的视角，均有学理上的意义。不过，将 Baga 比定为祆教最高神阿胡拉·马兹达，则有未安之处，笔者将在下文中讨论。[3]

第二节　入华祆教火坛杂考

古波斯琐罗亚斯德教（Zoroastrianism）向以拜火作为信徒与神沟通的重要手段，随着古波斯社会历史的发展，该教也日趋完善，并发展出日益繁复的拜火仪式。[4] 每逢特定的时刻，教徒们都会认真地准备圣火，在圣火前进行祈祷，举行规定的祭火仪式；教徒们用来盛放圣火的火坛，也日益成为该教重要的象征符号。一

〔1〕A. Waley, "Some References to Iranian Temples in the Tun-huang Region",《"中研院"历史语言研究所集刊》第28本《庆祝胡适先生65岁纪念论文集》（上），台北，1956年，第123页。
〔2〕姚崇新、王媛媛、陈怀宇《敦煌三夷教与中古社会》，第23—26页。
〔3〕见第三章。参张小贵《古伊朗文献所见伐迦 Baga 考释》，李军主编《中国中古史集刊》第五辑，北京：商务印书馆，2018年7月，第323—338页。
〔4〕Mary Boyce, "On the Sacred Fires of the Zoroastrians", *Bulletin of the School of Oriental and African Studies*, Vol.31.1, pp.52–68.

般来说,琐罗亚斯德教起源于中亚地区,中古时期该教沿着丝绸之路不断向东传播,经中亚地区传入中土,以祆教名之,一度流行。传世文献不乏入华祆教取火祭祀的记载,而考古遗存也多见圣火与火坛的图像资料。

一、吉尔赞喀勒火坛属性献疑

2013年开始,中国社会科学院考古研究所新疆工作队在新疆塔什库尔干县发掘了吉尔赞喀勒墓地,出土一批木质容器,据云为亚欧大陆迄今发现最早最原始的明火入葬火坛,墓地地表黑白石条现象亦可能与拜火教(祆教)相关。[1]2015年,发掘者公布了2013年发现的B区4件木质"火坛"的详细情况(图2-1):

> 火坛4件。M11:14,有被火灼烧的炭层。长9、宽18、高8厘米。M12:4,呈船状,两端各有一椭圆形手柄突出,中部有一圆形槽。长26.8、宽13.6、高11、槽径9.3、深8.2厘米。M15:3,呈近圆形鸟巢状,敞口,弧厚唇,弧腹,圜底。口径18、高9厘米。M14:23,近椭圆形,两端各带有一椭圆形手柄突出,中部有一圆形槽。长25、宽22、槽径5、深8厘米。[2]

有关墓葬的年代,研究者从已发掘墓葬中提取了15块人骨、木材、炭屑和织物标本进行碳十四年代测定,测年结果为距今2400—2600年,测年数据与帕米尔地区其他古墓地出土同类型墓葬的年

---

[1] 巫新华《2013年新疆塔什库尔干吉尔赞喀勒墓地的考古发掘》,《西域研究》2014年第1期,第124—127页。

[2] 中国社会科学院考古研究所新疆工作队《新疆塔什库尔干吉尔赞喀勒墓地发掘报告》,《考古学报》2015年第2期,第244页。

图2-1 2013年吉尔赞喀勒墓所出木火坛

代相当。[1]有关这些木质"火坛"的宗教属性,《发掘报告》认为,"出土遗物中,木火坛的发现最为重要。火坛中部圆形空穴被强烈烧灼,并存留有厚近1厘米的炭化层,外形则完好,无任何过火痕迹。烧灼由内部十五粒烧红后放入的圆形石子所致,强烈燃烧的木火坛放入墓穴填土被埋后熄灭。这是亚欧大陆范围内迄今发现最早也是最原始的明火入葬火坛。十五粒石子又为半月之数,也为一个明暗周期,与拜火教圣典《阿维斯塔》记载的习俗相符,故判断可能与拜火教文化有关。另外,同一墓地一次葬、二次葬两种葬俗共同存在,可能说明墓葬年代处于拜火教的发展初期,天葬习俗还未完全普及。"[2]

2017年,发掘者又公布了2014年发掘的其他几件木质和陶质"火坛"(图2-2:1、2、3)。[3]

---

〔1〕中国社会科学院考古研究所新疆工作队《新疆塔什库尔干吉尔赞喀勒墓地发掘报告》,第247页。

〔2〕中国社会科学院考古研究所新疆考古队《新疆塔什库尔干吉尔赞喀勒墓地发掘报告》,第249页。

〔3〕中国社会科学院考古研究所新疆工作队、新疆喀什地区文物局、塔什库尔干县文物管理所《新疆塔什库尔干吉尔赞喀勒墓地2014年发掘报告》,《考古学报》2017年第4期,第549、554—555页。

　　B区M9 木器 火坛2件。横圆柱体，中部挖凿圆形袋状膛，内盛灼烧过的卵石，内壁有灼烧过的炭化层。M9：1，长约20、直径13.5、膛径6.5、深8厘米。内盛8枚直径2～4厘米的卵石。M9：2，长35、宽20、高14.2、膛径16×12厘米。两侧有錾，长2.5厘米。内盛46枚（其中黑、白各23枚）直径2～4厘米的卵石。

　　B区M25 木器 火坛2件。M25：2，圜底，弧腹，一侧有短柄，以圆木截断加工而成。体长16、宽14.3、高11.5、柄长5.4、横截面直径约3厘米。膛呈椭圆形，口径8.3×7、深12厘米。内盛经火烧过的白色卵石1枚。膛壁有烧灼的痕迹，留有厚约0.3厘米的炭化层。M25：17，已完全朽成碎块，碎块上有较厚的灼烧炭化层。

　　陶器 火坛1件（M25：5）。夹砂红陶。圜口、圆唇，弧腹，

图2-2：1、2、3　2014年吉尔赞喀勒墓所出木、陶火坛
（1、2为木火坛，3为陶火坛）

圜底。颈腹处有两个2厘米长的半圆形錾,一个已残。素面。底部及周围有烟炱痕迹。火坛内盛经火烧过的小卵石10枚。口外径10、内径6.3、高8.4、壁厚0.4～0.5厘米。

主持发掘工作的巫新华先生仔细研究了在其中相对完整的9件木火坛中分别发现的14、15、8、10、8、46(白、黑各23)、14、1、27枚卵石,和1件陶制火坛中发现的10枚卵石,认为装盛在火坛中的卵石数目蕴含着确定的文化寓意,可能代表了早期琐罗亚斯德教徒的重要神祇,其意义有三:"一、进一步判断确定帕米尔高原吉尔赞喀勒墓群出土火坛的卵石数目和天山区域出土发现的承兽青铜祭盘立兽数目均象征着琐罗亚斯德教中相对应的诸神祇;二、吉尔赞喀勒墓群出土火坛和天山区域发现的承兽青铜祭盘均是琐罗亚斯德教祭祀仪式中使用的重要礼器;三、公元前6世纪—前1世纪,早期琐罗亚斯德教文化已经覆盖东帕米尔和天山全域。"[1]有关这批墓葬发现的重要意义,发掘者进一步指出,"吉尔赞喀勒墓地的地表遗迹和出土遗物集中呈现出早期琐罗亚斯德教的文化因素绝非偶然,它们内外呼应、系统关联,共同构筑了墓地的琐罗亚斯德教早期阶段的文化语境。作为帕米尔高原新发现的考古学文化类型,吉尔赞喀勒墓地的考古发掘进一步支持了琐罗亚斯德教发源于中亚的观点,这也为我们研究琐罗亚斯德教早期阶段的教义和宗教理论体系提供了新材料。"[2]若上述论断得实,吉尔赞喀勒墓地的考古发现无疑为琐罗亚斯德教研究,特别是该

〔1〕巫新华《新疆与中亚承兽青铜祭盘的琐罗亚斯德教文化意涵——从帕米尔高原吉尔赞喀勒墓群考古发现圣火坛中卵石数目谈起》,《新疆艺术》2017年3期,第4—18页,尤其是第16页。

〔2〕中国社会科学院考古研究所新疆工作队、新疆喀什地区文物局、塔什库尔干县文物管理所《新疆塔什库尔干吉尔赞喀勒墓地2014年发掘报告》,第572页。

教在中亚地区的早期发展传播提供了珍贵的实物资料。不过,由于该墓葬的时代久远,可资参照的资料并不多见,对其中相关资料宗教属性的鉴定,则需更为谨慎。

　　古伊朗考古发掘的资料显示,最早的琐罗亚斯德教火坛遗迹可追溯至公元前2700多年前。20世纪60—70年代,考古学家斯特罗那克(D. Stronach)在伊朗哈马丹(Hamadān,曾为古米底王国首都)附近的"长生之丘"(Tepe Nūš-e Jān)的庙宇遗址发现了一座祭坛,时间大概在公元前750年至600年之间。[1]这座祭坛由砖制成,表面涂泥,有一个垂直的基座,直接立于地面,顶部有四层级。在祭坛方形表面的中间,为略浅的半球形凹陷,残存着明显的燃烧痕迹。[2]这个祭坛带层阶基座的突出特征表明,它可能是后世阿契美尼时期带基座的石制火坛的雏形(前琐罗亚斯德教形态)。[3]这种火坛呈柱状,上下各有两级或三级均匀的基座,中心柱较细,由砖或石块砌成。在鲁斯塔姆和波斯波利斯的墓雕上都可见这种火坛。琐罗亚斯德教徒至今仍在使用这种火坛,因此也称之为"标准火坛"。[4]

　　可确认的琐罗亚斯德教最早的火坛应出现于阿契美尼(Achaemenian)王朝早期,在帕萨尔加德(Pasargadae)居鲁士大帝

〔1〕 D. Stronach, "Tepe Nūsh-i Jān, 1970: Second Interium Report", *Iran* 11, 1973, pp.129–138; J. Houtkamp, "Some Remarks on Fire Altars of the Achaemenid Period", J. Kellens ed., *La religion iranienne à l'époque achéménide, Actes du Colloque de Liege 11 decembre 1987*, Iranica Antiqua Supplement 5, Gent, 1991, p.34.

〔2〕 D. Stronach, "Notes on Religion in Iran in the Seventh and Sixth Centuries B.C.", in *Orientalia J. Duchesne-Guillemin emerito oblata*, Acta Iranica 23, Leiden: E. J. Brill, 1984, pp.479–480.

〔3〕 Mark Garrison, "FIRE ALTARS", *Encyclopædia Iranica*, IX/6, pp.613–619, available online at http://www.iranicaonline.org/articles/fire-altars (accessed on 30 December 2012).

〔4〕 Yumiko Yamamoto, "The Zoroastrian Temple Cult of Fire in Archaeology and Literature (I)", *Orient*, Vol.15, 1979, p.33.

（Cyrus，公元前559—530年在位）宫殿旧址，曾出土一块三阶祭坛顶部残件，内深凹成碗状；另有两件三阶祭坛基座残件（其中一个可能为祭坛顶部）。玛丽博·伊斯教授认为这些残件应为最早的火坛（图2-3）。[1]今土库

图2-3　帕萨尔加德所出祭坛残件

曼斯坦南部的阿尔庭山（Altin Tepe）10号遗址，在2号建筑群的边室，发现有"一组三层的生粘土尖堆，上面覆盖着白色石膏"，时代大概在公元前5世纪，应为火坛的残迹。[2]

此外，从印章、钱币等图像资料上还可见其他火坛形制，为方形座基，方柱体，表面有凿刻，顶部为层级的雉堞，像一只大碗，用来盛火与灰烬。这种火坛由石块或砖砌成，座基齐腰高，可能是帝王之家用来祭祀圣火的，不过迄今并无实物发现可资证明，而仅见于印章图像，大部分印章时间及产地仍不清楚，但无疑由皇室贵胄持有使用。据研究，这种类型的火坛两侧通常分列一人，身着伊朗式宽袖长袍，头戴王冠，与位于古波斯帝王谷（Naqsh-i Rustam）的大流士一世（Darius the Great，公元前521—前485）墓的雕像类似。祭坛两侧的人物手持弓和箭袋，而不是具有祭祀意义的巴萨

---

〔1〕Stronach, *Pasargadae*, Oxford, 1978, pp.141-142, fig. 72, pl. 107b. J. Houtkamp, "Some Remarks on Fire Altars of the Achaemenid Period", p.37. Mary Boyce, *A History of Zoroastrianism*, Vol. II, Leiden: E. J. Brill, 1982, pp.51-52.

〔2〕V. I. Sarianidi, "Bactrian Centre of Ancient Art", *Mesopotamia* 12, 1977, p.102, figs. 49-50; J. Houtkamp, "Some Remarks on Fire Altars of the Achaemenid Period", p.34.

摩枝（barsom）或长剑，所以很可能不是祭司；两人均举起右手像是在致敬或祷告，可能是国王及其子嗣或与其祖先在完成某种交接仪式（图2-4）。[1]

图2-4 阿契美尼印章上的火坛

以上所列举古波斯琐罗亚斯德教早期的火坛，其时代略早或与吉尔赞喀勒墓地的年代相当，而从其形制来看，无 可以和彼等相比对，这恐怕很难用新疆所出诸木质容器是祆教火坛的早期形态来解释。况且，回顾琐罗亚斯德教历史，鲜闻有用木质容器作为火坛者。而且根据琐罗亚斯德教教义，植物和水、火一样，是上神的七大造物，在日常生活中教徒要尽量避免对这七大善端造成污染。在帕拉维文的戒律书《许不许》（*Šāyest nē-Šāyest*）中，上神奥

---

〔1〕Yumiko Yamamoto, "The Zoroastrian Temple Cult of Fire in Archaeology and Literature(I)", pp.30-32.

尔马兹达这样对先知琐罗亚斯德说道：

> 在我的物质世界里，我，奥尔马兹达主宰正直的男子，瓦曼主宰牛，阿德瓦希什特主宰火，沙赫里瓦尔主宰金属，斯奔达马特主宰土地和善良的女人，赫尔达特主宰水，阿木尔达特主宰植物。无论是谁都要照顾好这七种创造，使阿马拉斯潘德快乐。那么他的灵魂将不会和阿里曼及恶魔发生关系。如果已经照顾好它们，即照顾好七大阿马拉斯潘德，那么我必将向全人类说教。[1]

植物和火均为七大善端之一，为了燃火，需使用特制木块，动作要格外小心，以防污染。最好使用石榴木，因为其木质紧密，燃烧缓慢；其次是杏树和阿月浑子树的树枝。此外，还有香和脂肪祭品（ātaš-zōhr）。[2]但是直接用木块制作火坛，则闻所未闻。此外，尽管有关该教起源于何时何地学界众说纷纭，语言学和考古学的证据表明，琐罗亚斯德教圣经《阿维斯陀经》（Avesta）的内容和所使用的语言是东伊朗语，而与西伊朗语无涉。[3]至迟在公元前1000年前，《阿维斯陀经》中已出现东伊朗的巴克特里亚语方言bāxδī-。[4]更有学者指出，琐罗亚斯德教创始人查拉图斯特拉的母语不是阿维斯陀语，而是和粟特

---

[1] Firoze M. P. Kotwal ed. and transl., *The Supplementary Texts to the Šāyest nē-Šāyest*, Munksgaard, 1969, pp.5-6.

[2] J. J. Modi, *The Religious Ceremonies and Customs of the Parsees*, Bombay, 1922; 2nd ed., 1937, pp.218-226. Mary Boyce, *A Persian Stronghold of Zoroastrianism*, Oxford, 1977, pp.74-75.

[3] Mary Boyce ed. and transl. *Textual Sources for the Study of Zoroastrianism*, Manchester University Press, 1984, p.7.

[4] Almut Hintze, "Zarathustra's Time and Homeland", in Michael Stausberg ed., *The Wiely Blackwell Companion to Zoroastrianism*, John Wiley & Sons. Ltd, 2015, p.34.

语接近的早期古代伊朗语的某种形式。[1]《阿维斯陀经》曾记载了位于古代东伊朗和中亚地区的粟特（Sughda, Sogdia）、木鹿（Moru, Magiana）、巴克特里亚（Bakhdhi, Bactria）、阿拉霍西亚（Harakhvaiti, Arachosia）、德兰吉安那（Haetumant, Drangiana）等地，这些地区似乎是较早接受琐罗亚斯德教的地区，或有助于说明东伊朗地区之流行琐罗亚斯德教要早于波斯本土。[2]新《阿维斯陀经》之《诸神颂》（Yašt）的《密特拉颂》即产生于中亚巴米扬地区。[3]在土库曼斯坦马尔吉阿纳（Margiana）的果努尔（Gonur）、托戈洛克1号（Togolok）和托戈洛克21号等遗址，考古学家发现了拜火和仪式中使用豪麻的证据，时间在公元前1000年左右，楚克西（J. K. Choksy）认为托戈洛克21号的庙就是前琐罗亚斯德教庙，甚至可以说是早期的琐罗亚斯德教火庙。[4]而本节所讨论的吉尔赞喀勒考古发现的墓葬在公元前6世纪左

[1] Helmut Humbach, "The Gāthās", in Michael Stausberg ed., *The Wiely Blackwell Companion to Zoroastrianism*, p.40.

[2] Martin Haug, *Essays on the Sacred Language, Writings, and Religion of the Parsis*, London: Trübner & Co., Ludgate Hill, 1884; repr. London: Routledge, 2000, 2002, pp.227-230. J. Darmesteter transl., *The Zend-Avesta*, Part I, *The Vendîdâd*, in F. Max Müller ed. *Sacred Books of the East* (*SBE*), Vol. IV, Oxford University Press, 1887; repr. Motilal Banarsidass, 1965, 1969, 1974, 1980, pp.1-10. 详细的研究见Frantz Grenet, "An Archaeologist's Approach to Avestan Geography", in Vesta Sarkhosh Curtis and Sarah Stewart eds., *Birth of the Persian Empire*, Vol. 1, London: I. B. Tauris, 2005, pp.29-51.

[3] Gh. Gnoli, *Zoroaster's Time and Homeland. A Study on the Origins of Mazdeism and Related Problems*, Naples, 1980, pp.84-87. Frantz Grenet, "Bāmiyān and the Mihr Yašt," *BAI. Iranian Studies in Honor of A. D. H. Bivar*, New Series/Volume 7, 1993, pp.87-94; "Zarathustra's Time and Homeland: Geographical Perspectives", in Michael Stausberg ed., *The Wiely Blackwell Companion to Zoroastrianism*, pp.21-29.

[4] J. K. Choksy, "Reassessing the Material Contexts of Ritual Fires in Ancient Iran", *Iranica Antiqua* XLII, 2007, p.261. Michael Shenkar, "Temple Architecture in the Iranian World before the Macedonian Conquest", *Iran & the Caucasus*,11, No.2, 2007, pp.170-171.

右，即便可确认其为祆教遗存，也不足以作为祆教中亚起源说的证据。

其实有关吉尔赞喀勒墓葬的宗教属性，已有学者质疑："该墓地如果是拜火教信徒的墓地，就没有理由不严格按照拜火教的仪轨将遗骸按照教规处理，而是和其他印欧人一样实行土葬。该墓地的遗骨保存完整，二次葬的墓葬所占比例极低，发掘的41座墓葬中，只有3座是二次葬（即使是二次葬也不能说和拜火教有关），大部分都是完整下葬，此外，将'火坛'埋入墓中则是玷污圣火的大罪，解释不通。""无论是鄯善县洋海墓地还是塔什库尔干县吉尔赞喀勒墓地，这类装满烧黑石块的木质容器应该是用来吸食大麻的工具，而不是拜火教用来贮存圣火火种的火盆。因为这类出土遗物都与萨满和祭祀有关，在祭典当中，萨满通过吸食大麻来达到极度兴奋之态，以期和神灵沟通。从古至今，在波斯以及中亚地区常常可以见到通过吸食大麻来得到萨满式兴奋状态的人们。"[1]这些意见颇值得参考。

如果说将公元前6世纪的吉尔赞喀勒考古遗存定为祆教属性尚不乏争议之处，近年出土的北朝隋唐入华胡裔墓葬资料，其中蕴含的祆教信息则相对清晰很多，而围绕火坛展开的祀火图像堪称其典型特征。

二、粟特胡裔墓葬所见火坛

波斯琐罗亚斯德教经中亚地区传入中国，以粟特人为主要信仰载体，20世纪末以来西北粟特胡裔墓葬的陆续出土，为认识中古时期中土流行的祆教提供了不可多得的实物资料，也使

---

〔1〕李肖、马丽平《拜火教与火崇拜》，荣新江、罗丰主编《粟特人在中国——考古发现与出土文献的新印证》（上册），北京：科学出版社，2016年，第210、214页。

得学界重又认识20世纪初以来相继流散海外的相关遗物遗存的学术价值。这批胡裔墓葬所出石葬具多刻有祭司侍奉火坛的图像。

1999年7月山西太原出土虞弘墓（开皇十二年，592），该墓石椁基座浮雕祭火图像，考古报告描写如下（图2-5）：

> （该画面）位于椁座前壁下栏正中，处椁座浮雕之最中心和显要的位置。画面中部是一个束腰形（发掘简报写为：灯台形）火坛，坛座中心柱较细，底座和火盆较粗，火坛上部呈三层仰莲形，坛中正燃烧着熊熊火焰。在其左右两旁，各有一人首鹰身的人相对而立。[1]

图2-5　虞弘墓椁座前壁下栏正中的火坛

[1] 山西省考古研究所、太原市文物考古研究所、太原市晋源区文物旅游局《太原隋虞弘墓》，北京：文物出版社，2005年，第130—131页，135页图版182；山西省考古研究所、太原市文物考古研究所、太原市晋源区文物旅游局《太原隋代虞弘墓清理简报》，《文物》2001年第1期，第43—44页，图三一、三六。

尽管有关虞弘的族属,学界尚不乏争议。[1]但虞弘本人曾检校萨保,其石椁浮雕图像富含古波斯宗教文化特征,因此学界称该火坛为"典型的祆教礼仪的标志",[2]这种半人半鸟的祭司护持火坛的形象,是最具特征的祆教图案。[3]在随后出土的入华粟特后裔墓葬中,亦有祭火图像或文物发现。2000年5月,陕西省西安市北郊出土北周安伽墓(大象元年,579),在其门额上,亦可见火坛形象(图2-6):

> 门额呈半圆形,高0.66米、宽1.28米,正面装饰有减地浅浮雕贴金彩绘图案。图案内容为祆教祭祀场面,可分四组,并以纵中心线为轴对称分布。中部为火坛,三头骆驼(一头面前,两头分别面向东或西)踏一硕大的覆莲基座,驼背负一较小的莲瓣须弥座,座上承大圆盘,盘内置薪燃火,火焰升腾幻化出莲花图案……骆驼座两侧各有一人身鹰足祭司,上半身为人身,卷发、深目、高鼻、络腮胡须,似戴口罩,上身赤裸,下身为鹰身,双翼伸展上翘,尖尾鹰爪,双手握神杖伸向火坛两侧的供案。[4]

著名的粟特考古专家马尔沙克教授(B. I. Marshak, 1933—2006)认为承载火坛的三匹骆驼象征粟特胜利之神(Washaghn,《阿维斯

---

[1] 较新的研究参阅王素《北魏尔朱氏源出粟特新证——隋修北魏尔朱彦伯墓志发覆兼说虞弘族属及鱼国今地》,《故宫博物院院刊》2018年第5期,第57—71、160页。冯培红《中古史上的四位鱼弘——兼说流寓中国的西域鱼国人》,《档案》2018年第11期,第32—42页。

[2] 山西省考古研究所、太原市文物考古研究所、太原市晋源区文物旅游局《太原隋虞弘墓》,第155页注135;夏鼐《新疆吐鲁番最近出土的波斯萨珊朝银币》,中国社会科学院考古研究所编《夏鼐文集》(下),北京:社会科学文献出版社,2000年,第41页。

[3] 荣新江《中古中国与外来文明》,北京:三联书店,2014年,第164页。张小贵《中古祆教半人半鸟形象考源》,《世界历史》2016年第1期,第131—143页。

[4] 陕西省考古研究所编著《西安北周安伽墓》,北京:文物出版社,2003年,第16页。

图2-6　安伽墓门额所见火坛

陀经》中的Verethraghna）。这处火应为祆教最高等级的"胜利之火"（Wahram）。[1]

2003年出土的西安北周史君墓（大象二年，580），其出土的石葬具浮雕亦见火坛图像（图2-7）：

> 石椁正南的两个直棂窗下，各有一个人首鸟身鹰足的祭司，头戴冠，冠上有日月图形的装饰。头上束带，飘于脑后。高鼻深目，长胡须，鼻子下戴一弯月形口罩，肩生双翼，身穿窄袖衣，腰束带，两臂交叉置于胸前，右臂在上，右手持两个长火棍，下半身为鸟身，尾部饰有羽毛，双足有力，似鹰足。在其左

---

[1] B. I. Marshak, "La thèmatique sogdienne dans l'art de la Chine de la seconde moitié du VIᵉ siècle", *Académie des Inscriptions et Belles-Lettres, Comptes rendus des séances de l'annee 2001(janvier-mars)*, Paris, 2001, pp.244-245.

图2-7　史君墓石堂所见火坛

前方置一火坛,火坛为方形底座,束腰,上有火团。[1]

史君墓石葬具所见图像内涵丰富,体现了琐罗亚斯德教、摩尼教等多种宗教文化融合的多元特征,不过其琐罗亚斯德教特征最为突出。[2]此外,门额左右下角各有一跪姿供养人,在半人半鸟祭司两

〔1〕荣新江、张志清主编《从撒马尔干到长安——粟特人在中国的文化遗迹》,北京:北京图书馆出版社,2004年,第64—65页。

〔2〕F. Grenet, P. Riboud, Yang Junkai, "Zoroastrian scenes on a newly discovered Sogdian tomb in Xi'an, northern China", *Studia iranica* (*St .Ir.*) 33.2, 2004, pp.273-284. P. Riboud, "Bird-Priests in Central Asian Tombs of 6th-Century China and Their Significance in the Funerary Realm", *Bulletin of the Asia Institute* (*BAI*) 21, 2007/2012, pp.1-23. Étienne de la Vaissière, "Wirkak: Manichaean, Zoroastrian, Khurramî? On Bilingualism and Syncretism in Sogdian Funerary Art",《内陸アジア言語の研究》XXX《吉田豊教授・荒川正晴教授還暦記念特集号》, 2015年, pp.95-112. Z. Gulácsi and J. BeDuhn, "The Religion of Wirkak and Wiyusi: The Zoroastrian Iconographic Program on a Sogdian Sarcophagus from Sixth-Century Xi'an", *BAI* 26, 2012/2016, pp.1-32.

旁,面向中央,分别侍奉两个小火坛,应是现实祭祀场景的写照。

　　2009年,葛承雍先生向学界公布了2007年河南出隋代安备墓,该墓所出石棺床前壁下栏有拜火坛祭祀场面,为学界提供了新的例证(图2-8):

　　　　图像中央为一个圆形直筒圣火火坛,火坛的火焰呈团状翻滚上卷,尖稍外化为祥云式云朵。火坛底座呈覆盆式,中心粗条旋转式浮雕与华盖式圣树树干相似,实际上显示为隋代流行的交龙柱,向上撑起火坛底部,勾画有曲卷蓝条线,火坛一圈装饰有连珠纹和圆形团花以及椭圆形环圈纹饰,正中有长方形花瓣图案,二层火坛下垂华盖穗帘,整个火坛显得雍容华贵,庞大庄严。火坛侧旁站立祭司两人,鹰钩鼻,圆深目,波浪型卷发蓬松,两腮留有浓须,无冠帽,脸戴防止污染的长形口罩,神情专注,直视火坛,两人分别手执长柄法杖伸向火坛

图2-8　安备墓葬具所见火坛

覆莲形底座。[1]

其他散见的石床基图像,如安阳北齐石阙侧面两位祭司侍立两座火坛,火坛上方还各有一火坛;日本Miho美术馆藏围屏石榻的石板上亦见一位祭司侍立火坛;纽约大都会博物馆曾展出的私人收藏的石榻底座,可见两位半人半鸟祭司侍立一座火坛;吉美博物馆藏一件围屏石榻底座正中两位供养人侍奉一座火坛的场景,这些火坛旁边均有祭司或半人半鸟祭司、供养人侍奉,相关讨论颇多,兹不赘举。[2]

上列诸墓葬的墓主大多可确认来自中亚粟特地区,这符合粟特人沿丝绸之路将祆教传入中土的历史事实。而中亚粟特地区考古发现的骨瓮、庙宇遗址等丰富的图像资料,也有助于了解圣火崇拜的文化内涵和繁复的祭火仪式。

乌兹别克斯坦的撒马尔罕博物馆收藏了一件带印章的陶制纳骨瓮(图2-9),该瓮出土于粟特撒马尔罕以西米亚—卡拉(Miyanqal'a)地区莫拉—库尔干(Mulla-Kurgan)遗址,时间为7世纪,瓮体呈矩形箱式,顶部为尖锥式:

高73厘米,瓮体矩形表面上,刻有一组三幅拱顶图像,中间为束腰型火坛。火坛基座为四层级,顶部为三层,生出七束

[1] 葛承雍《祆教圣火艺术的新发现——隋代安备墓文物初探》,《美术研究》2009年第3期,第15—16页。

[2] Gustina Scaglia, "Central Asians on a Northern Ch'i Gate Shrine", *Artibus Asaie*, Vol.XXI, 1958, pp.9-28. J. A. Lerner, "Central Asians in Sixth-Century China: A Zoroastrian Funerary Rite", *Iranica Antiqua*, XXX, 1995, p.180, Pl.I. B. I. Marshak, "Le programme iconographique des peintures de la <<Salle des ambassadeurs>> à Afrasiab (Samarkand)", *Arts Asiatiques*, 49, Paris, 1994, p.13. E. Kageyama, "Quelques remarques sur des monuments funéraires de Sogdiens en Chine", *St. Ir.*, 34.2, 2005, pp.257-278.

图2-9 莫拉—库尔干(Mulla-Kurgan)所出纳骨瓮

火焰。两侧各有一位祭司,一站一单膝跪。他们手持火钳和燃料,脸戴口罩以防呼吸污染圣火。尖顶盖上刻有两名年轻女子,手持枝叶(或为豪麻?),头上为新月和圆环(象征太阳或金星)。[1]

尽管这组图像明显充满了象征意味,但在火坛中维持永燃圣火是琐罗亚斯德教的尊贵礼仪。论者认为这个骨瓮的图像细节表明大多数米亚—卡拉地区骨瓮所见火坛雕像的主题是现实中的礼拜仪式。火坛两边刻画的是祭司,而不是"神圣的不朽者"(Amesha Spentas),他们手持祭品,正在参加每年一度的万灵节。[2]葛乐耐教授认为此图像具备祆教典型特征,尽管祭火仪式的确切含义较难判断,但无疑是一种超度亡灵的仪式。[3]

1983年,考古工作者在吉尔吉斯斯坦的Krasnorechensk(中世纪的纳瓦卡特Nawakat)城发掘出一座墓地,出土了一个长方形骨瓮,时间为7世纪或8世纪上半叶,现收藏于吉尔吉斯斯坦比什凯克(Bishkek)博物馆。火坛正面外壁刻有火坛图像(图2-10):

[1] G. A. Pugachenkova, "The Form and Style of Sogdian Ossuaries", *BAI* 8, 1994/1996, pp.235-236.

[2] G. A. Pugachenkova, "The Form and Style of Sogdian Ossuaries", p.236.

[3] F. Grenet, "Zoroastrian Themes on Early Medieval Sogdian Ossuaries", *A Zoroastrian Tapestry: Art, Religion and Culture,* eds. by Pheroza J. Godrej & F. P. Mistree, Mapin Publishing, Ahmedabad, 2002, pp.92-93.

画面顶部为齿状的城墙，下面中央为一束腰型圣火坛，燃烧着火焰，基座为三阶，顶部为两阶。两旁各有一名祭司，身着长袍，面戴口罩，举行着仪式。祭司前面有供桌，画面空白处刻有各种符号——太阳花、星星、飞鸟——象征灵魂飞升。[1]

这座火坛与莫拉—库尔干火坛类似，明显是为纳瓦卡特火庙的一位主祭司所用。虽然顶部丢失，但是通过其主体描绘的祭火场景可见：

祭司身着传统服饰，侍立于三阶基座的火坛两侧，正拿着勺子进行献祭，不过二人献祭的物品明显不同，左边的祭司从所持袋子里取出祭品，而右边祭司则拿着盛满祭品的碗。火坛形制与古波斯帝王谷所见的场景相同。[2]

图2-10　Krasnorechensk所出纳骨瓮

〔1〕G. A. Pugachenkova, "The Form and Style of Sogdian Ossuaries", pp.239-240.
〔2〕Ibid.

这一场景与琐罗亚斯德教徒死后第四日早晨所举行的悼亡仪式（chaharom）有关。右边持碗者或为大祭司，往火里添加动物脂肪；左边持袋者为其助手，把种子撒进火中。火坛两侧的大盘里可能盛着水果和鲜花，用于感恩仪式"阿夫里那甘"（afrinagan），这与悼亡仪式相符。[1]

此外，粟特考古所见的壁画资料也不乏火坛的图像。施柯达（V. G. Shkoda）曾研究5世纪片治肯特火庙遗址，在Ⅰ号庙遗址的第二期，位于东南角的第19号屋明显是永燃圣火的四柱火室（atashgah），只能从庙前面的院子才能进入。基址西南角附近有一处开放的院落，靠南边的墙上绘有三铺壁画。中间一铺离地面约1米，红色背景，绘有一人一手掩口，手持一束枝杆。人物前面残存有火坛基座，隐约可见锥形支脚。距离此墙0.4米的角落里安放着一座土制柱状祭坛，祭坛为束腰型，首尾似两个锥体相连，形制与4世纪萨珊库赫·卡瓦伽庙（Kuh-i Khwaja）的祭坛相似。[2]尽管1号庙遗址所供奉的神祇属性尚无法确定，但由于火室的存在，施柯达断定这座庙"琐罗亚斯德教特征更为明显"，葛乐耐也进一步指出这座庙的壁画内容和主题比2号庙更具琐罗亚斯德教色彩。[3]

粟特地区考古发现所见的火坛图像，尽管火坛两侧所（坐）立人物不同于虞弘、安伽、史君等墓所见的半人半鸟祭司图像，但是带上下层级的火坛形制（可略去些微的细节差异）以及祭司（无论神话抑或现实）侍立两旁的刻画手法，都可与同时代的波斯火坛相比对。萨珊（Sasanian）王朝（224—651）时期，琐罗亚斯德教重新定为

〔1〕F. Grenet, "Zoroastrian Themes on Early Medieval Sogdian Ossuaries", p.94.
〔2〕V. G. Shkoda, "The Sogdian Temple: Structure and Rituals", *BAI* 10, 1996, pp.195-197.
〔3〕F. Grenet and Azarnouche, "Where are the Sogdian Magi?", *BAI* 21, 2007/2012, pp.163-164.

国教,无论经典、教义、礼拜仪式各方面都日趋完善。火坛的形象也广泛存在于各类图像资料中。位于胜利之城(Fīrūzābād)一座桥附近的石雕刻绘了阿达希尔一世(Ardashir I, 224—240)从奥尔玛兹达(即阿胡拉·马兹达)手中接受王权的场景,两者之间立有一座齐膝高的"标准型"火坛,火坛的中心柱立于方形台座上,顶部似一只大碗,盛放的应是代表胜利的瓦赫兰(Wahrām)圣火(图2-11)。[1]阿达希尔一世从执政中期起将火坛印于发行的钱币背面。火坛类型亦为标准类型,三层级的基座上有立柱,顶部也为三层,火焰硕大而旺盛。从此以后,将圣火坛刻印在钱币背面的传统在萨珊王朝得

图2-11 阿达希尔胜利之桥浮雕火坛

---

[1] Yumiko Yamamoto, "The Zoroastrian Temple Cult of Fire in Archaeology and Literature(II)", *Orient*, Vol.17, 1981, p.68.

图2-12　阿达希尔一世银币所见火坛

图2-13　库思老一世钱币所见火坛

图2-14　萨珊印章上的火坛

以延续,但常见的火坛形状略有差别(图2-12),中心柱变得粗阔,底座通常是两级,顶部仍然是三级,形似大碗,火焰硕大,在中心柱上经常出现王冠,有时也会描绘一个完整的场景,场景中祭坛两侧常站立略小的人物。其中位于祭坛左侧的,其冠与钱币正面国王的王冠相似,由此推测其可能是国王本人;祭坛右侧人物则不固定,但通常是一位祭司。[1]到库思老一世(Khusrow I,531-579)发行的钱币上火坛中心柱更加细长(图2-13),这种细长型的火坛也一直持续到萨珊王朝晚期。此外,火坛作为彼时最流行的设计要素就被刻画在印章上。其为标准型火坛,中心柱非常细,顶部和基座为一层或两层。所有的祭坛火焰都很旺盛。还有的印章上火坛伴随一位或两位祭司(图2-14),他们穿着齐膝长袍,

〔1〕Yumiko Yamamoto, "The Zoroastrian Temple Cult of Fire in Archaeology and Literature(II)", p.69.

腰束带且挎刀，口覆面罩
（padām），手持巴尔萨摩
枝。[1] 由此可见，从波斯、
粟特到中土的祆教火坛
形象，往往为上下带层级
的底座和顶部，中间柱较
细。当然更为重要的是，
火坛旁边往往有一或两
位祭司祀火。

　　不过，也有两例考古
发现的资料，令学界以往
的定性受到动摇。一是
2004年西安北郊出土北
周康业墓，出土石榻围屏
正面自左而右第5幅中心
有一炉状物（图2-15）：

　　　　通往屋子的门
　　道中间置一炉，炉分
　　上、下两部分，上部
　　侈口盆形，下部束腰
　　形底座，座顶部四周
　　挂圆形饰，炉两侧各
　　立一长尾鸟。下部4

图2-15　康业墓围屏所见火坛

〔1〕Yumiko Yamamoto, "The Zoroastrian Temple Cult of Fire in Archaeology and Literature(II)", p.72.

人均为胡人,身着圆领窄袖长衣,或披发或剪发或头戴圆帽,
呈坐状,手执尖角酒杯或捧叵罗或执细颈瓶。[1]

乐仲迪(Judith A. Lerner)认为这一炉状物为火坛,并认为其形制
类似公元8世纪早期的瓦拉赫沙(Varakhsha)宫殿东厅和片治肯
特的壁画所见火坛。[2]孙武军认为,康业墓的火坛在围屏墓主像
的正前方,并和安伽、史君、安阳、吉美、安备、虞弘等所见火坛位
置比较,指出"不管载体是石墓门,围屏石榻的屏风、双阙,还是底
座,共同点在于祆教圣火祭祀图像都出现在了视觉的中心位置,这
一点也显现出圣火祭祀在入华粟特人心目中的重要地位。"[3]吴瑞
满认为其为火坛,是典型的琐罗亚斯德教象征,并认为这一火坛与
美秀美术馆的藏品类似,与3世纪萨珊波斯国王沙普尔一世位于
比沙普尔的宫殿遗址发现的类似。而火坛两边的鸟就像飞入云中
的鸟一样,用以保护死者灵魂免受恶魔伤害,相当于安伽史君诸
墓所见火坛两侧的半人半鸟祭司。火坛正是为了保护康业死后
第四日早晨灵魂经过裁判桥到达天堂。逝者家人雇佣中国艺术
家采用中式墓葬中常见的长尾鸟来象征琐罗亚斯德教葬礼中的
公鸡,这或许可视为用中国图像语言表达琐罗亚斯德教葬俗的用

---

[1] 西安市文物保护考古所《西安北周康业墓发掘简报》,《文物》2008年第6期,第
　　32页。

[2] Judith A. Lerner, "Aspects of Assimilation: The Funerary Practices and Furnishings
　　of Central Asians in China", *Sino-Platonic Papers*, 168, December, 2005, pp.24-25.
　　瓦拉赫沙壁画参阅 Aleksandr Naymark, "Returning to Varakhsha", *The Silk Road
　　Foundation Newsletter* I/2 [December 2003], http://silkroadfoundation.org/newsletter/
　　december/varakhsha.htm. 片治肯特壁画参阅 A.M. Belenitskii. and B. I. Marshak,
　　"The Paintings of Sogdiana", in Guitty Azarpay, *Sogdian Painting. The Pictorial Epic
　　in Oriental Art*, Berkeley, Los Angeles and London: University of California Press,
　　1981, p.31, fig. 6 and 111, fig. 8.

[3] 孙武军《入华粟特人墓葬图像的丧葬与宗教文化》,北京:中国社会科学出版社,
　　2014年,第51页。

例。[1]陈文彬也强调了火坛的琐罗亚斯德教特征，"火坛主体与片
治肯特火坛风格一致，但其底座却近似于美秀火坛，束腰，上似有
弦纹，底部饰覆莲纹。火盆内无火焰，其旁也无祭司和供养人，仅
有一对长尾鸟。从其他火坛对比及位置来看，长尾鸟可能是半人
半鹰祭司的简化表达。"[2]

另一例是2005年9月同样是在西安北郊发现的北周李诞墓
（564），其中石葬具前挡板门下正中有火坛（图2-16）：

> 门柱两侧覆莲座上各有一守护神，卷发束髻，有圆形头
> 光，上身袒露，肩披帔帛，腰穿短裙，跣足，一手插腰，一手握
> 戟。门下方正中为一亚腰形火坛，分三层，坛上火苗升腾，火
> 坛两侧向上伸出两支抱枝莲。[3]

发掘者曾将这一火坛与史君、安伽、虞弘、安阳北齐石棺床、日本美
秀博物馆藏品、粟特壁画等所见的火坛相比，认为其中以片治肯特
壁画墓和瓦尔赫萨"东厂"粟特壁画墓中的火坛与其最为相像，均
呈亚腰形三段式火坛，这些火坛虽然形式略有不同，但拜火观念是
一致的。不过有关火坛的宗教属性，他们的观点则较为谨慎，"李
诞墓中的火坛是否与琐罗亚斯德教或婆罗门教或者其他崇拜火的

---

〔1〕Mandy Jui-man Wu, "Contact and Exchange in Northern China: A Case Study on the Tomb of a Zoroastrian-Sogdian, Kang Ye (512-571 CE)", *Asian Archaeology* 3, 2015, pp.116-117.

〔2〕陈文彬《祆教美术中的火坛》，沙武田主编《丝绸之路研究集刊》第二辑，北京：商务印书馆，2018年，第194—195页。

〔3〕程林泉《西安北周李诞墓的考古发现与研究》，西北大学考古系、西北大学文化遗产与考古学研究中心编《西部考古》第一辑《纪念西北大学考古学专业成立五十周年专刊》，西安：三秦出版社，2006年，第393页。程林泉、张翔宇、张小丽《西安北周李诞墓初探》，《艺术史研究》第七辑，2005年，第300页。

图 2-16　李诞墓前挡板线刻图火坛

宗教有关，还有待深入研究。"[1]

---

[1] 程林泉、张小丽、张翔宇《谈谈对北周李诞墓的几点认识》，《中国文物报》2005年
　　10月21日第007版。

其实，有关康业墓和李诞墓是否与祆教有关，早有学者质疑。王维坤先生认为："李诞墓所使用的葬具为前高后低、前宽后窄形的石棺。这说明李诞墓也受到了所谓'棺殡椁葬，中夏之制'的'汉化'影响，与他们传统的葬俗'火焚水沈，西戎之俗'显然是有区别的。尤其是石棺盖板上带有中国传统文化的伏羲女娲图案，这本身就是北周时期外国人墓葬受到'汉化'的真实写照和最好诠释。"而康业墓"死者不仅在右手中握有1枚'布泉'铜钱，而且还在口中含有1枚东罗马金币"，这种葬俗"应与我国传统葬俗死者口中含币、手中握币有关。"李诞墓北侧人骨的口中也含有1枚东罗马金币，王维坤先生认为这两墓"死者口中含币不仅与祆教之间没有直接的联系，而且也与信仰祆教的粟特人的葬俗相去甚远。"[1]郑岩先生曾指出，"与安伽墓门楣上供奉火坛的画面对照，就会看到康业、李诞墓所见器物与火坛判然有别。这件器物上部看不到上升的火焰，周围也没有供奉的物品和戴口罩的穆护。更重要的是，前面画面的焦点是驮在驼背上的火坛，而后者画面的中心是正面的墓主像或隐藏在假门背后的死者。从其位置来看，这种器物更像是香炉之类。在这一点上，我赞同葛承雍的观点。"[2]笔者此处想补充说明的是，观康业墓和李诞墓这两例比定为火坛的图像，既未出现虞弘、安伽、史君三墓所见半人半鸟祭司侍奉火坛的典型祆教场景，也不像粟特考古发现的骨瓮、壁画所见火坛旁边或跪或站现实中的祭司或供养人，因此若将这两例图像确定为祆教属性则需要更为充分的证据。根据墓志记载，李诞为罽宾人，为婆罗门种，那么其墓葬所见火坛形象不如从古印度的文化

〔1〕王维坤《论西安北周粟特人墓和罽宾人墓的葬制和葬俗》，《考古》2008年第10期，第73、74—75、77页。

〔2〕郑岩《逝者的"面具"——再论北周康业墓石棺床画像》，《美苑》2010年第2期，第11—12页。

中溯源。其实，考古学家在印度河流域发掘了大量古代印度人使用火坛祭祀的遗迹，如在印度西部的北拉贾斯坦邦（Rajasthan）的卡里班干（Kalibangan）地区，发现有公元前2300—前1750年左右的一排7个粘土坑，里面有火灰、木炭和残存的陶柱，仪式坑面向东，与《吠陀》所记载的豪麻祭祀的仪式相符。另有一座泥砖建筑，顶部有一座专门的屋子，盛有四五个火坛，看来是专门为举行仪式使用。[1]拜火是古代多文明多民族都有的习俗，与古伊朗人同宗的印度人早就发展了复杂繁复的拜火仪式，《吠陀》中也不乏拜火使用火坛的记载，直到公元5世纪前后的犍陀罗艺术中发现了大量使用火坛燃火进行豪麻祭的场景。[2]这提醒笔者在考察上述胡裔墓葬所见的祭火图像时要避免"凡火坛皆祆教"的误区。

除了上文讨论的"标准"形制的火坛之外，中古祆教的图像资料中也可见一种小型的火坛形象。

三、便携式火坛与灯器

2012年国家文物局将日本收藏家崛内纪良捐赠的一组北朝石堂转交给中国国家博物馆，2016年葛承雍先生率先发表了关于这一石葬具的研究论文。葛先生注意到石堂背面整幅画面表现的是祆教大会的场景："……最值得注意的是，两个胡人跪在坐榻前，左侧的短须胡人，身佩方头柄长剑，腰悬鞶囊绶袋，他手捧高足圆形火坛，一手高伸似为拨燎火苗，眼视火坛上，虔诚敬畏。右侧满脸须髯的老胡，也是腰系方柄长剑，佩有花朵形锦囊风袋，他双

---

〔1〕Edwin Bryant, *The Quest for the Origins of Vedic Culture: The Indo-Aryan Migration Debate*, Oxford University Press, 2003, pp.160–161.

〔2〕Giovanni Verardi, *HOMA and other Fire Rituals in Gandhara, Supplemento n. 79 agli ANNALI - vol.* 54 (1994), *fase. 2*, Napoli, 1994.

手托捧方座尖顶圆壶，与前者相对跪于榻前。榻前有供案，上置祭祀用的两只钵碗，旁边堆有长棒状物，或是传统火坛常用的檀香木等高级木料，引燃圣火并不断加入供奉；或是堆放在侧准备展示的三十多卷祆教素书。"[1]作者对比了安伽墓、虞弘墓、史君墓、安备墓的祭火图像，指出"重点表现的是首领在教徒汇聚大会上对'王'的神圣权力宣告的场景"，"特别是，石堂上的祆教仪式大会没有敬拜圣火的固定祭坛，祭司托举的是可移动的祭祀火坛"（图2-17）。[2]作者也引用了粟特片治肯特寺院遗址发掘的7世纪壁画上有男性供养人手持"轻便火坛"的形象，很有说服力。[3]入华祆教的主要信仰载体是粟特人，而众所周知，粟特人是中古时期的著名商业民族，"利之所在，无往不至"，信仰祆教的粟特人常年奔走于丝绸之路沿线，从事商贸活动，而前文所列举的标准型火坛，并不利于携带，为了方便起见，同时又为了满足自身的宗教生活需要，他们使用更为方便携带的简易火坛，显然合情合理。这一点，我们可从粟特考古发现的资料中得到印证。粟特片治肯特Ⅱ号区E地点壁画，绘有一男性供养人持一轻便火坛，[4]或可证明粟特火祆教徒亦有使用便携式火坛的传统。20世纪90年代初塔什干大学的考古与地质考察队在粟特南部亚卡卡巴嘎（Yakkabagh）地区的卡什卡河（Kashka Darya）东部发现了一批纳骨瓮，其中一个阴刻了祀火场景：

---

〔1〕葛承雍《北朝粟特人大会中祆教色彩的新图像——中国国家博物馆藏北朝石堂解析》，《文物》2016年第1期，第78页。

〔2〕葛承雍《北朝粟特人大会中祆教色彩的新图像——中国国家博物馆藏北朝石堂解析》，第81页。

〔3〕［苏］M. M. 梯亚阔诺夫著，佟景韩、张同霞译《边吉坎特的壁画和中亚的绘画》，《美术研究》1958年第2期。

〔4〕姜伯勤《安阳北齐石椁床画像石的图像考察与入华粟特人的祆教美术——兼论北齐画风的巨变及其与粟特画派的关联》，《艺术史研究》第1辑，第151—186页；并见姜伯勤《中国祆教艺术史研究》，北京：三联书店，2004年，第40页。

图 2-17　国博藏品所见火坛

　　一名男子身着宽松的衫裤,坐在狮子背驮的高座上(仅为一头狮子的半身,可能有两头狮子,空间所限,无法容纳另一头)。他的双腿弯曲,一条斜着,另一条几乎水平。左边有一位女子,身着紧身束带东方长袍,戴着飘扬的头巾,弹奏着长颈古琴。男子一手持燃烧的火把,一手持小型祭坛。

普加琴科娃(G. A. Pugachenkova)认为此图像与古代琐罗亚斯德教的"萨德(Sade)节"有关,该节日乃为庆祝传说中的国王胡尚(Hushang)为子民带来火,他号召人民为奉祀诸神而拜火。节日在晚上庆祝,人们燃烧着火欢歌醉舞。[1]

　　粟特祆教徒使用便携式火坛的传统也可追溯至阿契美尼时

---

〔1〕G. A. Pugachenkova, "The Form and Style of Sogdian Ossuaries", *BAI* 8, pp.230-231.

期，波斯人曾使用过便携式的金属制火坛，如大流士三世（Darius III，公元前335—前330年在位）的军队在抵抗亚历山大侵略时携带"银制火坛"（argenteis altaribus）行军。这种火坛顶部和基座均为三阶，中间为细窄的金属柱体，迄今考古发现尚未见实物，主要见于巴比伦和亚述印章上，或许是波斯人从他们那里习得。虽然这种火坛具体式样不明，但由于顶部的火碗很小，无法盛纳足够的灰以确保火长时间顺利燃烧，因此不适合盛放永燃火。[1]

　　根据琐罗亚斯德教史可知，从公元7—9世纪，一批不愿改宗的琐罗亚斯德教徒从伊朗迁徙到印度，在当地不断繁衍生息，发展成今天的帕尔西人。至迟在15世纪晚期，帕尔西人在处置圣火时，并不像古伊朗那样将其放在石坛上，而是放在一个银瓶里。这种银瓶像高脚无把酒杯，称为阿夫里那甘（āfrīnagān），举行宗教仪式时使用。这可能是帕尔西人在15世纪晚期进行的改革，此前多年来，为了安全，他们被迫不断搬迁圣火，早已习惯了把火放在轻便的器皿里。从19世纪中期开始，印度社区在教友中的威望越来越高，因此比较大的伊朗火庙也逐渐采取了这种行为，比如德黑兰、亚兹德和克尔曼。如此漂亮而又昂贵的瓶子常常是压迫年代里伊朗火庙的遭劫对象，人们坚信它代表了古代传统；但事实上古代遗址和古代石雕的发掘都表明，柱坛才代表了真正的古老传统。20世纪50年代沙里发巴特人从孟买进口了更大的德国银瓶，代替了火坛里坚硬的旧石柱。瓶子放在四方形石基上，约两英寸高，上面有一个排烟的大烟囱帽。同时他们还在印度得到一枚铜铃，就挂在火堂门里，由阿塔斯班德在"进香"仪

---

[1] Yumiko Yamamoto, "The Zoroastrian Temple Cult of Fire in Archaeology and Literature(I)", pp.35-36.

式上敲打。这也是帕尔西人的风俗。[1]由此可见，囿于条件所限，琐罗亚斯德教徒会选择使用简易的器具，来替代传统的火坛，这或许有助于我们理解上揭国家博物馆藏品中出现便携式火坛的原因。

　　无独有偶，近年来出土文物中的某些灯台也被比定为祆教火坛，有点像前文提及的便携式火坛，2000—2002年，在太原东郊发掘了北齐徐显秀墓葬，值得注意的是，墓中出土了一批瓷器"灯"（图2-18）：

　　　　灯　4件。标本180，通高48、灯径14、底径18、柄长31厘米。分座、柄、盏三部分。灯座为八瓣覆莲图案，灯柄饰3圈联珠纹，数圈弦纹，灯盏直口内敛，盏底饰八瓣仰莲。通体施黄绿釉，有冰裂纹。[2]

类似"灯"器在1979—1981年在太原发掘的北齐娄叡墓中也出土过（图2-19）：

　　　　灯　四件。标本714，通高50.2、灯径18、底径20、柄长28厘米。分座、柄、灯盏三部分。座、柄连在一起，灯盏另制，底附尖插，与柄插合。花纹均为贴、划做成。覆莲座、宝装莲瓣，座底沿饰一周联珠纹；柄下施忍冬图案，上端为仰莲，以承托灯盏；灯盏方唇略内敛，盏底饰仰莲一朵，腹饰忍冬，宝珠和月牙形组成的图案各四组，相间排列，盏沿饰联珠纹。通体施

---

〔1〕J. J. Modi, *The Religious Ceremonies and Customs of the Parsees*, Bombay, 1922; 2nd ed., 1937, p.225.

〔2〕山西省考古研究所、太原市文物考古研究所《太原北齐徐显秀墓发掘简报》，《文物》2003年第10期，第14页。

图2-18 徐显秀墓所出灯　　图2-19 娄睿墓所出灯

黄绿釉,釉色晶莹,有冰裂纹。[1]

郎保利、渠传福先生曾指出徐显秀墓瓷灯可能与祆教有关。[2]施安昌先生指出,"两墓所出'灯'的形制、釉色、纹饰和大小都很接近。笔者认为此非照明的灯,而是祆教祭火的小型火坛。"[3]此外,虞弘墓随葬品中也出现石灯,"石灯台及灯盏为汉白玉所制,灯台上雕绘花纹,灯盏已残。"[4]施先生也认为此灯当是同时制成

〔1〕山西省考古研究所、太原市文物考古研究所《太原市北齐娄叡墓发掘简报》,《文物》1983年第10期,第10页;山西省考古研究所、太原市文物考古研究所《北齐东安王娄睿墓》,北京:文物出版社,2006年,第134—137页。

〔2〕郎保利、渠传福《试论北齐徐显秀墓的祆教文化因素》,《世界宗教研究》2004年第3期,第117页。

〔3〕施安昌《北齐徐显秀、娄叡墓中的火坛和礼器》,《故宫博物院院刊》2006年第6期,第42页;收入其著《火坛与祭司鸟神》,北京:紫禁城出版社,2004年。

〔4〕《太原隋代虞弘墓清理简报》,《文物》2001年第1期,第32页。

随葬的拜火祭台。[1]最近王三平和梅维恒两位先生新发表的文章中，仍将娄叡、虞弘、徐显秀墓所出传统观点认为的"灯"当作火坛。[2]1987年在洛阳市吉利区出土一件唐三彩"灯"："高45.5、座径22.6厘米。通身施三彩釉，自下而上由座、柱、盘、盏四个部分组成。灯座部分为覆莲形，上面浮雕兽面，灯柱柱身由一个覆莲和仰莲相接组成，柱身装饰数圈连珠纹。灯盏以一盘承托仰莲，正中为盏。"（图2-20）[3]其形制与徐墓、娄墓所见灯器类似，有学者遂认为"这其实是一件唐代祆教信众用的祆教小型拜火祭坛"。[4]新疆阿拉沟墓地出土1件器物，高32厘米，下部为喇叭状器座，上部为"方座承兽铜盘"，"新疆地区过去未见，作用不明，也可能与宗教活动有关"，"各墓中有馍状泥团一块，上戳七八个小孔，内插松木，上端有燃烧痕迹。M18内的泥团上，还压了一块泥，揭开后，泥团上插的松材燃烧痕迹明显，似作照明用。"[5]陈文彬认为，"其形制与片治肯特壁画上的火坛图像相似，其出土时的位置在头龛，且墓中发现插松木的泥团，有可能与祆教火坛联系起来。"不过，陈文结尾对这批灯具的宗教属性持审慎态度："这些疑似火坛的实物暂时没有足够的证据证明他们是涉及宗教祭祀的火坛还是日常生活所使用的灯，如施安昌所说，'灯盏部分太深'与通常所见的灯不同，或许是从其实用性来侧面证明，但还需更多的考古资料和进

---

〔1〕施安昌《北齐徐显秀、娄叡墓中的火坛和礼器》，第45页。

〔2〕Sanping Chen and Victor H. Mair, "A 'Black Cult' in Early Medieval China: Iranian-Zoroastrian Influence in the Northern Dynasties", *JRAS*, Series 3, 27.2, 2017, p.222.

〔3〕洛阳市文物工作队《洛阳出土文物集粹》，北京：朝华出版社，1990年，第98页。

〔4〕商春芳《洛阳出土唐三彩"灯"为祆教小型拜火祭坛辨析——兼论洛阳出土文物中的祆教艺术元素》，乾陵博物馆编《乾陵文化研究》第11辑，西安：三秦出版社，2017年，第273页。

〔5〕新疆社会科学院考古研究所《新疆阿拉沟竖穴木椁墓发掘简报》，《文物》1981年第1期，第21—22页。

一步的研究才能证明。"[1]笔
者认为,除了墓主的宗教文化
背景之外,仅从祆教火坛的形
制来看,将这批灯器比作祆教
火坛似乎存在颇多疑点。从
波斯至中亚以及中土的祆教
拜火坛有显著的特征,即火坛
中间的柱体多为束腰细柱(粟
特壁画中多见两个倒锥体叠
加的形制),基座和顶部皆由
层级构成,尽管其细节各有不
同,但与这里讨论的灯具则有
本质的区别。就目前所见资

图2-20 洛阳所出唐三彩灯

料来看,可确认的祆教火坛图像均有祭司或供养人在旁侍奉,西亚
和中亚考古发现的火坛实物资料也多出现在祆教火庙遗址中,表
明火坛应是教徒们在特定时刻于公共的宗教活动场所(如火庙)
中使用,单凭墓葬陪葬品中出现的疑似个体而确定其祆教火坛属
性,显然缺乏足够说服力。而且,无论文献记载、考古发掘都鲜闻
将火坛实物用作死者的陪葬品,更遑论在同一座墓葬中出现多个
火坛了。

　　值得注意的是,古代多种宗教文化均有使用灯器的传统。如
中古佛教,根据陈怀宇的研究,由于一系列专注于仪式和捐灯功德
的经文,比如《燃灯功德经》,被翻译成中文,以及对佛经和佛塔的
纪念,石灯成为了一个新的传统,许多石灯的修建是为了庆祝特殊
的佛教节日和斋会。陈怀宇在中国佛教石灯的历史背景下,考察

---

〔1〕陈文彬《祆教美术中的火坛》,第203页。

了五台山代县东章村石灯与唐代早期山西北部的华严传统的密切联系,并对比了娄睿墓和徐显秀墓所出陶灯,指出"灯顶和灯座上均装饰有浮雕和莲花。这些陶灯是作为冥器下葬的,以此为逝者祈福。同样,石灯也是用来供养佛的。""许多中古佛教文献显示,火明、灯明和光明有时是可以通用的。因此,在山西地区,点火、拜火和拜灯之间可能是有相互联系的。……不过,对于中古时期山西地区的拜火教徒和佛教徒来说,拜明火和拜明灯大概是非常相似的。"〔1〕另外,中古佛造像碑上出现诸多香炉的图像,其与祆教火坛之间是否有所关联,也越来越引起学界的关注,相关问题值得进一步深入研究。〔2〕既然灯器也适用于其他宗教场合,就不能轻易将它们比定为祆教火坛了。

---

〔1〕陈怀宇《唐宋时代东章石灯小考:兼论佛教灯台与祆教拜火坛仪式之关系》,释妙江主编《五台山信仰多元化、跨宗教的性格以及国际性影响力:第二次五台山研讨会论文集》,台北:新文丰出版股份有限公司,2018年,第439—440页。

〔2〕李淞《香炉与火坛——六世纪祆教对中国艺术影响之一例》,见氏著《长安艺术与宗教文明》,北京:中华书局,2002年,第511—519页。陈文彬《前6世纪—6世纪祆教火坛及佛教香炉图像研究》,兰州大学研究生学位论文,2018年6月。

第三章　祆神崇拜杂考

第一节　古伊朗文献所见伐迦（Baga）考释

一、引言

早在1896年，德国伊朗学家马迦特（J. Markwart）即提出古伊朗文献中的伐迦（Baga）为密特拉神。他的立论根据是古波斯日历的第七月为Bāgayādi，意为"敬拜伐迦"，而西伊朗人将琐罗亚斯德教日历的第七月定名为密特拉（Mithra），因此马迦特认为伐迦即为密特拉。由于粟特语中伐迦意为上帝，因此粟特人是将密特拉当作上帝来祭拜的。[1]

*Baga*一词亦见于多种粟特语文献中，如著名的穆格山文书的婚约中即收录了这个词。自1932年始，在今撒马尔干以东约120公里的穆格山，相继出土了一批文书，其中包含92件粟特文文书，另有3件汉文、1件阿拉伯文与1件鲁尼文文书。其中编号Nov.3

---

[1] J. Marquart, *Untersuchungen zur Geschichte von Ērān*, Vol.I, Göttingen, 1896, p.64; Vol. II, Leipzig, 1905, p.126, 132, 135.

者为婚约，是迄今为止发现的篇幅最长的粟特文法律文书，另有编号Nov.4者为婚约所附保证书。1962年，苏联粟特语专家里夫什茨（Livshits, 1923—2017）对文书进行了详细的注释和研究，他将"伐迦"译为上帝，认为其是与密特拉不同的神。[1]1965年，著名伊朗学家亨宁（W. B. Henning, 1908—1967）撰文，亦认为伐迦为粟特万神殿中独立的神格，其与密特拉不同。其担任婚姻推动者和保护人的角色，与密特拉不一样，但两者关系密切，甚或存在竞争关系。在中亚某些地方，其甚至比密特拉更受尊重。[2]1978年，迪茨（A. Dietz）发表《粟特所见伐迦与密特拉》一文，并不认同亨宁的观点，他认为在婚约中伐迦出现的语境主要关乎誓约，而非婚姻；婚约将伐迦和密特拉并提，就好像古《阿维斯陀经》中常将阿胡拉·马兹达与密特拉并提（Miθra Ahura berezanta）。因此他将穆格山婚约中所见的伐迦解读为最高神，即阿胡拉·马兹达。[3]梅尔胡弗（M. Mayrhofer）则认为伊朗人名中的伐迦取代了琐罗亚斯德教用来指代恶魔的达厄瓦（daiva）一词，即"恶神"，不过这一用法非常少见。[4]1981年，英国著名伊朗学家玛丽·博伊斯（Mary Boyce）发表《伐迦—伐罗拿》一文，广泛收集了与伐迦有关的资料，全面深入地分析该词的内涵和发展，指出伐迦在伊朗地区地位显要，她认为伐迦应为琐罗亚斯德教早期三大阿胡拉之一的伐罗拿神。[5]不过，博伊斯认为琐罗亚斯德教徒并未采用

---

〔1〕В. А. Лившиц, *Юридические документы и письма*, Москва, 1962, стр.17-45.

〔2〕W. B. Henning, "A Sogdian god", *Bulletin of the School of Oriental and African Studies*(*BSOAS*), Vol.28.2, 1965, pp.242-254; *W. B. Henning Selected Papers*, Vol.II, Leiden: E·J·Brill, 1977, pp.617-629.

〔3〕A. Dietz, "Baga and Miθra in Sogdiana", *Études mithriaques* (Acta Iranica, 17), Tehran-Liège, 1978, pp.111-114.

〔4〕M. Mayrhofer, *A Concise Etymological Sanskrit Dictionary*, II, Heidelberg, 1963, p.457.

〔5〕Mary Boyce, "Varuna the Baga", in *Monumentum Georg Morgenstierne* I, Acta Iranica 21, Leiden: E. J. Brill, 1981, pp.59-73.

非经典化的用语伐迦来表示上帝的神圣，意大利伊朗学家帕奈诺（A. Panaino）认为这一说法太过绝对。[1]1991年，英国粟特文专家辛姆斯·威廉姆斯（Sims N. Williams）发表《伐迦—密特拉》一文，认为伐迦即为密特拉神。[2]2006年，时在芝加哥大学的雅库波维奇（Yakubovich）重新对婚约进行了英译与注释，有关Baga一词的含义，他接受了辛姆斯·威廉姆斯的观点，认为即是指密特拉。[3]2008年里夫什茨出版《中亚和谢米列契的粟特文碑铭》，开篇即收入这份婚约，重新对文书进行了译释与研究，并附文书照片。2015年其著英文版出版，纳入辛姆斯—威廉姆斯主编的《伊朗碑铭丛刊》（Corpus Inscritionum Iranicarum），修订了俄文版的一些错误，提供了更为权威可靠的译本。在新的译本中，里夫什茨认为其早年将伐迦视作不同于密特拉的另一位神是错误的，转而接受了辛姆斯·威廉姆斯和雅库波维奇的解读，认为伐迦就是密特拉。[4]

二、古波斯文献所见伐迦

根据语言学家的研究，古伊朗语伐迦一词意为"神"（god），其

〔1〕A. Panaino, "The Bayān of the Fratarakas: Gods or 'Divine' Kings?",C. G. Cereti, M. Maggi and E. Provasi eds., *Religious themes and texts of pre-Islamic Iran and Central Asia. Studies in honour of Professor Gherardo Gnoli on the occasion of his 65th birthday on 6th December 2002*, Wiesbaden: Dr. Ludwig Reichert Verlag, 2003, p.276.

〔2〕N. Sims Williams, "Mithra the Baga", P. Bernard et F. Grenet, *Histoire et cults de l' Asie Centtale Préislamique*, Paris, CNRS, 1991, pp.177-186.

〔3〕Ilya Yakubovich, "Marriage Sogdian Style", in *Iranistik in Europa-Gestern, Heute, Morgen*, Herausgegeben von Heiner Eichner, Bert G. Fragner, Velizar Sadovski und Rüdiger Schmitt, Wien: Verlag der Österreichischen Akademie der Wissenschaften, 2006, p.324.

〔4〕В. А. Лившиц, *Согдийскаяэпиграфика средней азии и семиречья*, Санкт-Петербург, 2008, стр. 18–48. V. A. Livshits, *Sogdian epigraphy of Central Asia and Semirech'e*, translated from the Russian by Tom Stableford, ed. by Nicholas Sims-Williams, School of Oriental and African Studies, London, 2015, pp.28, 35-36.

动词词根为 bag, 意为 "散发、布施"。[1]在琐罗亚斯德教现存最古老的经典《伽萨》(Gāθās) 中, 伐迦 (baga-) 一词仅出现了一次, 意为 "部分" 或 "分配", 即见于《祭仪书》第 32 章第 8 节 (Y. 32.8):[2]

> aēšąm aēnaŋhąm vīuuaŋhušō srāuuī yimascīt̰
>
> yə̄ mašiiə̄ŋg cixšnušō ahmākə̄ŋg gāuš bagā xᵛārəmnō
>
> aēšąmcīt̰ ā ahmī θβahmī mazdā vīciθōi aipī
>
> Vivahvant 之子竟犯下如此滔天大过, 甚至伊玛,
>
> 用牛的部分来喂养他们, 以拯救我们这濒于灭绝的种族。
>
> 根据这些契约, 我寄望于您的决定, 智慧的神!

此处, 伐迦意为 "部分"。一般认为《伽萨》是琐罗亚斯德本人创作或其直接影响下产生的作品, 其内容所反映的时代应在公元前 1200 年左右,[3]这说明至少在琐罗亚斯德生活的时代, 伐迦一词并不指代 "神" 之意。

在新《阿维斯陀经》中, 伐迦一词则至少出现了三次, 如《颂神书》第七部《月神颂》(Māh Yašt) 第五节 (Yt.7.5) 记载:[4]

> yazāi mā̊ŋhəm gaociθrəm
>
> baɣəm raēuuaṇtəm xᵛarənaŋuhaṇtəm

〔1〕Nicholas Sims-Williams, "Baga ii. In Old and Middle Iranian," http://www.iranicaonline.org/articles/baga-an-old-iranian-term-for-god-sometimes-designating-a-specific-god#pt3.

〔2〕Helmut Humbach and Klaus Faiss, *Zarathushtra and His Antagonists*, Wiesbaden: Dr. Ludwig Reichert Verlag, 2010, p.92.

〔3〕A. Hintze, "Avestan Literature", in Ronald E. Emmerick & Maria Macuch eds., *The Literature of Pre-Islamic Iran*, London・New York: I. B. Tauris, 2009, pp.25-26.

〔4〕F. Wolff, *Avesta. Die heiligen Bücher der Parsen*, Strassburg: Verlag von Karl J. Trübner, 1910, p.185.

afnaŋuhaṇtəm tafnaŋuhaṇtəm varəcaŋuhaṇtəm

xštāuuaṇtəm īštauuaṇtəm yaoxštauuaṇtəm

saokauuaṇtəm zairimiiāuuaṇtəm vohuuāuuaṇtəm

baɣəm baēṣazəm

我向这富有的、慷慨的布施之神献祭，他富甲天下，乐善
好施，法力无边，富于……（他）能达成信众所愿，神乎其技，
光芒万丈，朝气蓬勃，欣欣向荣，治愈的布施之神。

此处，伐迦可译为"布施者"，实际上用来修饰阿胡拉马兹达。《祭
仪书》第七十章（Y.70.1）同样属于新《阿维斯陀经》，其中所见的
伐迦之意与《月神颂》所记相同：[1]

tą yazāi

təm pairi.jasāi vaṇtā

yą aməṣ̌ə̄ spəṇtə̄ huxṣ̌aϑrə̄ huδå̄ŋhō aēṣ̌a aibi.gərəṇte::

təm baɣəm

təm ratūm yazamaide

yim ahurəm mazdąm daδuuå̊ŋhəm rapaṇtəm

tarṣ̌uuå̊ŋhəm vīspa vohu::

təm ratūm yazamaide

yim zaraϑuštrəm spitāməm

我要敬拜您，我将时刻敬拜您，诚如合格的、善意的阿梅
沙·斯潘达（Amesha Spenta）之祭司。我们尊崇他为布施者，
为正义者：创造诸善端的阿胡拉·马兹达、造物主、帮助者；
我们尊崇他为正义者：查拉图斯特拉斯皮塔玛。

---

[1] F. Wolff, *Avesta. Die heiligen Bücher der Parsen*, p.97.

《颂神书》第十部《密特拉颂》(*Mihr Yašt*)第一百四十一节(Yt. 10.141)记载道:[1]

vərəϑraiiå̊ zaēna hacimnō hutāšta
təmaŋhā∂a jiγāurum a∂aoiiamnəm:
aojištanąm asti aojištəm
taṇcištanąm asti taṇcištəm
baγanąm asti aš.xraϑβastəmō
vərəϑrauuå̊ xᵛarəna hacimnō
hazaŋrā.gaošō baēuuarə.cašmanō
yō baēuuarə.spasānō sūrō
vīspō.vī∂uuå̊ a∂aoiiamnō

他英勇无比,手持锐器;他在黑暗中凝视,英明睿智。他是最强者,天至高无上的勇士。他在诸神中无上至真。由于灵光加持,他愈加英勇。他拥有千只耳朵、万只眼睛。他是世间大力智慧、洞悉万物的主。

此处,伐迦含义模糊,似只是用来修饰密特拉。根据学界的研究,新《阿维斯陀经》内容比较复杂,乃不同时期由不同作者创作而成,其成书时间至少比《伽萨》晚4个世纪,即公元前8世纪左右;到公元前6世纪阿契美尼王朝开始时,其内容已开始广为人知。[2]由以上诸经文内容上下文来看,伐迦一词分别用来修饰月神马赫(Māh)、阿胡拉·马兹达和密特拉。不过该词究竟是取传统的"布施"之意,抑或已用来表现"神"之意,尚未有定论。

---

[1] Ilya Gershevitch, *The Avestan Hymn to Mithra*, Cambridge, at the University Press, 1959, pp.144-145.

[2] A. Hintze, "Avestan Literature", p.26.

伐迦一词在《阿维斯陀经》的古老经文中并不多见,可能因为当时经文中主要使用阿梅沙·斯潘达和亚兹达(Yazata)两词来表示"神"。不过伐迦的出现有可能反映了在《阿维斯陀经》创作时期,伐迦已是当地方言中的通行用法,因为有足够证据表明《阿维斯陀经》中的特殊宗教词汇逐渐影响信徒的语言。这种情况一直持续到萨珊时期,尽管官方推行中古波斯语,但阿维斯陀语依旧流行,原因可能是波斯祭司努力的结果,他们如此积极的行为表明他们是严格的教义执行者。[1]

现有语言学的证据表明,在古波斯语中伐迦用作"神"解,应自阿契美尼王朝时期开始。在国王们的碑刻中,它往往用来修饰阿胡拉·马兹达,意为"大神"(baga vazraka)、"最伟大的神"(maθišta bagānām);它出现在诸如"与诸神同在"(hadā bagaibiš)一类的短语中。亚述语(Assyrian)和埃兰语(Elamite)石板、波斯波利斯的阿拉美语(Aramaic)碑刻上均多次出现带有伐迦的名字,这些资料属于米底人和古波斯人。如胡马德(Khumadešu,可能是波斯的一个镇)发现的公元前526—前522年的巴比伦文献中出现了二十多个波斯人名,其中约有一半名字包含伐迦,显然是人们为后代取名时借用了对天神的尊称,借以表达崇敬之情,或是祈求天神的庇佑,如Bagadāta、Bagafarnah、Bagapāta三名,分别意为"伐迦所赐"、"愿伐迦赐财"、"受伐迦保护"。[2]伐迦一词也与其他神名连用,例如亚述楔形字中出现的Bagmašta即Baga-Mazdā,还有马士拉的Vagamihira即Baga-Mithra。[3]此处,伐迦一词用来修饰三大阿胡拉中的两位,即马兹达和密特拉。除了被用来修饰人名、神名外,伐迦一词也多次出现在地名中,例如

---

〔1〕Mary Boyce, "Varuna the Baga", pp.61–62.

〔2〕Mary Boyce, "Varuna the Baga", p.66.

〔3〕Mary Boyce, "Varuna the Baga", pp.66–67.

Bagadāta（伐迦所赐、伐迦所建）、Bagadāna（神庙）等。[1]以上均表明伐迦一词在琐罗亚斯德教影响的地区广泛使用，且并不局限于修饰人名。甚至直到一千年后的萨珊王朝时期，最高祭司卡德尔（Kirdēr）仍然采用源于异教时代的古老短语"神的居所"（baγān gāh）来表示天堂，而并未使用琐罗亚斯德教的正统术语"至善的存在"[wahišt(aw)]。[2]这样，伐迦从最初的普通名词"分配"发展成为神的尊称"神、主"。到了萨珊王朝时期，琐罗亚斯德教最高神阿胡拉·马兹达通常带有这一称呼，他的中古波斯语名称写作"Ohrmizdbaγ"。如帝王谷的阿达希尔碑铭所见paykar ēn ohrmazd-bay，意为"这是上帝奥尔马兹达的代表"。[3]而地位略低的神祇则很少使用这一头衔，仅仅冠以亚兹德（Yazd），如信徒们往往称密特拉（Mithra）为密赫尔·亚兹德（Mihr Yazd），直至现代这一用法仍在使用。[4]也就是说，到了萨珊时期，阿维斯陀语的伐迦并非琐罗亚斯德教神谱通用的头衔，[5]而仅用于最高神，但这个词并非专指它所修饰的那个神名。长久以来，人们习惯于念诵口语名称来祭拜阿胡拉·马兹达，所以"马兹达"一名在《伽萨》中反复出现，琐罗亚斯德教也被称为马兹达教，后来该词与上帝的最高称谓阿胡拉联系在一起，在祭仪中常常被称为阿胡拉·马兹达。在中古伊朗语中，使用"伐迦"来修饰阿胡拉·马兹达，则只表示敬称，并无证据表明琐罗亚斯德教徒曾采用伐迦来指代上帝。[6]

〔1〕St. Zimmer, "Baga iii. The Use of Baga in Names," http://www.iranicaonline.org/articles/baga-an-old-iranian-term-for-god-sometimes-designating-a-specific-god#pt3.

〔2〕Mary Boyce, "Varuna the Baga", p.62.

〔3〕M. Back, *Die Sassanidischen Staatsinschriften*, Leiden: E. J. Brill, 1978, p.282.

〔4〕Mary Boyce, "Varuna the Baga", p.64.

〔5〕J. Kellens, *Le pantheon de l'Avesta ancien*, Wiesbaden, 1994, pp.24-25.

〔6〕Mary Boyce, "Varuna the Baga", p.70.

三、粟特文献中的伐迦

在粟特文献中，伐迦一词出现在多种语境中。比较常见的是在粟特文摩尼教文献中，伐迦和大明尊及其子初人连用，表示"神"。如吐鲁番所出粟特文摩尼教写本M 134 I V 6记载:[1]

p' 'ynyy jwndyy γryw mrδspndy z'wr wny zrw'βγyy npyyšn ['t]y xwrmzt'βγyy z'tyy

因为诸因子的力量，这永生不朽的，大明尊（察宛）之孙，初人（霍尔马兹达）之子。

这里，伐迦用来修饰霍尔马兹达，两词连写，用来表示大明尊之子初人。显然是将琐罗亚斯德教最高神阿胡拉·马兹达纳入本教神谱的第二等级。此外，写本中也存在两个词分开书写的情况，不过所表达的意思一致。如M 5266 R8记载:[2]

cn wnwnyy y'xyy ptryy xwp xwrmzt' βy
从战无不胜的勇敢的父，万能的上神霍尔马兹达。

在粟特文写本中，伐迦也曾单独出现，而不与任何神名连用。如Tale A, 6—10记载:[3]

'rt̲=xw xypδ'wnd w'nw w'β kt βγ mwnw mrt̲y 1 myδ pr

---

[1] W. B. Henning, "The murder of the Magi", *Journal of the Royal Asiatic Society*, 1944, p.144, n.3.

[2] W. B. Henning, "A Sogdian Fragment of the Manichaean Cosmogony", *BSOAS*, Vol. 12.1, 1948, p.314.

[3] W. B. Henning, "Sogdian Tales", *BSOAS*, Vol. 11.3, 1945, p.468.

100 δyn'r zyrn ptx̱ryṯ-δ'rm

　　主人如是陈述：我的上帝，我雇佣这个人一日，支付一百金第纳尔。

在其他粟特文写本中，伐迦也以复数形式存在，写作 βγ'n，意为"众神们"，如摩尼教文献Frg.4.4记载：[1]

　　wyδ'γty 'YKZY' skw'z 'xw βγ'n MLK' 'fs'ysty xwpw 'δδβγ 'wyH β(w)δ'nt'k rwxšn'γrδmnyH prw šyr'kw šmyr'kH

　　然后，当众神之王，著名的万能的阿德伐迦（Āδβaγ）在馨香的天堂善思。

上引文献中，琐罗亚斯德教的上帝奥尔马兹达常带伐迦这一头衔，而被摩尼教徒当作本教上帝大明尊之子初人，由此可见琐罗亚斯德教的影响。

　　此外，粟特文世俗文献中也见伐迦一词，如上文提及穆格山粟特文婚约保证书Nov.4正面第10行所记：

　　7. wy-'ws δγwth wδwh pr'y-pw rty pts'r

　　8. tw' cyr w'n'kw mnz'nw ZY pcy-γ'zw 'PZY MN nwr

　　9. myδ 'wts'r kw ''y-kwnw prm kw prm ZNH ctth

　　10. δ'm'k pr'yw wδwh myn'tk'm rtβγ ZKn βγγ

〔1〕N. Sims-Williams, "The Sogdian Fragments of the British Library", *Indo-Iranian Journal*, Vol.18, 1976, p.46f. Antjie Wendtland, "Xurmazda and Āδβaγ in Sogdian", *From Daēnā to Dîn Religion, Kultur und Sprache in der iranischen Welt. Festschrift für Philip Kreyenbroek zum 60. Geburtstag*, Herausgegeben von Christine Allison, Anke Joisten-Pruschke und Antje Wendtland unter Mitarbeit von Kianoosh Rezania, Wiesbaden: Harrassowitz Verlag, 2009, pp.115-116.

11. ZY ZKn myδr' nβ'nty L'pr'yδ'nk'm L'np'kh

12. L'wn''kh L'''pty kwn'mk'm rtšw ms ky

(7-12)然后对于您赤耳,我以上神密特拉(Mithra)的名
义起誓,我承诺并承担责任,自此以后永生永世,只要查托和
我在一起,作为我的妻子,我不会出卖她,把她作为人质,把她
作为礼物,或者将她置于［他人］保护之下。

此处新郎向密特拉神宣誓,以保证该项"契约"的合法性,显明
粟特地区的密特拉神具有维护契约的职能。根据学者们的研
究,古伊朗社会的密特拉即为契约之神,维持天则,其所掌管的
契约领域甚广,分为不同的级别,小到人与人之间的关系,大到
国家间和人与神灵间的契约关系。他必须保证契约执行,维
持社会正常秩序,一旦遭到破坏,他将会严惩那些违约者,当然
也会奖赏遵纪守法之人。作为契约之神的密特拉赏罚分明,确
保契约、誓言的执行,维持社会的稳定。而粟特婚约所示,密特
拉是婚姻契约的守护神,保证双方遵循自己的誓言,说明这一
职能与古伊朗密特拉的传统职能存在继承关系。而在当今伊
朗社会的婚礼上,新郎和新娘各自尚会选择密特拉作为其保
护者。[1]

根据考古发现和文献记载,密特拉是粟特万神殿的重要神祇,
不过现有的粟特人名资料中并未见该神名因素,印度河上游发现
的粟特文石刻资料和粟特文献中,"密什"(Miši,密特拉的粟特语
形式)仅仅出现过一次。辛姆斯·威廉姆斯推测当地人或许用了

---

[1] Wolfgang Lentz, "The 'Social Functions' of the Old Iranian Mithra", in Mary
Boyce and Ilya Gershevitch eds., *W.B. Henning Memorial Volume*, London: Lund
Humphries Publishers Limited, 1970, pp.45-55. Mary Boyce, "On Mithra's Part in
Zoroastrianism", *BSOAS*, 1969, Vol.32.1, p.29.

伐迦之名来代替密特拉。[1]也就是说，他认为伐迦就是密特拉神。至于传统上将穆格山婚约中将伐迦和密特拉并列释读的问题，威廉姆斯采纳贝利（H. W. Bailey）的建议，将后词理解为对前词的解释，如此，"Baga and Mithra"可以释为"称作密特拉的伐迦"（Baga is Mithra）。[2]不过，从上引粟特语诸文献中伐迦一词所出现的语境来看，伐迦仍然保留了古伊朗语修饰语的功能，它只是泛称的敬语，而并非专指某一具体神。

在东伊朗地区的粟特，人们还在使用类似的表达vaɣistān（βɣyst'n）、wištmāx（wyštm'x），这是古老的前琐罗亚斯德教语言表达方式。[3]随着阿契美尼王朝退出历史舞台，西伊朗人渐渐放弃使用古波斯文，而采用帕拉维文（波斯人在公元3世纪首先使用），而粟特人日常生活中却仍然使用古老的前琐罗亚斯德教术语。中国学者曾研究了维吾尔语中使用伐迦一词的情况，表明粟特人对这一用语长期使用的深远影响。[4]

四、余论

吐鲁番出土文书透露出琐罗亚斯德教东传的珍贵信息，内中或有与伐迦相关者。如高昌章和五年（535）《取牛羊供祀帐》记录道：

> 章和五年乙卯岁正月　日，取严天奴羊一口，供始耕。次
> 三月十一日，取胡未駒羊一口，供祀风伯。次取曲孟顺羊一

〔1〕N. Sims Williams, "Mithra the Baga", pp.177–179.
〔2〕N. Sims Williams, "Mithra the Baga", p.183.
〔3〕Mary Boyce, "Varuna the Baga", p.62.
〔4〕木再帕尔、高莲花《维吾尔语baya语源考》，《民族语文》2012年第1期，第64—66页。

口，供祀树石。次三月廿四日，康祈羊一口，供祀丁谷天。次五月廿八日，取白姚羊一口，供祀清山神。次六月十六日，取屠儿胡羊一口，供祀丁谷天。次取孟阿石儿羊一口，供祀<u>大坞阿摩</u>。次七月十四日，取康酉儿牛一头，供谷里祀。[1]

文书所记载的康祈、康酉儿无疑是来自康国的粟特人，严天奴的"严"字，带有明显的粟特人名因素。[2]所供祀的"风伯"即为风神Wāt，[3]或气神Wēšparkar。[4]文书中提及供祀树石的情况，也可从片治肯特1号庙遗址的考古发掘中得到印证。[5]而文书所记的"丁谷天"极有可能是高昌的一座祆祠。[6]以上信息表明，《取牛羊供祀帐》包含了丰富的祆教祭祀信息，[7]说明吐鲁番地区的祆

〔1〕《吐鲁番出土文书》第二册，北京：文物出版社，1981年，第39页。

〔2〕F. Grenet and Zhang Guangda, "The Last Refuge of the Sogdian Religion: Dunhuang in the Ninth and Tenth Centuries", *Bulletin of the Asia Institute*（*BAI*）, *Studies in Honor of Vladimir A. Livshits*, New Series/Volume 10, 1996, pp.182−183.

〔3〕W. B. Henning, "A Sogdian God", p.253.

〔4〕B. Maršak, "Les fouilles de Pendjikent", *Comptes rendus des séances de l'Acadénie des Inscriptions et Belles-Lettres*, 1990, p.307; H. Humbach, "Vayu, Śiva und der Spiritus Vivens im ost-iranischen Synkretismus", *Monumentum H. S. Nyberg*, 1, *Acta Iranica*, 4, 2me serie vol. I, Leiden: E. J. Brill, 1975, pp.397−408; 田邊勝美《ウエーショー：クシヤン朝のもう一つの風神》，《古代オリエント博物館紀要》，第13卷，1992年，第51−93頁; Mary Boyce, "Great Vayu and Greater Varuna", *BAI*, 7, 1993, pp.35−40; M. L. Carter, "OESO or Śiva", *BAI*, 9, pp.143−157.

〔5〕V. G. Shkoda, "K rekonstrutsii rituala v sogdiĭskom khrame", *Archiv Orientální*, 58, 1990, pp.147−151; "The Sogdian Temple: Structure and Rituals", *BAI*, New Series/Volume 10, p.198; A. V. Jackson, *Zoroastrian Studies: The Iranian Religion and Various Monographs*, New York, 1928, p.51.

〔6〕荒川正晴《北朝隋·唐代における"薩寶"の性格をめぐつて》，《東洋史苑》第50·51合并號，1998年，第169頁。荣新江《中古中国与外来文明》，北京：三联书店，2001年，第47页；2014年，第44页。

〔7〕张广达《吐鲁番出土汉语文书中所见伊朗语地区宗教的踪迹》，原刊《敦煌吐鲁番研究》第4卷，北京大学出版社，1999年，第7—11页；此据张广达《文本、图像与文化流传》，桂林：广西师范大学出版社，2008年，第224—239页。

祠常以羊祭祀,与汉地传统中"小祀"用"特牲"的规定相一致。[1]
姜伯勤先生将吐鲁番出土高昌国供祀文书中的"阿摩"比定为粟
特语Adbag,即Baga。[2]荣新江先生也认同姜先生的观点,"高昌
的天神或胡天,即粟特文的Baga(βγ神)和Adbag(δβγ大神),后者
音译为'阿摩',Baga是阿胡拉·马兹达的通称,天神应当即指祆
教最高神阿胡拉·马兹达,此神又是善神、太阳神,代表光明、火,
又是智慧之主。"[3]

　　吐鲁番阿斯塔那377号墓葬出土的《高昌乙酉、丙戌岁某寺条
列月用斛斗帐历》记载:

> 15　……粟参兜(斗),供苟(狗)。麦伍升昇(升),祀天。
> 37　祀天。糜粟拾斛肆升昇(升),供作使,并苟(狗)……
> 39　……粟贰兜(斗)究(九)昇(升),供苟(狗)……
> 45　……粟参兜(斗),供苟(狗)。麦伍升昇(升),祀天。[4]

这则文书记录了该寺院每月都有固定支出用于"供犬""祀天"。
学者们认为此处祭祀的"天"与粟特人信仰的祆教大神Baga有
关。[5]若学者们的考证得实,则证明伐迦这一词仍然保留着古代
伊朗和粟特地区表对天神尊称的含义。不过具体到上引吐鲁番文
书中的阿摩一词,将其比定为古伊朗语的伐迦,进而认为这就是祆

---

〔1〕张小贵《从血祭看唐宋祆教的华化》,《唐研究》第18卷,北京大学出版社,2012年
　　12月,第357—374页。
〔2〕姜伯勤《敦煌吐鲁番文书与丝绸之路》,北京:文物出版社,1994年,第235—
　　243页。
〔3〕荣新江《祆教初传中国年代考》,原载《国学研究》第3卷,1995年,此据其著《中
　　古中国与外来文明》,2001年,第297页;2014年,第265—266页。
〔4〕《吐鲁番出土文书》第三册,北京:文物出版社,1981年,第226、229页。
〔5〕姜伯勤《敦煌吐鲁番文书与丝绸之路》,第235—237页。

教的最高神阿胡拉马兹达，除了要符合古代伊朗语汉语对译的规则外，尚需更为确凿的史实加以证明。

第二节 米罗：贵霜钱币所见的密特拉

密特拉神（Mithra）是古代雅利安（Indo-Aryan）宗教史上比较重要的神祇，其跨越不同时空，影响深远。该神名最早见于米旦尼（Mitanni）与赫梯（Hittie）国王Šuppiluliumaš所订立的盟约，该盟约提到了五位神，分别是密特拉（Mitra）、伐罗拿（Varuna）、因陀罗（Indra）与双子神（Nāsatyas）。米旦尼王国在今叙利亚北部，由胡里特人（Hurrian）建立，他们原是印度—伊朗语民族（Indo-Iranian）中的一支，公元前2000年左右南下到达伊朗高原。在已知印伊部落分支印度雅利安人最早创作的《梨俱吠陀》（*Rig Veda*）中，也提到了这五位神。[1]表明密特拉是原始印欧人已有的信仰。约成书于公元前5世纪下半叶的琐罗亚斯德教经典《密特拉颂》（*Mihr Yašt*），记录了有关这位伊朗神的特征、习俗、享祭器具、属神及仪式等内容，是关于密特拉最全面的文字记录。[2]时至今日，密特拉在现存伊朗和印度的琐罗亚斯德教徒的宗教生活中仍占重要地位。[3]密特拉也是古代中亚宗教史上重要的神祇。根据贵霜时期的巴克特里亚语铭文记载，密特拉是帮助贵霜帝国（Kushan Empire）的君主迦腻色迦（Kaniska Ⅰ，约公元127—150？年在位）

---

[1] P. Thieme, "The 'Aryan' Gods of the Mitanni Treaties", *Journal of the American Oriental Society*, Vol. 80, No.4, 1960, pp.301-317.

[2] Ilya Gershevitch, *The Avestan Hymn to Mithra*, Cambridge, at the University Press, 1959.

[3] Mary Boyce, "On Mithra's part in Zoroastrianism", *Bulletin of the School of Oriental and African Studies (BSOAS)*, Vol. 32, Part I, 1969, pp.10-34.

获得王权的诸神之一,由于当时巴克特里亚语为官方语言,密特拉被写成米罗(Mirro)。[1]贵霜帝国地处中亚,扼"丝绸之路"要冲,考察贵霜密特拉与伊朗密特拉的异同,无疑有助于我们深化对丝绸之路上宗教文化交流现象的认识。

一、前贵霜时期的中亚密特拉信仰

贵霜帝国兴起以前,中亚经历了古波斯阿契美尼王朝(Achaemenid Dynasty,公元前550—前330)、亚历山大帝国(Macedonia Antigonid,公元前336—前323)、塞琉古王国(Seleucid,公元前312—前64)、希腊—帕提亚(Pathian Empire,公元前247—公元224)、希腊—巴克特里亚(Bactria,公元前256—前130)、印度—希腊(Indo-Greek Kingdom,公元前180—公元10)诸政权的统治。因而当地宗教文化也不可避免受到波斯、希腊和印度等多种文化的影响,密特拉信仰自不例外。

古伊朗神话中,密特拉与阿胡拉·马兹达(Ahura Mazda)、阿帕姆·纳帕特(Apam Napat,水神)同被尊为阿胡拉(Ahura,意为"主"),[2]地位自然无比尊崇。不过随着社会的发展,古伊朗社会由多神崇拜逐渐向一神崇拜过渡,先知查拉图斯特拉(Zaratustra)顺应历史潮流,对琐罗亚斯德教(Zoroastrianism)进行改革,[3]独尊阿胡拉·马兹达,其他神祇则被称为阿姆沙·斯潘达(Aməša

---

〔1〕Nicholas Sims-Williams and Joe Cribb, "A New Bactrian Inscription of Kanishka the Great", *Silk Road Art and Archaeology*, 4, 1995/1996, pp.75-142. Nicholas Sims-Williams, "The Bactrian Inscription of Rabatak: A New Reading", *Bulletin of the Asia Institute*, 18, 2004[2008], pp.53-68.

〔2〕Mary Boyce, *Zoroastrianism, Its Antiquity and Constant Vigour*, Costa Mesa, Calif., 1992, p.56 with n.15.

〔3〕Jean Kellens, *Essays on Zarathustra and Zoroastrianism*, translated and edited by Prods Oktor Skjærvø, Mazda Publishers, Inc., 2000, pp.80-94.

Spəntas),成为阿胡拉·马兹达的属神,密特拉的地位无疑亦受到影响。到阿契美尼王朝时期,大流士(Darius Ⅰ,公元前522—前486)将琐罗亚斯德教定为国教,独尊阿胡拉·马兹达为至高神,如在贝希斯敦(Behistun)铭文里只提及阿胡拉·马兹达的名字,而其他所有神祇均只是简单地被称为"其他神"。[1]不过,在大流士统治时的波斯波利斯(Persepolis,两大王宫之一所在地)地区,密特拉在民众中广受欢迎,因为在当地考古遗址所发现的石板铭文中,多带有与密特拉相连的组合词,且在数量上多于阿胡拉·马兹达,这似乎表明尽管官方独尊阿胡拉·马兹达,但是在民间,密特拉神则更受欢迎,缘因其最初职掌与人们的生活息息相关。[2]到阿尔塔薛西斯二世(Artaxerxes Ⅱ,公元前404—约前359)和阿尔塔薛西斯三世(Artaxerxes Ⅲ,公元前358—前338)时,密特拉其名频频出现在国王的铭文中,表明其在国家宗教生活中的重要地位。阿尔塔薛西斯二世在修复要塞后的祈祷中这样说道:"循阿胡拉·马兹达、阿娜希塔(Anahita)和密特拉旨意,我建造了这座宫殿,愿阿胡拉·马兹达、阿娜希塔和密特拉保佑我远离恶魔,保佑我的宫殿免遭任何危害。"[3]在阿契美尼王朝的诸王中,阿尔塔薛西斯二世首次打破铭文中只提及阿胡拉·马兹达的传统,而将密特拉、阿娜希塔置于与最高神阿胡拉·马兹达同尊的地位,可见密特拉地位尊崇。[4]阿尔塔薛西斯二世时,其弟弟小居鲁士

[1] Mary Boyce, *Zoroastrians, Their Religious Beliefs and Practices*, London, 1979, 1984, 2001, p.56.

[2] Richard Frye, "Mithra in Iranian History", in John R. Hinnells ed., *Mithraic Studies: Proceedings of The First International Congress of Mithraic Studies*, Vol. Ⅰ, Manchester: Manchester University Press, 1975, pp.62-63.

[3] R. G. Kent, *Old Persian Grammar, Text, Lexicon*, New Haven, Connecticut, 1982, p.154.

[4] Mary Boyce, *A History of Zoroastrianism*, Vol. II, Leiden: E. J. Brill, 1982, p.217. Pierre Briant, *From Cyrus to Alexander, A History of the Persian Empire*, translated by Peter T. Daniels, Eisenbrauns: Winona Lake, Indiana, 2002, p.614.

曾发动叛乱。据说他行刺失败后，违背曾向母亲立下的誓言，一回到小亚细亚就立即造反，发兵伊朗，讨伐阿尔达希尔二世（即阿尔塔薛西斯二世）。这一行为显然就触怒了密特拉这位主管契约之神。阿尔达希尔二世就把小居鲁士的失败和被杀视为密特拉对自己的佑助。[1]阿尔塔薛西斯二世的继承者阿尔塔薛西斯三世的铭文里也同样出现了以上三尊神，国王时常祈求阿胡拉·马兹达、阿娜希塔、密特拉给予庇佑，守卫他的国家，保护其所建的宫殿。[2]

　　根据琐罗亚斯德教圣经《阿维斯陀经》（Avesta）的记载，位于古代东伊朗和中亚地区的粟特（Sughda, Sogdia）、木鹿（Moru, Magiana）、巴克特里亚（Bakhdhi, Bactria）、阿拉霍西亚（Harakhvaiti, Arachosia）、德兰吉安那（Haetumant, Drangiana）等地似乎是较早接受琐罗亚斯德教的地区。[3]到了阿契美尼王朝时期，该教已作为国教，在波斯帝国境内风靡流行。而此时的中亚地区亦在波斯帝国版图之内。阿契美尼王朝的开国君主居鲁士（Cyrus，约公元前559—前530）就曾将巴克特里亚、粟特及花剌子模（Khwarezm）归入他的帝国统治之内。随后，中亚虽曾一度独立，但到了大流士王时期，这些地区重又归入波斯帝国。公元前6世纪波斯的"贝希斯敦"纪功碑已将火寻（花拉子模）和粟特

---

〔1〕［伊朗］阿卜杜·侯赛因·扎林库伯著，张鸿年译《波斯帝国史》，上海：复旦大学出版社，2011年，第154页。关于小居鲁士的叛乱，可参阅李铁匠《伊朗古代历史与文化》，南昌：江西人民出版社，1993年，第119—120页。

〔2〕Mary Boyce, *Zoroastrians, Their Religious Beliefs and Practices*, p.62.

〔3〕Martin Haug, *Essays on the Sacred Language, Writings, and Religion of the Parsis*, London: Trübner& Co., Ludgate Hill, 1884; repr. London: Routledge, 2000,2002,pp.227−230. Frantz Grenet, "Zarathustra's Time and Homeland: Geographical Perspectives", "Zoroastrianism in Central Asia", in Michael Stausberg etc. eds., *The Wiley Blackwell Companion to Zoroastrianism*, John Wiley & Sons. Ltd., 2015, pp.21−29, 129−146.

两地，列入大流士王的23个辖区，居16和18位，成为"按照阿胡拉·马兹达的意旨"向阿契美尼朝纳贡的附属国。[1]以上历史表明，以花拉子模和粟特为中心的中亚地区，早就流行琐罗亚斯德教。[2]考虑到古代伊朗和中亚的政治文化姻缘，古伊朗密特拉备受尊崇的现象也一定会反映到中亚的宗教信仰生活当中。如阿姆河宝藏中所发现的头戴冠冕的裸身男子雕像，属于阿契美尼晚期，被认为是巴克特里亚地区的密特拉神像。[3]若然，说明中亚地区的密特拉信仰情况。此外，著名的巴米扬（Bamiyan）大佛所在石窟内绘有站在四马拉车上的太阳神形象，其时代虽晚在公元6—7世纪，但根据学者的研究这一太阳神形象正符合《阿维斯陀经》中《密特拉颂》的描述，表明创作于公元前5世纪左右的《密特拉颂》的有关内容，早已在中亚地区流行（图3-1）。[4]

公元前4世纪下半叶，亚历山大（Alexander the Great，公元前336—前323）东征入侵波斯帝国，鉴于之前希波战争中波斯人给希腊人带来的巨大创伤，年轻气盛的亚历山大占领波斯波利斯之后，给这座城市带来毁灭性的打击，他洗劫该城财富，摧毁琐罗亚

〔1〕R. G. Kent, *Old Persian Grammar, Text, Lexicon*；译文见余太山《塞种史研究》，北京：中国社会科学出版社，1992年，第1—2页。北京师范大学历史系世界古代史教研室编《世界古代及中古史资料选集》，北京师范大学出版社，1991年，第99页。J. Harmatta ed., *History of Civilizations of Central Asia · Ⅱ : The Development of Sedentary of Nomadic Civilizations: 700 B. C to A. D. 250,* UNESCO, 1994, p.40. 雅诺什·哈尔马塔主编，徐文堪、芮传明译《中亚文明史》第二卷，北京：中国对外翻译出版社，2002年，第17页。

〔2〕Mary Boyce, *A History of Zoroastrianism*, Vol. I, Leiden: E. J. Brill, 1975, pp.274-276; *Zoroastrians: Their Religious Beliefs and Practices*, pp.39-40. J. P. Moulton, *Early Zoroastrianism*, London: Constable & Company Ltd., 1926, pp.85-88.

〔3〕M. L. Carter, "A Silver Statuette from the Oxus Treasure: Aspects of Indo-Iranian Solar Symbolism", in A. Daneshvari and J. Gluck eds., *A Survey of Persian Art. From the Prehistoric Times to the Present*, Vol.17, Costa Mesa, 2005, pp.1-35.

〔4〕F. Grenet, "Bāmiyān and the *Mihr Yašt*", *Bulletin of the Asia Institute. Iranian Studies in Honor of A. D. H. Bivar*, New Series/Volume 7, 1993, pp.87-94.

图3-1　巴米扬大佛佛龛背景壁画中的密特拉神像

斯德教经院, 火烧宫殿建筑、熄灭琐罗亚斯德教圣火, 焚毁其经典。[1]特别是屠杀祭司一事对于琐罗亚斯德教的打击最为沉重, "缘因当时所有的宗教经典均依靠祭司口头传承, 祭司们就是'活的经典', 由于祭司大量被屠戮, 许多文献随之失传。"[2]亚历山大的这些行为对于琐罗亚斯德教无疑是重重一击。加之他在所占领的广大地区采取希腊化政策, 给西亚、中亚、印度带去希腊文化, 无疑稀释了琐罗亚斯德教在当地的影响力。当然, 有关亚历山大"屠杀祭司""熄灭圣火"诸恶行的传说不乏后世伊朗人夸大其词的成分, 希腊人并未长期统治伊朗, 对伊朗的信仰并无敌意, 也未曾试图以自身的信仰取而代之。一些重要经典如《伽萨》(Gāthā)圣诗和少许礼赞词, 因极其重要, 被幸存的祭司们牢记于心, 才不至于失传。[3]到萨珊波斯(Sassanid Empire, 224—651)建

〔1〕W. B. Henning, "The Murder of the Magi", *Journal of the Royal Asiatic Society of Great Britain and Ireland*, No. 2, 1944, pp.133-144. Mary Boyce, *A History of Zoroastrianism*, Vol.II, pp.289-290.

〔2〕Mary Boyce, *Zoroastrians, Their Religious Beliefs and Practices*, p.79.

〔3〕Mary Boyce, *A History of Zoroastrianism*, Vol. II, pp.289-292.

立时，阿达希尔（Ardashir Ⅰ，约226—240）才能命令祭司长坦萨尔（Tansar）搜集整理散佚的本教经典，编订《阿维斯陀经》定本（图3-2）。[1]

图3-2　大英图书馆藏17—18世纪帕拉维文《创世纪》抄本

亚历山大所带来的另一个影响就是跟随他远征的大量希腊人，[2]因为他的远征必然需要大量兵源补充，在其占领地区不断新

〔1〕Prods Oktor Skjærvø, *The Spirit of Zoroastrianism*, Yale University Press, 2011, pp.39–41. Mansour Shaki, "The Dēnkard Account of the History of the Zoroastrian Scriptures", *Archīv Orientālnī*, 49, 1981, pp.116, 118–119.

〔2〕J. Harmatta ed., *History of Civilizations of Central Asia*・Ⅱ: *The Development of Sedentary of Nomadic Civilizations: 700 B. C to A. D. 250*, p.87. 雅诺什・哈尔马塔主编，徐文堪、芮传明译《中亚文明史》第二卷，第59页。

图3-3　犍陀罗地区印章上所见骑在马车上的密特拉

建城市，"一方面保证调动希腊兵士的安全，另一方面，也可以控制周边不肯顺服的部族。按照普鲁塔克（Plutarch）的说法，他一共修建了70座新的城市，其中半数在帕提亚和印度之间。有些城市，在亚历山大之后，成了希腊文化的基地或希腊人的居住地。"[1]如此便为中亚接触到更多希腊文化奠定基础。希腊文化到来后，与东方（中亚和印度次大陆）文化融合，造就了崭新的犍陀罗（Gandhāra）艺术（图3-3），其影响十分深远，也为中亚地区流行的琐罗亚斯德教带来了新的表现形式。

亚历山大只在当地统治了7年，便英年早逝，其在东方的继任者塞琉古（Seleucus Ⅰ，公元前305—前280）建立起新的希腊化王朝，虽然他们坚持自己传统的多神信仰，但对其他宗教仍然采取十分宽容的政策。相较于亚历山大，塞琉古并未打压波斯人的宗教信仰。对于琐罗亚斯德教，希腊人往往将古伊朗神祇比定为本民族传说中的诸神和民族英雄。[2]如琐罗亚斯德教中的密特拉就被比定为希腊的太阳神阿波罗（Apollo），希腊人之所以将两者进行比对，必定由于二者具有某些相似的特征，这从考古发现的帕提亚钱币图案中可窥见一斑，苏萨（Susa）曾出土一枚钱币，属阿塔

〔1〕［伊朗］阿卜杜·侯赛因·扎林库伯著，张鸿年译《波斯帝国史》，第203页。

〔2〕Mary Boyce and Franz Grenet, *A History of Zoroastrianism*, Vol. III, Leiden: E. J. Brill, 1991, p.62.

巴奴斯二世（Artabanus Ⅱ，公元12—38/41）时期，钱币上绘有状似阿波罗的密特拉（裸体且手持弓箭）形象，帕提亚国王则跪在神前。[1]阿波罗的明显特征是手持弓箭，而在《密特拉颂》里，密特拉也是被描述为一名弓箭手，因为弓箭是他作战时用于消灭敌人的武器之一，这显然是两者的相似之处。[2]

塞琉古王朝后期，国势衰微，其东方的两省总督宣布自立，其中一个成立帕提亚王朝。帕提亚尚文化兼容，其考古遗迹中多处可见希腊文化、伊朗文化、巴比伦文化等相互融合影响的痕迹。帕提亚人崇拜的神祇很多，其中就包括密特拉神。20世纪20年代，考古学家在杜拉—欧罗巴斯（Dura-Europos，在幼发拉底河畔）发现了一座密特拉神庙，庙中密特拉手持弓箭在马上追逐群兽，而琐罗亚斯德教中密特拉并无此形象，可能是帕提亚贵族习惯于骑马狩猎，以致其所信奉的密特拉呈此形象。[3]弗兰·库蒙（Franz Cumont）曾发表专文《杜拉的太阳洞穴》，认为此地的密特拉乃为罗马帝国的神秘主义宗教——密特拉教的崇拜主神。此外，帕提亚王朝有四位统治者的名字叫密特拉达蒂（Mithridates，其中dates乃是"之子，所赐"之意），尽管单纯依靠这些名字所透露的信息很难得出他们是密特拉信徒的结论，但毫无疑问帕提亚与密特拉的关系密切。[4]

从以上论述可见，自亚历山大东征之后，古伊朗文化中常见希腊罗马文化的影响，如密特拉即多与希腊诸神相联。科马基

---

〔1〕Franz Grenet, "Mithra ii: Iconography in Iran and Central Asia", http://www.iranicaonline.org/articles/mithra-2-iconography-in-iran-and-central-asia.

〔2〕Yt. 10. 28. 112 - 113, 129 - 131. Ilya Gershevitch, *The Avesta Hymn to Mithra*, pp.128 - 131, 136 - 139.

〔3〕龚方震、晏可佳《祆教史》，上海社会科学院出版社，1998年，第144—145页。

〔4〕Franz Cumont, "The Dura Mithaeum", in John R. Hinnells ed., *Mithraic Studies*, 1975, p.157.

图3-4　安条克一世和Apollo-Mithra-Helios-Hermes

尼（Commagene，今土耳其东南部）出土的一座安条克一世（Antiochus Ⅰ，约公元前70—前38年在位）时期的雕像上刻有一段希腊文铭文，写着"密特拉—赫利俄斯—阿波罗—赫尔墨斯"（Mithra-Helios-Apollo-Hermes），雕像上"密特拉身着伊朗服饰，头戴骑士帽（tiara，帽子竖长且顶尖微微向前弯曲，后来改为希腊—罗马密特拉的弗里吉亚帽），帽子周围发出射线"（图3-4），[1]这四神中间的两位赫利俄斯、阿波罗是太阳神，而密特拉头上亦发出光芒射线，表明此时其已与太阳神关系密切。铭文中密特拉与其他希腊诸神共同出现，表明当时琐罗亚斯德教与希腊文化相互影响。[2]

二、贵霜钱币所见的密特拉

1世纪中叶，贵霜帝国兴起于中亚，成为当时与罗马、帕提亚、东汉齐名的大帝国。贵霜帝国自丘就却（Kujula Kadphises，约30—80年在位）建国，到阎膏珍（Vima Kadphises，约110—127年在位）继续开疆辟土，版图不断扩张，到迦腻色迦王时更是向四方

[1] Franz Grenet, "Mithra ii: Iconography in Iran and Central Asia".
[2] Mary Boyce and Franz Grenet, *A History of Zoroastrianism*, Vol. III, pp.61-68.

征伐（除北伐失利），在其执政时期贵霜国势臻于鼎盛，到公元2世纪时贵霜帝国的疆域已包括中亚粟特、巴克特里亚、花剌子模、印度南部旁遮普、兴都库什山、恒河河谷等大片地区。此时贵霜雄踞于亚欧大陆的中心腹地，并向南深入印度次大陆。帝国领土的扩大伴随着多种民族、文化、宗教的汇聚碰撞。

贵霜帝国前期，疆域辽阔、政治稳定、文化繁盛，为经济繁荣发展奠定了基础，在位君主为保证经济稳定发展，相应铸造了一大批钱币。开国君主丘就却仿造希腊、塞西亚和帕提亚钱币发行了铜币（图3-5）。其子威玛·塔克图（Wima Takhto，约80—110年在位）同样仿制印度—希腊（Indo-Greek）和印度—塞西亚（Indo-Scythian）钱币，发行了一种新式铜币。到了闫膏珍统治时期，首次发行金币，用黄金打造高价值的通用货币，以代替传统的银币（图3-6）。[1]闫膏珍发行的金币

图3-5　丘就却发行的铜币

图3-6　闫膏珍金币

〔1〕［美］马萨·卡特著，朱浒译《贵霜钱币研究》，《中国美术研究》2014年第12期，第61页。

质地优良,采用了标准罗马金币中纯金与合金的比例,取代了印度—帕提亚时期质量低劣的钱币。[1]金币的铸造满足了当时国际贸易的需求。钱币正面为国王头像,反面则是一位天神,采用双语制,即希腊文(Greek)和印度佉卢文(Kharosthi)。

到了迦腻色迦王统治时期,贵霜帝国越发强大。当时,中国与古罗马之间横贯欧亚大陆的丝绸贸易非常活跃。[2]地处中亚腹地且为丝绸之路要冲的贵霜,其贸易活动自是异常频繁兴旺,贵霜的铜币通常不在境外流通,境外只流通金币,似乎表明其对外贸易收益远远高于国内商品交换。[3]丝路贸易的巨额利益,加之提升国际地位的需求,促使两位统治者也在国际贸易中扮演十分积极的角色。其实在争夺丝绸之路贸易垄断权的问题上,各方始终不遗余力参与竞争,如帕提亚与贵霜两国因皆位于丝绸之路的重要地理位置,而为争取自己成为中间商竞争不断。根据文献记载,每当帕提亚帝国心怀敌意,对丝绸贸易横加干涉时,贵霜帝国就将商队向南转移,从巴尔赫通向印度河三角洲,商品由印度河三角洲通过海路,完成它的旅程。[4]贵霜故地大量金币的出土,无疑反映了当时贸易的繁荣,表明这曾是一个十分富强的国家。迦腻色迦王发行的钱币使用巴克特里亚文(Bactrian,它属于东伊朗语支,但用希腊字母书写),两面图案则与先辈发行的钱币无异。[5]钱币深受古希腊罗马文化影响,采用西方打压法制成,文字与图案并重,形状

〔1〕〔英〕加文·汉布里著,吴玉贵译《中亚史纲要》,北京:商务印书馆,1994年,第65页。

〔2〕〔英〕加文·汉布里著,吴玉贵译《中亚史纲要》,第66页。

〔3〕J. Harmatta ed., *History of Civilizations of Central Asia · II : The Development of Sedentary of Nomadic Civilizations: 700 B. C to A. D. 250*, p.273. 雅诺什·哈尔马塔主编,徐文堪、芮传明译《中亚文明史》第二卷,第217页。

〔4〕〔英〕加文·汉布里著,吴玉贵译《中亚史纲要》,第66页。

〔5〕Helen Wang, *Money on the Silk Road*, London: The British Museum Press, 2004, p.33.

接近圆形或为椭圆形，图案以国王头像和诸神像为主要元素。在迦腻色迦和胡韦色迦时期的钱币上有超过三十多位神祇，其中包含希腊、伊朗、印度万神殿的诸多天神。钱币之所以包含有这么多神祇，一方面是因为贵霜帝国对其他文化的接纳吸收，另一方面则是为了使钱币更方便流通，以促进国际贸易更为顺利地进行。钱币上的文字则采用双语制，前期是希腊文和印度佉卢文；到迦腻色迦时期，他弃用佉卢文，钱币正反两面均使用希腊文；后来则是以希腊字母为基础的巴克特里亚文，[1]且有固定的徽记（tamgha）。

关于钱币正面所刻的国王称谓，迦腻色迦使用伊朗语"王中之王"（Shaonanoshao）代替"大王、王中之王"（Mahārāja rājātirāja）和"王"（BACIAEYC）徽记。[2]胡韦色迦王（Huviska Ⅰ, 155—187？）使用的称谓也有许多，但是其钱币上只出现了伊朗语头衔"王中之王"（Shaonanoshao）。[3]此外，两王钱币上的形象也颇为独特，迦腻色迦钱币正面的姿势是其全身像，他头戴皇冠，左手持矛，右手伸向祭坛做祭拜状（图3-7）。胡韦色迦和迦腻色迦王钱币上的一大不同是，前者放弃了迦腻色迦的图案类型——国王立于祭坛旁，他的图案更接近于威玛时期的样式，国王乃以半身像或坐或卧出现（图3-8）。[4]值得注意的是，迦腻色迦和胡韦色迦钱币上国王左脸均有一块很明显的肉赘（威玛时期的钱币图案上也有出现，但并不很突出），这很可能是他们遗传下来的缺陷，或是王朝的徽记、王位正统的标志，因为这种肉赘同样也出现在帕提亚国王（始于戈塔尔泽斯一世Gotarzes Ⅰ, 公元前91—前78年在位）的前

---

〔1〕John Rosenfield, *The Dynastic Arts of the Kushans*, Los Angeles: University of California Press, 1967, p.54.

〔2〕John Rosenfield, *The Dynastic Arts of the Kushans*, p.54.

〔3〕John Rosenfield, *The Dynastic Arts of the Kushans*, p.59.

〔4〕John Rosenfield, *The Dynastic Arts of the Kushans*, pp.60-61.

图3-7　迦腻色伽金币，国王与火神（引自《古中亚币》，第173页）

图3-8　胡韦色迦钱币正反面

额，其后也断断续续出现在其他王的钱币上，但是在其后继者瓦苏提婆和后来的国王钱币中却未见该肉赘。[1]

古代大部分钱币或以银铜，或以金银铜铸造，但是大贵霜王朝（包括迦腻色迦、胡韦色迦、瓦苏提婆[2]）钱币却只见金币和铜币。然而在贵霜帝国的中心阿尔潘什尔（Al Panshir）蕴藏有丰富的银矿，此处银矿是更早期的印度—希腊和后来中世纪夏希（Shāhis）银币的主要来源。贵霜帝国为何对银矿弃之不用，其原因可能是对银本位制的不信任，因为在阿泽斯二世（Azes Ⅱ，？）统治后期银币严重贬值。[3]可能正是因为这一原因，考古所见的大贵霜王朝钱币中只见金币和铜币，而铜币仅限于境内流动，只有金币用于大宗国际贸易中。

关于贵霜货币单位，其铜币通常是德拉克马（drachma，古希腊重量单位2.1克）币和标准币（重17克），[4]金币则大部分为1

〔1〕John Rosenfield, *The Dynastic Arts of the Kushans*, p.62.

〔2〕J. Harmatta ed., *History of Civilizations of Central Asia·Ⅱ: The Development of Sedentary of Nomadic Civilizations: 700 B. C to A. D. 250*, pp.245-246. 雅诺什·哈尔马塔主编，徐文堪、芮传明译《中亚文明史》第二卷，第193—194页。

〔3〕David W. MacDowall, "The Role of Mithra among the Deities of the Kusana Coinage", in John R. Hinnells ed., *Mithraic Studies*, p.144.

〔4〕李铁生编著《古中亚币（前伊斯兰王朝）》，北京出版社，2008年，第157页。

第纳尔（dinar, 8克）和1/4第纳尔。英国学者麦克道威尔（David W. MacDowall）对胡韦色迦时期的铜币重量和花押（monogram）变化进行分析，认为这批钱币可能是在三个明显不同的历史时期铸造的，或者是来自三个不同的铸币厂。[1]在两王当政期间，钱币主要由三个造币厂负责铸造，分别是：巴克特里亚/迦毕试（Bactria/Kapisene）、塔克西拉（Taxila，位于犍陀罗地区）和喀什米尔（Kashmir）。[2]铜币上人物一般采用三种基本姿势：骑象、半卧躺倚、盘腿。

　　胡韦色迦时期乃是贵霜帝国政治稳定和经济繁荣的一个阶段。始终保持标准重量和高纯度的胡韦色迦金币分布范围甚广，显示了政治稳定所带来的经济繁荣。[3]在漫长的历史发展过程中，贵霜表现出对其他文化强烈的兼容性。贵霜钱币上尽数呈现希腊神、伊朗神、印度神等众多天神，表明贵霜朝的文化视野和宗教融合的传统。[4]文献记载表明，贵霜国王迦腻色迦是佛教的支持者和赞助人，但是其留下的实物证据却显示，钱币中出现的佛教标识数量很少且远远少于其他神，其原因或许与康斯坦丁（Constantine, 306—337）一样，迦腻色迦王为各类宗教所吸引，且出于政治目的和自身的精神需求，而并非独尊佛教。[5]而且，马土拉和塔克西拉是非常重要的耆那教中心，钱币中也未曾出现耆那教的相关神；阿胡拉·马兹达的尊贵地位也未在钱币上体现出

〔1〕John Rosenfield, *The Dynastic Arts of the Kushans*, p.65.

〔2〕David W. MacDowall, "The Role of Mithra among the Deities of the Kusana Coinage," in John R. Hinnells ed., *Mithraic Studies*, p.145.

〔3〕J. Harmatta, *History of Civilizations of Central Asia · Ⅱ : The Development of Sedentary of Nomadic Civilizations: 700 B. C to A. D. 250*, p.250. 雅诺什·哈尔马塔主编，徐文堪、芮传明译《中亚文明史》第二卷，第197—198页。

〔4〕John Rosenfield, *The Dynastic Arts of the Kushans*, p.69.

〔5〕John Rosenfield, *The Dynastic Arts of the Kushans*, p.30.

图3-9　迦腻色伽金币,国王与阿多克索(引自《古中亚币》,第174页)

图3-10　迦腻色伽铜币,国王与娜娜(引自《中亚古币》,第176页)

图3-11　胡韦色迦金币,国王与法罗

来,他仅仅出现在少量的金币中。[1]据约翰·罗森菲尔德(John Rosenfield)统计,两王时期贵霜钱币中来自伊朗的神祇(17位)出现的次数最多,希腊神(6位)次之,印度神(5位)最少。[2]即便是钱币中出现的伊朗诸神,其等级也参差不齐。已发现的贵霜钱币中,刻有伊朗万神殿中密特拉(太阳神)、阿多克索(Ardoksho,丰产神,图3-9)[3]、娜娜(Nana,丰产神,图3-10)[4]、法罗(Pharro,财神,图3-11)[5]等神祇的数量最多,远超仅刻阿胡拉·马兹达者。究其原因,学者们认为一方面是此类神与人们的日常生活息息相关;另一方面,在伊朗万神殿里,自然神似乎比抽象道德神占据更重要的

〔1〕David W. MacDowal, "The Role of Mithra among the Deities of the Kusana Coinage", in John R. Hinnells ed., *Mithraic Studies*, p.142.
〔2〕John Rosenfield, *The Dynastic Arts of the Kushans*, p.72.
〔3〕John Rosenfield, *The Dynastic Arts of the Kushans*, p.74.
〔4〕John Rosenfield, *The Dynastic Arts of the Kushans*, p.74.
〔5〕John Rosenfield, *The Dynastic Arts of the Kushans*, p.96.

地位。[1]虽说伊朗神在众神之中占据的比例大，但是他们却很少出现在贵霜的其他艺术品上，毕竟佛教才是国家主流的宗教。[2]因而伊朗诸神有时亦融入佛教信仰之中，例如，风神奥多（Oado）在佛教雕像上只是一位随侍的形象，阿多克索则和印度女神哈拉提（Hāritī）相互关联。[3]总而言之，宗教都是服务于政治统治，统治者用以在精神上对臣民加以控制，以便国家机器更好运转。当然钱币上各神的出现也与国王自己的喜好和兴趣有关，例如闫膏珍的钱币上就仅限于湿婆（Śiva）形象；除了钱币上，在已发现的建筑上（大量的湿婆神庙）也可以看出他是一位湿婆的狂热崇拜者。

当然，钱币上的神祇不能完全解释贵霜万神殿的状况，一方面限于钱币的流通范围大，现今所发掘的钱币只是其中一部分；另一方面，钱币作为官方发行的交易媒介，其上所刻图像虽不失为一种宣传方式，所反映的更多是统治者的喜好和官方的推崇，也不能完全代表民间信仰。

在贵霜帝国钱币上，密特拉是出现最为频繁的神祇，形象通常是年轻的太阳神。[4]无名王——索特·美加斯（Soter Megas，约92/97—110）——钱币背面刻有一半身天神像，该像带有希腊人特征，面部无须，头戴王冠，面朝右，手持弓箭（图3-12）。有关此神像的身份，葛乐耐（F. Grenet）认为是密特拉神，且是贵霜朝最早出现的密特拉神。该神头戴王冠，附近环绕光线，显然乃受手持弓箭的阿波罗影响。[5]洪巴赫（H. Humbach）则认为"密特拉神仅出现在迦腻色迦和胡韦色迦王时期"，也就是说他认为最早的密特拉

---

〔1〕John Rosenfield, *The Dynastic Arts of the Kushans*, p.82.

〔2〕John Rosenfield, *The Dynastic Arts of the Kushans*, p.72.

〔3〕John Rosenfield, *The Dynastic Arts of the Kushans*, pp.72-73.

〔4〕Franz Grenet, "Mithra ii: Iconography in Iran and Central Asia".

〔5〕Franz Grenet, "Mithra ii: Iconography in Iran and Central Asia".

图3-12　无名王钱币上的头戴光线的人物

神乃出现在迦腻色迦王时期，显然不同意葛乐耐的观点。[1]森卡尔（M. Shenkar）也对此持保留态度，他认为该神形象应为希腊的太阳神阿波罗，[2]而贵霜钱币上第一位被确认的密特拉神形象应出现在迦腻色迦王时期。[3]

贵霜钱币上出现的密特拉图像主要有两种形式，一种是密特拉与月神玛奥（Mao）共同出现在单个钱币上，不过这种例子并不多见。其图像为"太阳神密特拉与月神玛奥面对而立，玛奥神有新月形装饰，手持利剑和短杖；密特拉则头戴象征太阳射线的光环，一手抚剑，一手伸出两指"（图3-13）。[4]这种组合是胡韦色迦早期钱币常见的样式。除此之外，在迦腻色迦王的圣骨匣上也绘有太阳神和月神立于该王两侧的图像（图3-14）。[5]另一种比较常见的图案是

图3-13　胡韦色迦钱币所见密特拉与月神面对而立

〔1〕H. Humbach, "Mithra in the Kusāna Period", in John R. Hinnells ed., *Mithraic Studies*, p.135.

〔2〕Michael Shenkar, *Intangible Spirits and Graven Images: The Iconography of Deities in the Pre-Islamic Iranian World*, Leiden·Boston: Brill, 2014, p.106.

〔3〕Michael Shenkar, *Intangible Spirits and Graven Images: The Iconography of Deities in the Pre-Islamic Iranian World*, p.107.

〔4〕John Rosenfield, *The Dynastic Arts of the Kushans*, p.81.

〔5〕John Rosenfield, *The Dynastic Arts of the Kushans*, p.81.

图3-14 迦腻色伽圣物匣上所见的太阳神与月神立于国王两侧

密特拉神单独出现。在迦腻色伽的钱币上，他头戴王冠站立，头顶光圈，身穿束腰外衣、斗篷和短靴，一手伸出两指，一手持短剑或圆头棒。据洪巴赫的观点，这一奇特手势乃受到印度文化的影响（图3-15）。[1]

图3-15 迦腻色伽金币，国王与米罗

胡韦色伽王钱币上所见的密特拉形象要比迦腻色伽的丰富，例如其手持的武器就包括剑、棒、训象棒、项圈；武器或放在手臂上悬在空中，或着地；光环也有区别，有的图案是只顶着一轮光环，却未发出射线光芒（图3-16）。[2]

〔1〕H. Humbach, "Mithra in the Kuṣāna Period", in John R. Hinnells ed., *Mithraic Studies*, p.136.

〔2〕John Rosenfield, *The Dynastic Arts of the Kushans*, p.82.

图3-16：1　胡韦色迦贵霜钱　　图3-16：2　胡韦色迦贵霜钱
　　币上的米罗　　　　　　　币上的米罗

图3-16：3　胡韦色迦贵霜钱　　图3-16：4　胡韦色迦贵霜钱
　　币上的米罗　　　　　　　币上的米罗

从迦毕试造币厂发行的钱币来看，密特拉的角色一直非常重要，甚至到了胡韦色迦后期货币体系崩溃时，密特拉仍然得以保留，但在犍陀罗和喀什米尔造币厂的铜币却没有显示出密特拉的重要地位。胡韦色迦时期，犍陀罗造币厂第一批发行的铜币上有密特拉和其他神，第二批密特拉也有出现，但是在第三批中出现的则是奥索（OHPO，即湿婆）而非密特拉。在喀什米尔造币厂，密特拉图像出现在迦腻色迦大量发行的六类德拉克马铜币上，在胡韦色迦时期也是如此。不过在贵霜境内那些原为巴克特里亚辖区之地,密特拉是享有崇高地位的。[1]

相较于古代印度和西方世界的太阳神形象,贵霜帝国密特拉的太阳神特征并不突出,时常与太阳神一同出现的太阳战车和马并未出现,而这两者却是贵霜佛教雕像和前贵霜时期的钱币上普遍可见的。贵霜钱币反面也未有出现该神骑马的图案,他仅仅是站立的姿势。[2]据黎北岚(Pénélope Riboud)分析,"在中亚及东亚最为流行的形象中,位于太阳光环的中央,驾着四匹马拉的车,苏里耶神(Sūrya)从伊朗神那里借来了许多形象特征,而密特拉本身则是从阿波罗神那里继承了某些特点。"[3]在印度教和琐罗亚斯德教里,太阳神很鲜明的特征是其座驾——四马所拉的车子,此时在贵霜帝国钱币里却丝毫未见,可见其已发生变异。而且他发展成为太阳神应该更多受到希腊文化的影响。

不容忽视的是,贵霜帝国的太阳神并不仅仅只限于密特拉,希腊太阳神赫利俄斯(Helios)也出现在贵霜钱币上,不过出现次数不多,他也是呈站立的姿势,头顶光圈,时常摆出两指手势,手置于短剑的剑柄上,头戴王冠,身着长款束腰外衣,短靴,斗篷为圆形钩子钩住。与密特拉作比,除了该神的希腊文名字外,二者形象并无多大的差别(图3-17)。[4]

除钱币外,贵霜帝国的太阳神也见诸公元2世纪印度马土拉(Mathurā)的坎卡利提拉(Kankālī Tīlā)雕刻:宽鼻厚唇且有胡髭,

〔1〕David W. MacDowall, "The Role of Mithra among the Deities of the Kusana Coinage", in John R. Hinnells ed., *Mithraic Studies*, pp.148–149.

〔2〕John Rosenfield, *The Dynastic Arts of the Kushans*, 1967, p.82.

〔3〕[法]黎北岚著,毕波、郑文彬译《祆神崇拜:中国境内的中亚聚落信仰何种宗教?》,刊荣新江、华澜、张志清主编《粟特人在中国——历史、考古、语言的新探索》,《法国汉学》第十辑,北京:中华书局,2005年,第423页。

〔4〕John Rosenfield, *The Dynastic Arts of the Kushans*, p.77.

图3-17　Plato钱币上四马二轮战车上的赫利俄斯

其服饰和长发是典型的印度—塞西亚人的特征，他蹲坐的姿势也见诸闫膏珍和胡韦色迦时期的钱币（图3-18）。约翰·罗森菲尔德认为这一形象并非为国王的肖像，而是

图3-18　坎卡利提拉（Kankālī Tīlā）雕刻所见太阳神

太阳神，其决定性因素是位于两侧的一对小马、雕刻在浮雕基座上的用于献祭的祭坛及其他与太阳神相似的图像。[1]不过，其深蹲的姿势和印度—塞西亚人的服饰显然与前两位太阳神相异。当然，尽管贵霜帝国的太阳神形象非常复杂，密特拉也呈现出与其他太阳神颇为不同的形象，但密特拉是太阳神，则毫无疑问。

三、太阳神：贵霜与伊朗密特拉的比较

　　根据学者的研究，贵霜时期考古发现所见密特拉形象，带有明显的古希腊罗马文化的特征，是希腊罗马文化与伊朗文化融合的

---

〔1〕John Rosenfield, *The Dynastic Arts of the Kushans*, pp.189-190.

产物。[1]也就是说，特殊的地理位置使得贵霜密特拉呈现了与伊朗本土密特拉所不同的某些特征。其差异主要有：其一，贵霜时期出现大量的密特拉形象，而此时的伊朗本土，并无可确定的密特拉形象；其二，贵霜的密特拉是以太阳神的形象示人，而古波斯时期，密特拉尽管与太阳关系密切，但将密特拉与太阳勘同远远晚于贵霜时期。

正如前文所指出的，早在琐罗亚斯德教形成之前，古伊朗社会即有密特拉神存在。最初密特拉为契约之神，他所掌管的契约领域甚广，分为不同的级别，小到人与人之间的关系，大到国家间和人与神灵间的契约关系。[2]他必须保证契约执行，维持社会正常秩序，一旦遭到破坏，他将会严惩那些违约者，当然也会奖赏遵纪守法之人。根据《密特拉颂》记载，"领有广袤草原的密特拉神，赐予那些守约者以良驹"，[3]"我们赞美密特拉，因为他为伊朗雅利安部落的人们带来安宁舒适的生活"，[4]表明密特拉神对于那些守约者的恩赐。对于那些违约的个人与国家，他也毫不手软地予以惩罚，例如，"毁约者的坐骑都不愿载他，他想要奔驰，其骏马却静止不前"，[5]"当你因违约之事恼羞成怒时，你会让违约者四肢瘫痪、手足乏力、丧失视觉和听力"[6]。由以上记载可知，作为契约之神的密特拉赏罚分明，确保契约、誓言的执行，维持社会的稳

---

〔1〕张小贵《祆神密特拉形象及其源流考》，罗丰主编《丝绸之路上的考古、宗教与历史》，北京：文物出版社，2011年，第244—260页，此据其著《祆教史考论与述评》，兰州大学出版社，2013年，第24页。

〔2〕Wolfgang Lentz, "The 'Social Functions' of the Old Iranian Mithra", in Mary Boyce and Ilya Gershevitch eds., *W.B. Henning Memorial Volume*, London: Lund Humphries Publishers Limited, 1970, pp.245–255.

〔3〕*Yt.* 10. 1. 3. Ilya Gershevitch, *The Avesta Hymn to Mithra*, p.75.

〔4〕*Yt.* 10. 1. 4. Ilya Gershevitch, *The Avesta Hymn to Mithra*, p.75.

〔5〕*Yt.* 10. 5. 20. Ilya Gershevitch, *The Avesta Hymn to Mithra*, p.83.

〔6〕*Yt.* 10. 6. 23. Ilya Gershevitch, *The Avesta Hymn to Mithra*, p.85.

定。其次，他又是生命之神，《密特拉颂》记载，密特拉主"天降甘霖、让万物生长苗壮成长"，[1]"赐予牲畜、恩赐力量和子嗣、赋予生命和幸福"。[2]伊朗高原自古即为干旱地区，雨水无疑是生存与生产的重要保障，其重要性不言而喻。而"赐予子嗣"不仅可以为部族带来生产的劳动力，也事关人类繁衍发展，对于国家和社会的稳定至关重要。不过尽管波斯文献关于密特拉的形象多有介绍，但在萨珊波斯以前伊朗本土并无可确认的密特拉神像被发现。事实上，在帕提亚王朝，亦并无可确认的密特拉形象。第一个可确认的密特拉的形象来自萨珊朝伊朗，在奥尔马兹达一世（Ōhrmazd I/Hormizd I，272—273）所发行的钱币上。钱币的背面刻有火坛，两侧各有一人物面对火坛而立。左侧人物具备了伊朗国王的所有标志，只是并未持有权杖，而是举起右手，做祈祷状。右侧男子头戴

图3-19　Ohrmazd 一世钱币上的密特拉

光束四射的王冠，其中一只手按住剑柄，这一人物即被比定为密特拉。该画面表达的是密特拉将王冠授予国王，国王则站立呈祈祷状。其创作灵感受Samostata发行的同时期罗马钱币影响（图3-19）。[3]众所周知，正统的琐罗亚斯德教并无尚神像崇拜，乃以火为唯一礼拜对象，作为信众与上神沟通的手段。这或许可作为伊朗

---

〔1〕 *Yt.* 10. 15. 61. IlyaGershevitch, *The Avesta Hymn to Mithra*, p.103.

〔2〕 *Yt.* 10. 16. 65. IlyaGershevitch, *The Avesta Hymn to Mithra*, p.105.

〔3〕 R. Gyselen, "Romans and Sasanians in the Third Century: Propaganda Warfare and Ambiguous Imagery", in H. Börm and J. Wiesehöfer eds., *Commutatio et Contentio, Studies in the Late Roman, Sasanian, and Early Islamic Near East in Memory of Zeev Rubin*, Düsseldorf, 2010, pp.71-89. Michael Shenkar, *Intangible Spirits and Graven Images: The Iconography of Deities in the Pre-Islamic Iranian World*, pp.102-103.

和贵霜密特拉不同的一个原因。

　　根据古波斯文献记载，密特拉与太阳关系密切，不过两者并不能简单等同。在《密特拉颂》中，密特拉为光明之神，其司昼夜轮转及四季更替之职，其与太阳和火的关系日益密切："密特拉神善于辞令，拥有千只耳；体形优美，有万只眼；他身材高大，视野广阔，体态强健、永不入眠，四处走动，抓寻违约者"。[1]他具备超乎寻常的智慧和洞察力，永远保持警惕且不眠，无论白天还是夜晚都是如此，因此他是黎明破晓之光，永远先于太阳而出现。显然，密特拉并非太阳，"白马拉着密特拉的一轮金色战车，车上配备的是闪闪发光的石块。当他运输贡品之时，其战车会飞速前行"。[2]太阳被称为密特拉的"独轮战车"，而这一表述源于印度伊朗语，同样在印度《梨俱吠陀》中，太阳神苏里耶的战车亦是独轮的。[3]要知道，最初一轮战车可是太阳神的专属特征。[4]但是，盖许维奇（Ilya Gershevitch）也指出"到了阿维斯陀时期，'一轮战车'已经不再适用于太阳"。[5]不过《阿维斯陀经》中有专门祭祀太阳的祈祷文，即《诸神颂》第六部《太阳颂》（Khoršēd Yašt），[6]表明此时太阳和密特拉还未等同。类似的情况在《密特拉颂》的其他章节也有反映，如第十三节有云："他是第一位到达哈拉神山（Hara Mountains）的天神，先于永恒不朽的、策马疾驰的太阳。他首先登上了金碧辉煌的山顶，鸟瞰伊朗人所居住的大地。"[7]直到萨珊时

〔1〕Yt. 10. 2. 7. Ilya Gershevitch, *The Avesta Hymn to Mithra*, p.77.

〔2〕Yt. 10. 32. 136. Ilya Gershevitch, *The Avesta Hymn to Mithra*, pp.141-142.

〔3〕H. Humbach, "Mithra in the Kusana Period", in John R. Hinnells ed., *Mithraic Studies*, p.137.

〔4〕Ilya Gershevitch, *The Avesta Hymn to Mithra*, 1959, p.36.

〔5〕Ibid.

〔6〕*Yt*.6. J. Darmesteter transl., *The Zend-Avesta*, Part II, *SBE*, Vol.XXIII, pp.85-87.

〔7〕*Yt*.10.4. 13. Ilya Gershevitch, *The Avestan Hymn to Mithra*, pp.78-79.

期,密特拉才被等同太阳,帕拉维文书将太阳直称为"密赫尔"。[1]
这一观点也得到中亚宗教研究者的赞同。[2]不过后来到了萨珊时
期,密特拉等同于太阳,因为在几位国王的钱币和浮雕上,密特拉
神的王冠出现象征太阳的光圈。此时的密特拉成为太阳神,与贵
霜帝国的密特拉之间有无关联,是一个值得深思的问题。他是自
身逐渐发展而成,还是受到外界(特别是贵霜帝国的密特拉)的影
响,尚待进一步考证。[3]

　　有关密特拉与太阳的关系,学界多有讨论。如盖许维奇在
《至善的太阳》一文中认为密特拉即为太阳神,"必须具备太阳神
的特征,否则不能简单地说他是太阳神。只有这些特征均具备,
他才有资格被称为太阳神"。[4]表明盖氏认为密特拉确为太阳神
无疑。不过盖许维奇也认为,若按以上标准,阿胡拉·马兹达亦
可被称为太阳神,因为太阳是他的眼睛,"如果在《阿维斯陀》里,
任何符合此两项条件者就可成为太阳神,那么将会出现大量的
太阳神",[5]显然,密特拉成为太阳神的条件并不充分。正如上
引《密特拉颂》记载,密特拉与太阳的关系密切:密特拉需不断
在地球上空巡逻,以抓寻违约者,因此他同黎明第一缕光关系密
切,而且他白天的巡视轨迹与太阳完全一致。马兰德拉(William
W. Malandra)又补充讨论了密特拉与太阳相关的其他特征,一
是作为契约的维护者,密特拉善于管理,因而具有强大力量(即
荣光、命运),该力量常常伴随着正统的权威:二是在伊朗,誓言

〔1〕Ilya Gershevitch, *The Avestan Hymn to Mithra*, pp.40-41.

〔2〕И·札巴罗夫、Т·德列斯维扬卡娅著,高永久、张宏丽译《中亚宗教概述》(修订版),兰州大学出版社,2002年,第65页。

〔3〕关于萨珊时期的密特拉形象,可参阅 Michael Shenkar, *Intangible Spirits and Graven Images: The Iconography of Deities in the Pre-Islamic Iranian World*, pp.102-114.

〔4〕Ilya Gershevitch, "Die Sonne das Beste", in John R. Hinnells ed., *Mithraic Studies*, p.75.

〔5〕Ilya Gershevitch, "Die Sonne das Beste", in John R. Hinnells ed., *Mithraic Studies*, p.75.

是面对着火进行的，在萨珊伊朗，有一处圣火称之为布尔真—密赫尔（burzēn-mihr），由于火与太阳的关系，密特拉很易被视作太阳。[1]大卫·瑟克（David H. Sick）在《密特拉与太阳神话》一文中，对古印度和希腊的相关文献记载进行考察，讨论了太阳的两大角色——契约与誓言的执行者、牛群的守护者，认为这两种角色在《密特拉颂》中皆有体现。因此，作者认为尽管在阿维斯陀时代后，伊朗密特拉在形式上不是太阳神，但是在某种意义上，这种转变已经开始或者早已有此趋势。[2]

伊朗的密特拉形象如前所述，最初为契约之神，掌管契约之职，维护社会上的秩序，由此职衍生出后来主管生命、光明之职和成为战神乃至太阳神，其形象更加丰富。而贵霜钱币上的密特拉多以太阳神的形象示人，较为单一。其原因是多方面的。"从公元前一千多年中期起，中亚各民族所有的精神文化，包括世界观，在与比它先进的伊朗阿赫美尼德（即阿契美尼）王朝和斯基泰—塞克—马撒该塔伊人的文化紧密结合的过程中，得到了高度的发展，混合的宗教观念也因此而产生"。[3]在丝绸之路开辟以后，各种经济文化交流较之前更加频繁，统治者也都顺应历史潮流，采取比较宽容开明的宗教政策，各种宗教的交流碰撞使得融合得以发生，密特拉神便是此例，是希腊和伊朗文化融合的产物。

四、结语

值得注意的是贵霜钱币所见的密特拉形象也传到了粟特地区。

---

[1] William Malandra, *An Introduction to Ancient Iranian Religion*, Minneapolis: University of Minnesota Press, 1983, p.58.

[2] H. David Sick, "Mit(h)ra(s) and the Myths of the Sun", *Numen*, 2004, p.461.

[3] И·札巴罗夫、T·德列斯维扬卡娅著，高永久、张宏丽译《中亚宗教概述》（修订版），第83页。

图3-20　Kafir-Kala发现礼拜者前面的头戴光线的神

在萨马尔干以东约11.7公里处的卡非尔(Kafir-kala)城堡,发现了411枚印章,其中编号338号的印章上绘有一位面右站立的神祇,存其头部和四分之三的身体。他的头部饰有射线光轮。画面显示该神正在向他前面站立的一位男性礼拜者授予王冠。该男子手中持有长矛(图3-20)。这批印章的年代为公元8世纪早期。论者认为这一神祇形象正和贵霜时期的米罗相似。粟特地区的遗物其时代虽落后于贵霜时期数百年,但两者所见的密特拉形象显然有直接继承关系。[1]若然,则表明贵霜钱币所见的米罗形象数百年后进一步东传,直到粟特地区。

第三节　中古祆教半人半鸟形象考源

自1999年以来,太原隋虞弘墓、西安北周安伽墓、史君墓等一

---

〔1〕有关Kafir-kala的考古发掘参阅: Simone Mantellini, Amruddin Berdimuradov, "Archaeological Explorations in the Sogdian Fortress of Kafir Kala", *Ancient Civilizations from Scythia to Siberia*, 11, 1-2, 2005, pp.107-131. 有关Kafir-kala印章的发现参阅 S. Cazzoli and C. G. Cereti, "Sealings from Kafir Kala: Preliminary Report", *Ancient Civilizations from Scythia to Siberia*, 11, 1-2, pp.133-165. 贵霜钱币所见相似的米罗形象, 见 R. Göbl, *System und Chronologie der Münzprägung des Kušanreiches*, Vienna, 1984, mirro 7. 综合研究参阅 Michael Shenkar, *Intangible Spirits and Graven Images: The Iconography of Deities in the Pre-Islamic Iranian World*, p.110.

批胡裔墓葬相继出土,其中墓门或石葬具图像蕴含丰富的异域文化特征,尤其是半人半鸟形祭司护持火坛的形象,反复出现在多座墓葬的画像题材中。有关这一图像的内涵,学界多有解读,然不乏争议之处。

一、学界于半人半鸟形象之解读

虞弘、安伽、史君三墓是经过正式考古发掘、有明确纪年的墓葬,这使得相关问题的讨论有了明确的时空背景:

1999年出土的太原隋虞弘墓(开皇十二年,592)石椁浮雕祭火图像:椁座前壁下栏正中,处椁座浮雕之最中心和显要的位置。画面中部是一个束腰形火坛,坛座中心柱较细,底座和火盆较粗,火坛上部呈三层仰莲形,坛中正燃烧着熊熊火焰。在其左右两旁,各有一人首鹰身的人相对而立(图3-21)。[1]

2000年出土的西安北周安伽墓(大象元年,579),墓门的门额上,刻画着三只骆驼支撑的火坛:"(门额)中部为火坛,三头骆驼(一头面前,两头分别面向东或西)踏一硕大的覆莲基座,驼背负一较小的莲瓣须弥座,座上承大圆盘,盘内置薪燃火,火焰升腾幻化出莲花图案。……骆驼座两侧各有一人身鹰足祭司"(图3-22)。[2]

2003年出土的西安北周史君墓(大象二年,580),石椁正南的两个直棂窗下,各有一个人首鸟身鹰足的祭司,头戴冠,冠上有日月图形的装饰。头上束带,飘于脑后。高鼻深目,长胡须,鼻子下戴一弯月形口罩,肩生双翼,身穿窄袖衣,腰束带,两臂交叉置于胸

---

〔1〕山西省考古研究所、太原市文物考古研究所、太原市晋源区文物旅游局《太原隋虞弘墓》,北京:文物出版社,2005年,第130—131页,第135页图版182。

〔2〕陕西省考古研究所编著《西安北周安伽墓》,陕西省考古研究所田野考古报告,第21号,北京:文物出版社,2003年,第16页,图版十四、十八、十九。参阅陕西省考古研究所《西安发现的北周安伽墓》,《文物》2001年第1期,第5—6页,图八至十。

图3-21 虞弘墓椁座前壁下栏正中

图3-22 安伽墓门楣全景

前,右臂在上,右手持两个长火棍,下半身为鸟身,尾部饰有羽毛,双足有力,似鹰足。在其左前方置一火坛,火坛为方形底座,束腰,上有火团(图3-23)。[1]

有关虞弘墓人首鹰身的形状,《考古报告》将其与中国古代文献与文物所见人首鸟身图像加以比较,指出两者异同,但并未解释其内涵:

> 中国古代也有人首鸟身之神,如[晋]郭璞《山海经·中山经》记载:"自辉诸之山至于蔓渠之山,凡九山,一千六百七十里。其神皆人面而鸟身……自景山至琴鼓之山,凡二十三山,二千八百九十里,其神状皆鸟身而人面。"在湖南长沙马王堆西汉墓帛画和河南邓县东汉彩色画像砖中,也有人首鸟身图像。佛教石窟壁画中也有人首鸟身图像,称伽陵频迦。但这种图像傍皆无火坛与祭司,内涵也不尽相同。[2]

安伽墓墓门所见的半鸟半人形象,韩伟先生将其与虞弘墓图像及中亚苏尔赫—考塔尔遗址所见图像做比较,认为此类图像为专司祭祀的神祇:

> 门额正中拜火坛左右的神祇呈人手鹰爪之状。身着大袍,头发卷曲,络腮大胡,公牛躯干,男根裸露,鼓舞双翅,羽尾上翘,双腿分立,足爪犀利,是祆教的幻想形象。从其戴口罩、执法杖的特征分析,其职能当为专司祭祀的神祇。这类图像亦曾在太原隋代虞弘墓的石椁基座上发现,只是时代比安伽墓要

[1] 荣新江、张志清主编《从撒马尔干到长安——粟特人在中国的文化遗迹》,北京图书馆出版社,2004年,第64—65页。
[2] 《太原隋虞弘墓》,第155页注[135]。

东侧祭司

西侧祭司

图3-23　西安北周史君墓石椁南壁石刻

晚。在苏尔赫——考塔尔火坛遗址之火坛一侧，有所谓两个"对鸟"的图像，上半截已毁，下半截与安伽墓之人首鹰足图像极相似，若头部原系人首，"对鸟"的称谓尚可商榷。这类人首鹰爪躯体若牛的专司祭祀的神祇，看来在中亚早有流传。[1]

已故俄罗斯粟特考古专家马尔沙克教授（B. I. Marshak, 1933—2006）曾就安伽墓火坛置于三匹骆驼所托宝座上的内涵进行解释，或有助于我们理解马氏对此半人半鸟形象的认识：

> 墓门门楣上画着一对鸟人形状的祆教祭司，以及中间喷火的火坛。火坛放置在由三匹骆驼托起的宝座上。这种火坛以前从未见过。画家很有可能来自中亚粟特地区，祆神的宝座通常都是用一匹或两匹骆驼托着的。我自己认为是胜利之神，在粟特即Washaghn（《阿维斯陀经》的Verethraghna，是骆驼的化身）。在粟特艺术中，骆驼托举的宝座上的神常常负责守护主要的火坛。在伊朗，最高等级的火坛称为"Wahram火"，这个名称源于wahrām神（Verethraghna的帕拉维语形式）。安伽墓门楣上承托火坛的骆驼似乎更像是Washaghn。[2]

有关史君墓所见半人半鸟形象，《考古报告》称其为"人身鹰足祭

[1] 韩伟《北周安伽墓围屏石榻之相关问题浅见》，《文物》2001年第1期，第91页；另见其著《磨砚书稿——韩伟考古文集》，北京：科学出版社，2001年，第108—109页。

[2] B.I.Marshak, "La thèmatique sogdienne dans l'art de la Chine de la seconde moitié du VIᵉ siècle", *Académie des Inscriptions & Belles-Lettres, Comptes rendus des séances de l'annee 2001 janvier-mars*, Paris, 2001, pp.244–245.

司"。[1]法国著名的中亚考古专家葛乐耐教授(F. Grenet)曾将其比定为琐罗亚斯德教神祇达曼·阿芙琳(Dahmān Āfrīn),认为这一神祇体现了无所不在的善行。[2]但是,在一次私人聚会中,哈佛大学的薛佛教授(P. Oktor Skjaervø)提请他注意《阿维斯陀经》中《辟邪经》的记载,根据该经第18章14节记载,与斯罗什(Srōš)相联的动物公鸡,本身即为原初的琐罗亚斯德教仪式的第八位祭司。在此启发下,葛乐耐教授认为此祭司鸟神即为斯罗什神的化身。缘因该祭司鸟神手中持圣枝主持"户外仪式",即人逝后第四日早晨所举行的审判(čaharōm)仪式,俾便仪式之后,灵魂将经过裁判桥。由于斯罗什帮助灵魂过桥并担任审判者,所以祭司鸟神应为这一审判神。[3]

2009年,葛承雍先生向学界公布了2007年河南出土隋代安备墓,该墓所出石棺床前壁下栏有拜火坛祭祀场面,火坛旁边亦站有半人半鸟形象,为我们提供了新的例证(参见图2-8):

> 火坛侧旁站立祭司两人,鹰钩鼻,圆深目,波浪型卷发蓬松,两腮留有浓须,无冠帽,脸戴防止污染的长形口罩,神情专注,直视火坛,两人分别手执长柄法杖伸向火坛覆莲形底座。两人均为人身鹰腿,脖子带坠珠项圈,上半身似穿贴身紧衣素服,腰系羊毛宽飘带;下半身鹰身贴金,它不像安伽墓祆教祭司那样鹰身卷尾上翘,也不像虞弘墓祭司那样拖翅扬尾,而是很像是

〔1〕西安市文物保护考古研究院编著,杨军凯著《北周史君墓》,北京:文物出版社,2014年,第82页。

〔2〕F. Grenet, "Mithra, dieu iranien: nouvelles données", *Topoi* 11, 2001[2003], pp.35-58.

〔3〕F. Grenet, P. Riboud et YANG Junkai, "Zoroastrian Scenes on a newly discovered Sogdian Tomb in Xi'an, Northern China", *Studia Iranica* (*St. Ir.*), 33, 2004, pp.278-279.

孔雀长尾垂地。鹰爪支撑有力，身后垂尾协调。[1]

除此之外，一些散见海外的私人藏品中，亦见类似半人半鸟形象。美国钱币学会的卡特博士（Martha L. Carter）曾论及美国谢比·怀特（Shelby White）和列昂·列维（Leon Levy）收集品中，有两组石棺床构件。其中一组上雕有两朵莲花所托三级火坛，两边各站有半人半鸟形象。他们皆有翅膀，有鸟足鸟尾，手中持有长形器具，指向盛祭祀用品的盘子（图3-24）。卡特认为，其应与《阿

图3-24　Shelby White 和 Leon Levy 收集品之一

---

〔1〕葛承雍《祆教圣火艺术的新发现——隋代安备墓文物初探》,《美术研究》2009年第3期,第15—16页。

维斯陀经》中常幻化为鹰的赫瓦雷纳（khvarenah）有关，惜未深论。另一床基所见半人半鸟图像大体与之类似，但有细节的差异（图3-25）。[1]

图3-25　Shelby White 和 Leon Levy 收集品之二

日本学者影山悦子（E. Kageyama）女史曾论及英国维多利亚—阿尔伯特博物馆（Victoria and Albert Museum）所藏的石床基图像，不过图像毁坏严重，隐约可见莲台上的火坛。旁边的半人半鸟有头光，手持树枝。不过其脸部毁坏严重，很难辨认是否戴口罩（图3-26）。[2]

---

[1] Martha L. Carter, "Notes on Two Chinese Stone Funerary Bed Bases with Zoroastrian Symbolism", in Philip Huyse ed., *Iran. Questions et Connaissances*, Vol. I. *La Période Ancienne*, Association Pour l'Avancement des Études Iraniennes, Paris, 2002, pp.263-287.

[2] E. Kageyama, "Quelques remarques sur des monuments funéraires de Sogdiens en Chine", *St. Ir.*, 34.2, 2005, pp.257-278.

图3-26　Victoria & Albert Museum 藏石棺床床座局部

　　就以上所见半人半鸟形象的宗教属性，如同前引卡特博士所论一样，亦有学者认为其为赫瓦雷纳鸟，即琐罗亚斯德教圣鸟森穆鲁（Senmurv）之一种。如姜伯勤先生认为安伽墓门额所见“人头鹰身”图像为祆教赫瓦雷纳神。[1]王小甫教授曾论及蒙古国后杭爱省哈沙特县和硕柴达木（Hoshoo Tsaydam）的阙特勤碑和毗伽可汗碑文物陈列室，有一块出土于阙特勤墓地的红色花岗岩巨型石板，其表面阴刻线雕图案，类乎虞弘墓等出土葬具上两个鸟身祭司相对护持圣火，遂认为此鸟身祭司为突厥斗战神形象，本为拜火教神祇Verethraghna（Warahrān/Bahrām）的化身之一。[2]杨巨平先生则指出：“人首鹰（鸟）身的形象也与祆教创世神话有关。虽然图像中祭司之身到底是鹰还是雄鸡，还是其他鸟类？难以辨别，但雄鸡和鹰都是祆教崇拜的对象，是阿胡拉·马兹达为与群魔和术

<hr />

[1] 姜伯勤《西安北周萨宝安伽墓图像研究——伊兰文化、突厥文化及其与中原文化的互动与交融》，见《中国祆教艺术史研究》，北京：三联书店，2004年，第95—120页。
[2] 王小甫《拜火教与突厥兴衰——以古代突厥斗战神研究为中心》，《历史研究》2007年第1期，第24—40页；另见其著《中国中古的族群凝聚》，北京：中华书局，2012年，第10—29页。

士对立斗争而造的。据说,有两种名为'阿绍祖什特'(即'佐巴拉—瓦赫曼')和'索克'的鸟,被赋予了《阿维斯塔》的语言,它们一旦讲述,'群魔就胆战心惊,无可逞其伎'。此外,雄鹰也是祆教战神巴赫拉姆的化身之一,灵光(Khvarenah)也曾'化作雄鹰腾空而去',可见鹰在祆教信仰体系中占有十分重要的地位。给祭司赋予人首鹰身之形象,似也有保护圣火、驱除邪恶之意。"[1]杨先生所论提示我们从图像的象征意义去理解半人半鸟形象的内涵。

　　笔者曾以虞弘墓石椁浮雕的祭火图像为例,认为半人半鸟形象或受佛教迦陵频伽影响,并指出:"就虞弘墓图像的宗教属性究竟是以佛教为主,受祆教影响,渗入祆教因素,抑或是以祆教为主,渗入佛教因素,还待详细辨析。但无论如何,不能仅就祭火图像一点,而无条件地定其为祆教属性。"[2]不过法国学者黎北岚女士在2012年正式发表的一篇综合研究半人半鸟祭司形象的论文中,已经指出这一形象与印度神话中的紧那罗和迦陵频伽形象不同,可以信从。不过其认为该形象之所以是半鸟形,乃与斯罗什神在葬礼中的重要作用有关,显然是发展了前引其师葛乐耐的观点。黎文更联系中国古代墓葬图像中广泛存在的墓门刻鸟类形象,而认为这些入华胡人上层人士的墓葬中之所以出现半人半鸟形象,其创作意匠乃受中国古代墓葬常用神鸟,如四神中朱雀的观念影响。[3]

---

〔1〕杨巨平《虞弘墓祆教文化内涵试探》,《世界宗教研究》2006年第3期,第106页。

〔2〕张小贵《虞弘墓祭火图像宗教属性辨析》,余太山、李锦绣主编《欧亚学刊》第九辑,北京:中华书局,2009年12月,第266—278页;所著《中古华化祆教考述》,北京:文物出版社,2010年,第121—135页。

〔3〕Pénélope Riboud, "Bird-Priests in Central Asian Tombs of 6th-Century China and Their Significance in the Funerary Realm," *Bulletin of the Asia Institute* (*BAI*), New Series / Volume 21, Published with the assistance of the Neil Kreitman Foundation (U.K.), 2007/2012, pp.1–23. 谌璐琳最近发表的文章与黎氏观点略同,同样忽视了这一形象的波斯文化起源,见《从人到鸟神——北朝粟特人祆教祭司形象试析》,刊《西域研究》2013年第4期,第90—95页。

孙武军博士虽然指出入华粟特人墓葬所见半人半鸟图像与中国传统文化中的千秋万岁、迦陵频伽等在图像细节、功能和内涵等方面存在差异，却认为其与中亚、西亚的人头鸟亦不同，显然忽视了这一形象的波斯文化起源。[1]

　　有关半人半鸟形象即琐罗亚斯德教圣鸟森穆鲁之一种，及突厥斗战神形象即拜火教神祇 Verethraghna（Warahrān / Bahrām）的化身之一，这两种观点，笔者曾撰文讨论，[2]并排除将此形象比定为这两种神的可能性，此处不再重复。[3]下文则主要分析学者们将半人半鸟形象比定为达曼·阿芙琳与斯罗什二神的情况，分析其原因，并进一步考察这一形象的文化起源。

二、半人半鸟非达曼·阿芙琳与斯罗什辨

　　达曼·阿芙琳（Dahmān Āfrīn）为中古波斯语，其起源于阿维斯陀语（Avestan，编撰琐罗亚斯德教最古老的经典所用的语言）所记载的达玛·阿芙里蒂（Dahma Āfriti）。在阿维斯陀语中，达玛（dahma）本为形容词，原意为"受到（琐罗亚斯德教）启示的"，后演变为"虔诚的"、"虔敬的"意思，在经文中常用来修饰教徒（ašavan），意为"虔诚的教徒"。[4]根据该教律典《辟邪经》（*Videvdad*，为 *Young Avesta* 之一种，一般认为其内容形成于公元

---

〔1〕孙武军《入华粟特人墓葬图像的丧葬与宗教文化》，北京：中国社会科学出版社，2014年，第188—191页。

〔2〕张小贵《虞弘墓祭火图像宗教属性辨析》，余太山、李锦绣主编《欧亚学刊》第九辑，第266—278页；所著《中古华化祆教考述》，第121—135页。

〔3〕也有学者笼统地将这些图像称为人首鹰身的神灵，以与祭司相区别，见施安昌《对6世纪前后中国祆教艺术图像的认识》，原刊《法国汉学》第8辑，北京：中华书局，2003年；此据同作者《善本碑帖论稿》，上海书画出版社，2017年，第195—196页。

〔4〕C. Bartholomae, *Altiranisches Wörterbuch*, Strassburg, 1904, pp.704-705.

前6世纪之前[1])记载,当恶灵安格拉·曼钮(Angra Mainyu)带来所有的疾病时,上神马兹达(Mazda)便会分别向马斯拉(Mąthra Spənta)、萨奥卡(Saoka)、艾亚曼(Airyaman)三神祈求,以寻求治愈之道,并向他们承诺,会向其献祭丰盛的牺牲,并"虔诚"地向其祈祷,以期达成所愿。此处之"虔诚"即为达玛·阿芙里蒂。[2]也就是说,这一词汇原本只是祭司主持仪式时所常念诵的祈福之词。[3]不过,由于琐罗亚斯德教常赋予抽象事物以神性,随着频繁进行礼拜念诵这一祈福辞,祈福的精神就升格为神。[4]这也就是达玛·阿芙里蒂由原初的祈福用语升格为神的原因。《阿维斯陀经》记载,无论何时,当虔诚的正直者完成整套礼拜仪式,该神都会降到他身上,变现为骆驼的姿态,好似其刚刚饮醉了酒的样子。[5]因为骆驼在饮醉酒时力量最为强大,遂用这一形象显示该神身具超凡力量。[6]据称,该神为维护善者利益而屡败恶者的攻击。[7]远在"新阿维斯陀语"(Young Avestan,约公元前8—前6世纪)时代,就存在一年360天的日历,在这一古老的日历中,每月第23日就成为专门祭祀达玛·阿芙里蒂的日子了,并且有专门祭祀她的祷文。[8]随着时间推移,到了中古波斯文帕拉维文(Pahlavi)

---

[1] P. O. Skjaervø, "The *Videvdad*: its Ritual-Mythical Significance", Vesta Sarkhosh Curtis and Sarah Stewart eds., *The Age of the Parthians*, *The Idea of Iran*, Vol.II, London・New York: I. B. Tauris, 2007, pp.105-141.

[2] Mary Boyce, "Dahma Āfriti and some Related Problems", *Bulletin of the School of Oriental and African Studies* (*BSOAS*), Vol. 56 No.2, 1993, p.210.

[3] Mary Boyce, "Dahma Āfriti and some Related Problems", p.210.

[4] Mary Boyce, *Zoroastrianism: Its Antiquity and Constant Vigour*, Columbia Lectures on Iranian Studies no.7, 1992, p.53, 66.

[5] J. Darmesteter, *Le Zend-Avesta*, Paris, 1892-1893, repr. 1960, III, p.66. K. J. JamaspAsa and H. Humbach, *Pursišnīhā: a Zoroastrian catechism*, Wiesbaden, 1971, 1, 48/49.

[6] J. Darmesteter, *Le Zend-Avesta*, II, p.560.

[7] K. J. JamaspAsa and H. Humbach, *Pursišnīhā: a Zoroastrian catechism*, 1, 50/51.

[8] Mary Boyce, "Dahma Āfriti and some Related Problems", pp.211-212.

献中,她就演变为达曼神(Dahm Yazad)了。

帕拉维文献经常提及这位神,其功能是带来财富、抵挡恶魔。在帕拉维文《创世纪》(*Bundahišn*)中,"达曼·阿芙琳是一种精神,当人们念诵她时,她的荣耀就会降临。达曼·阿芙琳是通过勤奋获得的财富的保护者。"[1]达曼·阿芙琳亦逐渐与创世和末世的神话发生联系。如帕拉维文文献《宗教行事》(Denkard)记载:

> 当乌什达尔(Ušēdar)开创的千年过了一半时,巫师马库斯(Markus)将会出现,带来严冬,大多数人与牛将会死亡。但是在第四个冬天到来时,达曼·阿芙琳将会消除他所带来的灾难,困境将会结束。[2]

达曼·阿芙琳之所以扮演这一救世角色,无疑与她身具战胜邪恶的强大善力有关。[3]

除了教义所赋予该神的超强能力外,其在宗教仪式中也占有重要地位。根据帕拉维文献《书信集》(*Rivayats*)记载,她常与斯罗什神一同出现,在黑暗的危险时刻降临世间,战胜邪恶,产生美好。为了死后的灵魂,常举行祭祀达曼·阿芙琳的仪式。特别是在人死后第四日,若念诵祭祀她的祷文,灵魂就会容易通过裁判桥。[4]可能就是由于她在葬礼中的独特作用,学者们才将其与墓葬艺术中常出现的半人半鸟形象相比定。不过正如前文

〔1〕B. T. Anklesaria transl., *Greater Bundahišn*, Bombay, 1956, p.227.

〔2〕M. Molé, *La légende de Zoroastre selon les textes pehlevis*, Paris, 1967, pp.92-93.

〔3〕Mary Boyce, "Dahma Āfriti and some Related Problems", p.214.

〔4〕B. N. Dhabhar transl., *The Persian Rivayats of Hormazyar Framarz and others*, Bombay, 1932, p.172.

所述,达曼·阿芙琳是重要的祈福之神,其常幻化的动物形象为
骆驼,将半人半鸟形象比定为她,显然于理不通;况且,达曼·阿
芙琳为女神,而考古发现所见半人半鸟形象显为男性,两者无法
勘同。

斯罗什神是《伽萨》(Gāthā,为琐罗亚斯德教最古老的经典,
相传为教主本人的作品,从其语言学的风格来分析,其至少产生于
公元前一千年之前[1])时代就存在的神,其在《伽萨》中共出现了七
次,写作斯劳莎(sǝraoša),其本意为"倾听",继而引申为"顺从、遵
守"。因此,学者们认为这个词表示人类顺从神的旨意,或神聆听
人类的祈祷。[2]斯劳莎广泛应用于保卫正义、驱除邪恶的场合中。

在中古波斯文文献中,斯劳莎写成斯罗什(Srōš)。其职责是
"现实世界之主与保护者"。如帕拉维文《创世纪》记载:

> 斯罗什受奥尔马兹达之命而保卫这个世界;奥尔马兹达
> 是精神世界和物质世界之主,而斯罗什专为物质世界之主。
> 正如他所说:奥尔马兹达是精神世界中灵魂的保护者,而斯
> 罗什是物质世界中肉体的保护者。[3]

斯罗什在琐罗亚斯德教中地位独特,因而祭祀他的祷文要独自
念诵,而其他诸神的祷文则往往在祭祀奥尔马兹达的祷文之
后。如帕拉维文《宗教判决书所附书信集》(The Pahlavi Rivāyat
Accompanying the Dādestān ī Dēnīg)记载"其他神都是与奥尔马兹

---

[1] Jean Kellens, "Zarathustra and the Old Avesta. Four Lectures at the Collège de
France", in *Essays on Zarathustra and Zoroastrianism*, translated and edited by Prods
Oktor Skjærvø, Mazda Publishers, Inc., 2000, pp.39–47.

[2] H. Humbach, *Die Gathas des Zarathustra*, Vol. II, Heidelberg, 1959, p.9.

[3] B. T. Anklesaria transl., *Greater Bundahišn*, pp.218–221.

达一起被祭祀，而斯罗什除外；斯罗什是世界的主宰，因此人们应该单独祭祀他。"[1]斯罗什的独特地位尤其体现在丧葬礼仪中。根据该教教义，人死后最初的三天三夜，尸体都处于斯罗什的保护之下。在这三天之中，所有的仪式都是祭祀他的。帕拉维文《宗教判决书》（*Dādestān ī Dēnīg*）第27章第6节记载：

> 在造物主的领导之下，保卫物质世界的居民是正直斯罗什的天职。斯罗什也是死后第四日早晨负责审判灵魂者之一。这之前的三日三夜，在现实世界中乃属于精神的时刻，灵魂都得到斯罗什保护。审判它也是斯罗什的任务之一。因此，这三日三夜要祭拜斯罗什的原因显而易见。[2]

帕拉维文文书《许不许》（*Šāyest nē-Šāyest*）记载："在这三天，人们应该举行各种仪式祭祀斯罗什，因为这三天，斯罗什能拯救灵魂于恶魔的控制。"[3]"当一个人去世之后……哪位神是最重要的负责之神？（回答）……斯罗什最符合要求，负责审判。"[4]《创世纪》记载："死者灵魂在斯罗什的保护之下到达审判桥（Cinwad-bridge）"。[5]不过值得注意的是，在斯罗什带领灵魂上审判桥时，总有善神瓦伊（Wāy）和瓦赫兰（Warhrām）从旁协助。帕拉维文文书

---

[1] *RivDD*. LVI.3. B. N. Dhabhar, *The Pahlavi Rivāyat accompanying the Dādistān-i Dīnīk*, Bombay, 1913, p.166. A. V. Williams, *The Pahlavi Rivāyat Accompanying the Dādestān ī Dēnīg, Part II: Translation, Commentary and Pahlavi Text*, Munksgaard. Copenhagen: Det Kongelige Danske Videnskabernes Selskab, 1990, p.92.

[2] DD. XXVII.6. Mahmoud Jaafari-Dehaghi, *Dādestān ī Dēnīg, Part I: Transcription, translation and Commentary*, Paris: Association pour l'Avancement des etudes iraniennes, 1998, p.89.

[3] F. M. P. Kotwal, *The Supplementary Texts to the Šāyest nē-Šāyest*, Copenhagen, 1969, pp.70-71.

[4] K. J. JamaspAsa and H. Humbach, *Pursišnīhā: a Zoroastrian catechism*, 1, pp.50-52.

[5] B. T. Anklesaria transl., *Greater Bundahišn*, p.220.

《正直者的灵魂》(*The Dīnā ī Mainū ī Khrat*)记载："这三天三夜,灵魂藏于尸体最高处。到了第四日凌晨,在正直的斯罗什、善神瓦伊和强者瓦赫兰协助之下,灵魂冲破阿斯特维达特(Astwīdād)、邪恶的瓦伊(Wāy)、恶魔弗拉兹什特(Frazīšt)和恶魔尼兹什特(Nizīšt)的牢笼,冒着诸恶魔的阻挠,来到了裁判之桥。"[1]据琐罗亚斯德教的传说,人死后,灵魂离开肉体,必须经过"审判桥",由专神负责检视其一生的善恶功过,如果行善多于作恶,灵魂则被判进入天堂,反之则堕入地狱。司其职者即密特拉(Mithra)、斯罗什、拉什奴(Rašnu,原意为"法官"),密特拉居中。[2]也就是说,虽然斯罗什地位显赫,但无论是接引灵魂走上审判桥,还是负责在桥上审判灵魂者,都非斯罗什独自完成,而是分别与其他两位神一起执行任务。

　　根据琐罗亚斯德教文献记载,公鸡劝人起床祈祷,他不仅担任斯罗什的助手,而且帮助他战胜恶魔。《阿尔达·维拉兹入地狱记》(*The Book of Ardā Vīrāf*)记载："人们称呼公鸡为正直的斯罗什之鸟,当他鸣叫时,会驱走不幸,使之远离奥尔马兹达的造物。"[3]《创世纪》记载："公鸡乃是被创造出来对抗恶魔的,与狗合作;正如天启所示,在世上的造物中,与斯罗什合作共同抵御邪恶者,正是狗和鸡。"[4]但需要指出的是,公鸡是斯罗什的助手,而非其化身,若仅凭外在形象与公鸡相似而将半人半鸟的形象比定为斯罗什,只是想当然而已。而且,根据文献记载,古伊朗神话中并

〔1〕D. P. Sanjana, *The Dīnā ī Mainū ī Khrat*, Bombay, 1895, pp.10-11. G. Kreyenbroek, *Sraoša in the Zoroastrian Tradition*, Leiden: E. J. Brill, 1985, pp.133-134.

〔2〕Mary Boyce, *A History of Zoroastrianism*, Vol.I, Leiden: E.J.Brill, 1975, pp.240-241. G. Kreyenbroek, *Sraoša in the Zoroastrian Tradition*, pp.164-183.

〔3〕M. Haug and E. W. West, *The Book of Ardā Vīrāf*, Bombay/London, 1872, repr. Amsterdam, 1971, p.215. G. Kreyenbroek, *Sraoša in the Zoroastrian Tradition*, p.118.

〔4〕B. T. Anklesaria transl., *Greater Bundahišn*, p.202.

非仅有斯罗什神与公鸡相关。在帕拉维文《阿达希尔事迹》(*Book of Deeds of Ardašīr son of Pābag*)中，胜利之火阿杜尔·法恩巴格(Ādur-Farnbāg)，就曾幻化成"红色公鸡"(xrōs-ē ī suxr)，打翻阿达希尔手中含有毒药的酒杯而救了他。[1]在古伊朗文献中，斯罗什也从未被描绘骑乘公鸡所拉车乘，而是乘着由四匹闪闪发光的白马所拉的座驾。[2]到了萨珊伊朗时期，斯罗什神如同其他伊朗诸神一样，更被刻画成神人同形，如《阿尔达·维拉兹入地狱记》记载，斯罗什同火神阿杜尔(Ādur)一起，陪同维拉兹游历天堂和地狱。[3]显然，若仅凭与公鸡有关而判断其为斯罗什神，缺乏足够的说服力。

　　其实，无论斯罗什神还是达曼·阿芙琳，还是学者们曾讨论的赫瓦雷纳神或突厥斗战神，它们都是该教中地位尊贵的神祇，是教徒们在礼拜仪式中甚或日常生活中要特别礼拜的。根据德国考古学家施帕曼(K. Schippmann)博士的研究，古波斯琐罗亚斯德教于公元前4世纪时即开始建立火庙，以拜火为本教主要礼拜仪式。[4]这一仪式乃为反对圣像崇拜而确立。到萨珊王朝时期，诸君主们甚至进一步以法律形式禁止圣像崇拜。也就是说，正统琐罗亚斯德教并无圣像崇拜的传统，有关这些神的外部形象并不为外人所知。[5]人们仅以念诵祷文的形式来表达对诸神的尊敬。而圣火则

---

[1] Michael Shenkar, "A Sasanian Chariot Drawn by Birds and the Iconography of Sraoša", Под редакцией С. Р. Тохтасьева и П. Ь. Лурье, *Commentationes Iranicae, Сборник Смамей к 90-лемию Влаэимира Ароновича Лившийа*, Санкт-Петербург Нестор-История, 2013, pp.212-213.

[2] Y.57.27. G. Kreyenbroek, *Sraoša in the Zoroastrian Tradition*, p.53.

[3] F. Vahman ed. and transl., *Ardā Wīrāz Nāmag. The Iranian 'Divina Comedia'*, London and Malmo, 1986, p.89, 194.

[4] K. Schippmann, *Die iranischen Feuerheiligtüer*, Berlin-New York, 1971.

[5] Mary Boyce, "Iconoclasm among the Zoroastrians", *Christianity, Judaism and Other Greco-Roman Cults: Studies presented to Morton Smith at Sixty*, ed. by J. Neusner, Vol. 4, Leiden, 1975, pp.93-111.

是他们通常所使用的礼拜媒介，通过拜火来达到与神的沟通。反观我们讨论的半人半鸟形象，他们往往手中持有宗教器具，或是摆弄放在旁边托盘中的各种祭品，或是拨弄火坛里燃烧的圣火。很显然，他们并非什么被礼敬的主体，而是侍奉火坛者。郑岩先生在考察康业墓石棺床图像时，分析了图像的解释常缺乏文字资料佐证的"遗憾"，认为："正是这种'遗憾'反过来可以激发我们进一步观察图像的内部特征以及图像之间的逻辑关系，激发我们思考图像本身以主体'史料'的身份呈现于研究过程中的可能性。"[1]对于虞弘墓等所见半人半鸟形象，过往的研究正是忽视了图像史料本身的内涵，解释上才会出现各种差异。从图像所描述的场景来看，这些半人半鸟的形象正是护持火坛的祭司，而其之所以呈现半人半鸟的形象，表明画面并非对现实生活的描述，而应是表达一种宗教或神话上的象征含义。[2]

虽然我们否定半人半鸟形象为具体的某位神祇，包括赫瓦雷纳神，但却不否认这一有翼形象正表达了古伊朗神话中"神赐灵光"即赫瓦雷纳的概念。

三、半人半鸟的象征意义

需要指出的是，除了以上所列举的半人半鸟形象外，散见世界各地的其他中国石葬具亦可见相似图像，不过他们并非采用半人半鸟形式，而是采用现实中人的形象。兹列举如下：

日本Miho美术馆藏山西出土石棺，年代在北朝后期。该石棺

〔1〕郑岩《逝者的"面具"——论北周康业墓石棺床画像》，此据其著《从考古学到美术史：郑岩自选集》，上海人民出版社，2012年，第113页。

〔2〕有学者亦认为"'人首鹰身'图像便是祆教徒在丧葬仪式上举行祭祀仪式的祭司的神化"，强调其在丧葬仪式中的作用，理由并不充分，见赵晶《中国境内发现的石质葬具"人首鹰身"图像剖论》，收入罗宏才主编《从中亚到长安》，上海大学出版社，2011年，第359页。

床后壁第三块石板J上,保存了一幅珍贵的粟特丧葬图:画面分上下两部分。上部的中央站立着一位身穿长袍的祭司,脸的下面戴着一种白色的口罩(padām),前面有一火坛(图3-27)。[1]

图3-27　美秀美术馆藏石棺床石板J上半图像

20世纪初叶,河南省安阳近郊古墓出土的一组石棺床雕刻,墓石8块,其中藏于德国科隆东亚艺术博物馆的左右门阙2件,上刻火坛各一:门阙的侧面各有一祭司状人物,免冠,着联珠纹大翻领胡袍,有腰带。两人手执香炉之类的祭器,戴口罩,挂在颌下,未及口鼻。这两个祭司身旁均有祭盆、祭酒胡瓶及拜火火坛各一,火坛中圣火熊熊(图3-28)。[2]

---

〔1〕J.A.Lerner, "Central Asians in Sixth-Century China: A Zoroastrian Funerary Rite", *Iranica Antiqua*, XXX, 1995, p.180, Pl.I.

〔2〕Gustina Scaglia, "Central Asians on a Northern Ch'i Gate Shrine", *Artibus Asaie*, Vol. XXI, 1958, pp.9-28. B. I. Marshak, "Le programme iconographique des peintures de la <<Salle des ambassadeurs>> à Afrasiab (Samarkand)", *Arts Asiatiques*, 49, Paris, 1994, p.13. F. Grenet, *Cultes et monuments religieux dans L'Asie centrale préislamique*, Paris, 1987,封面。

图3-28　科隆石棺床双阙内侧

另外，中亚地区有关祆教的考古发现，亦多见火坛旁侍立祭司的形象，如：

克拉斯诺列申斯克大墓地所出纳骨瓮前片图像，图像中央为一圣火坛，上有火焰，两旁各有祭司，皆戴口罩，身着长袍，其前面有供桌（图3-29）。[1]

莫拉—库尔干（Molla-Kurgan）所出纳骨瓮图像上部为金字塔式顶，高73厘米，矩形面上有三拱，中间拱下有火坛。火坛上部呈三级檐，上有七火舌。祭司在两侧，一站一跪。他们手持火钳和燃料，脸戴口罩（见图2-9）。[2]

这些图像显然表明，火坛两旁站立的人物是祭司无疑。这种反复出现的图像也使我们相信上述火坛

〔1〕G. A. Pugachenkova, "The Form and Style of Sogdian Ossuaries", *BAI*, *New Series*, Vol.8 (The Archaeology and Art of Central Asia. Studies from the Former Soviet Union), 1996, pp.239-240. F. Grenet, "Zoroastrian Themes on Early Medieval Sogdian Ossuaries", *A Zoroastrian Tapestry: Art, Religion and Culture*, eds. by Pheroza J. Godrej and F. P. Mistree, Mapin Publishing, Ahmedabad, 2002, p.94, 中译本参阅葛勒（乐）耐著，毛民译《北朝粟特本土纳骨瓮上的祆教主题》，刊张庆捷、李书吉、李钢主编《4—6世纪的北中国与欧亚大陆》，北京：科学出版社，2006年，第193页。

〔2〕L. I. Rempel', "La maquette architecturale dans le culte et la construction de l'Asie centrale préislamique", in Frantz Grenet ed., *Cultes et Monuments Religieux dans l'Asie Centrale Préislamique*, Paris: Éditions du Centre National de la Recherche Scientifique, 1987, pl. LIV. G. A. Pugachenkova, "The Form and Style of Sogdian Ossuaries", pp.235-236.

图3-29　Krasnorechensk墓地出土纳骨瓮前壁图像

两旁对称侍立的半人半鸟形象亦是祭司。只是其采用半人半鸟
形，多了一分神化色彩。这一创作意匠，应从古波斯文化传统中
溯源。

　　古代西亚的考古发现中多见半人半鸟形象。美国学者乐仲迪
（J.A.Lerner）1975年分析了一批萨珊印章，其中几个半人半鸟形象
中，存有一位长着胡须的男子，其身体连接着一只公鸡的躯体。乐
氏将这一形象与公鸡的辟邪功能相连。[1] 施安昌先生认为法国
卢浮宫博物馆的美索不达米亚馆第六厅，陈列着巨大的波斯半人
半鸟石雕，表明半人半鸟神像在古代伊朗有久远的历史。[2] 当然，
半人半鸟形象最为著名者无疑是公元前520—前519年贝希斯敦
（Bisitun）大流士石雕所见坐在有翼光圈的半身人像，其两边展开巨
大的双翼，下面为鸟尾（图3-30）。[3] 传统上，学界将这一人像比定

〔1〕J. A. Lerner, "A Note on Sassanian Harpies", *Iran*, 13, 1975, p.169.
〔2〕施安昌《圣火祆神图像考》，收入其著《火坛与祭司鸟神》，北京：紫禁城出版社，
　　2004年，第133页。
〔3〕John Curtis and Nigel Tallis ed., *Forgotten Empire: The world of Ancient Persia*, The
　　British Museum Press, 2005, p.13 fig.2, 22. fig.6.

图3-30　贝希斯敦（Bisitun）大流士石雕所见半身人像

为灵魂弗拉瓦尔（Fravahr），或为琐罗亚斯德教最高神阿胡拉·马兹达。关于此两种观点，著名伊朗学家沙赫巴兹（Shahbazi）在1974年发表的文章中已予否定。[1]1980年，沙赫巴兹续又撰文，广征古伊朗所见的有翼人身形象，认为伊朗人借用了亚述的有翼象征符号，来描绘伊朗本土古老的"神赐灵光"（Farnah）的概念。[2]

　　Farnah，为古波斯语，阿维斯陀语作X^{u}arənah，帕拉维文X^{u}arrah，新波斯文作Xur(r)ah、Farrah，本意为"神圣本质、永恒光

〔1〕A. Sh. Shahbazi, "An Achaemenid Symbol I. A Farewell to 'Fravahr' and 'Ahuramazda'", *Archaeologische Mitteilungen Aus Iran(AMI)*, N.F., Band 7, Verlag von Dietrich Reimer·Berlin, 1974, pp.120-121. 不过，薛佛并不赞同这一考证，可参阅P. O. Skjærvø, "The Achaemenids and the *Avesta*", V. S. Curtis and S. Stewart ed., *Birth of the Persian Empire*, Vol. I, London·New York: I. B. Tauris, p.83 n.24.

〔2〕A. Sh. Shahbazi, "An Achaemenid Symbol II. Farnah '(God Given) Fortune' Symbolised", *AMI*, N.F., Band 13, Verlag von Dietrich Reimer·Berlin, 1980, pp.119-147.

明、灵光"等,引申为"神赐灵光",多为王家或祭司阶层所拥有。[1]
那么,为何其使用有翼的形象呢? 这无疑来源于古伊朗的民族和
宗教传统。首先,古波斯文化中经常使用鹰或者类似的鸟作为王
权象征。《阿维斯陀经》中记载,伊朗一些传说中的英雄皆是靠
Farnah 的帮助,才创下丰功伟绩。[2]传说中波斯国王诞生之地阿
契美尼,是由鹰来守护的。阿契美尼王朝的王旗上,就用展翅的金
鹰作为标志。薛西斯之母阿托萨王后曾梦到伊朗国王乃为鹰。居
鲁士大帝甚至被称为"东方之鹰"。[3]沙赫巴兹认为乃是当时的
伊朗人借鉴了古埃及和亚述传统中使用鹰和有翼人身来象征王
权的传统,并赋予伊朗人"神赐灵光"的新解释。[4]贾姆扎德(P.
Jamzadeh)亦曾撰文指出,有翼人身形象乃王族身份的标志,早前
的埃及人、美索不达米亚人都采用过类似图像,而阿契美尼人之所
以效仿,正是为了显示其代他们而起的合理性。[5]以鹰作为王家
标志的传统也为阿契美尼的继任者所遵循。如萨珊王朝的缔造者
阿达希尔,其王族灵光的表现形式就是鹰。[6]鹰在阿达希尔头顶
伸展翅膀,以预示他将登上波斯王位的合理性。[7]其后的国王们,

---

[1] H. S. Nyberg, *A Manual of Pahlavi*, Part II, Otto Harrassowitz · Wiesbaden, 1974,
　　p.221. H. W. Bailey, *Zoroastrian Problems in the Ninth Century Books*, Oxford, 1943,
　　pp.1–77.

[2] 如 Yašt 5. F. Wolff, *Avesta: Die Helligen Bücher der Parsen*, Strassburg: Verlag von
　　Karl J. Trübner, 1910, pp.166–182.

[3] A. Sh. Shahbazi, "An Achaemenid Symbol II. Farnah '(God Given) Fortune'
　　Symbolised", pp.137–138.

[4] A. Sh. Shahbazi, "An Achaemenid Symbol II. Farnah '(God Given) Fortune'
　　Symbolised", p.139.

[5] P. Jamzadeh, "The Winged Ring with Human Bust in Achaemenid Art as a Dynastic
　　Symbol", *Iranica Antiqua*, 17, 1982, pp.91–99.

[6] Kārnāmk-e Ardašīr, 14.12. E. K. Antia, *Kārnāmak-i Artakhshīr Pāpakān*, Bombay:
　　Fort Printing Press, 1900, pp.34–35.

[7] A. Sh. Shahbazi, "An Achaemenid Symbol II. Farnah '(God Given) Fortune'
　　Symbolised", p.138.

如瓦赫兰二世（Varahrān Ⅱ）、奥尔马兹达二世（Ōhrmazd Ⅱ）的王冠上多用有翼鸟来装饰，以象征神赐灵光。[1]其实，不惟象征王族灵光，Farnah 也是 "全伊朗人的灵光"（Airyānem Xᵛarənah），它属于全部伊朗人，赐予他们幸福、财富与智慧，帮助他们击退敌人。若没有它的保护，无论统治阶级还是普通百姓，都注定失败。[2]

此外，以有翼的形象来表示 "神赐灵光"，更有其深厚的宗教背景。根据新《阿维斯陀经》之《诸神颂》第19部《扎姆亚特颂》（*Zamyād-Yašt*）第34—36节记载：

> 然而一旦谎言暗袭伊玛（Yima），世界于他不再真实，便可见灵光化为飞鸟，离他远去。拥有良畜的伊玛不复见到灵光。面对众魔猖獗，他一筹莫展，意志消沉，只得遁入地下，销声匿迹。
>
> 灵光第一次远离，离光明的伊玛而去。灵光乃幻化为瓦勒迦纳鸟（Vārəγna），远离维万赫万（Vīwanghwan）之子伊玛。此时，领有辽阔牧野的密特拉获得灵光，他耳聪目明，变化万千。我们献祭整个大地之主密特拉。他乃阿胡拉马兹达所创造，乃精神世界中最慷慨宽容之神。
>
> 灵光第二次远离，离光明的伊玛而去。灵光乃幻化为瓦勒迦纳鸟（Vārəγna），远离维万赫万（Vīwanghwan）之子伊玛。富于赐予生命力量的阿斯维亚（Āthviya）家族之子赫雷陶那（Thraētaona）获得了灵光。他是除查拉图斯特拉之外，最勇敢的除魔者。[3]

---

〔1〕A. Sh. Shahbazi, "On vāreγna and Royal Falcon", *ZDMG*, 134, 1984, pp.316-317.

〔2〕H. W. Bailey, *Zoroastrian Problems in the Ninth Century Books*, p.25.

〔3〕Yašt 19. 34-36. A. Hintze, *Der Zamyād-Yašt*, Wiesbaden: Dr. Ludwig Reichert Verlag, 1994, pp.191-202. H. W. Bailey, *Zoroastrian Problems in the Ninth Century Books*, p.14, 24. B. H. Stricker, "Vārəgna, the falcon", *Indo-Iranian Journal*, Vol.7, 1963-1964, pp.310-317.

伊玛是琐罗亚斯德教神话中伊朗大地的第一位统治者，当他背离本教诚信准则，灵光则化作飞鸟而去。同样，本教主神密特拉、英雄赫雷陶那都因获得灵光而充满神力。可见，幻化为飞鸟的灵光诚可目为琐罗亚斯德教的神力象征。

"神赐灵光"的观念也在公元3世纪的粟特地区得以流传，"一位国王被欺骗而产生这种信念，当他死去时，他被安放在墓室里的棺中。一些贼进入他的坟墓，其中一人戴上他的王冠，穿上王袍。他走进国王躺着的棺，对他说：'咳，咳，国王，醒醒，醒醒。不要害怕，我是你的灵光（Farnah，粟特文作 prn）！'国王接受了这位模仿者的呼喊：'噢，我的神，是你帮助了我。'"[1]收藏在大英博物馆的"阿姆河宝藏"中的一个圆柱印章，也可见人首鸟身形象盘旋于作战士兵和狩猎人头顶。[2]6—8世纪布哈拉的瓦尔赫萨以及片治肯特的粟特壁画中，也常见口衔圆环的飞鸟盘旋于武士装扮的国王头顶，或参与到宗教祭祀的场景中。[3]葛乐耐注意到1999年撒马尔干发现的两个残破的粟特纳骨瓮，上绘有翼的祭司形象，他戴着口罩，伸出一根手指，貌似一种吉祥的手势。[4]可见粟特地区对灵光以人首鸟身形象护佑万民的文化传统并不陌生。

中古时期流传中土的祆教，乃源于波斯的琐罗亚斯德教，其乃经由中亚粟特地区辗转间接传播而来，而我们所讨论的胡裔墓葬主要是粟特或中亚人后裔，随着时空变换，他们也必然因应汉地文化传统表现出与本土宗教并不完全一致的特征，如杨泓先生所指

〔1〕W. B. Henning, "Sogdian tales", *BSOAS*, Vol.11, 1943−1946, pp.465−485, 特别是 pp.477−479.

〔2〕A. Sh. Shahbazi, "An Achaemenid Symbol II. Farnah '(God Given) Fortune' Symbolised", p.141.

〔3〕G. Azarpay, "Some Iranian Iconographic Formula in Sogdian Painting", *Iranica Antiqua*, 11, 1975, pp.174−175.

〔4〕F. Grenet, "Mithra, dieu iranien: Nouvelles données", p.40.

出"不论所葬死者原来的民族为何,不论是来自突厥,还是'昭武九姓'中的康国、安国、史国,或是还不知其处的'鱼国',所有的墓葬形制均是北朝至唐时中国的典型样式,主要是前设带有天井和过洞的长斜坡墓道,设有石门的甬道,基本是方形的砖筑和土洞墓室……在墓葬最重要的墓葬形制方面,丝毫看不到这些来自西域的不同古代民族的死者,在构筑墓葬时显示出表明族属特征的任何暗示",就该等墓葬的葬具,杨先生进而指出,"带围屏石床和殿堂形石棺,都属中国传统葬具","上列西域来华人士的葬具形制,一概为中国传统的葬具,无任何域外色彩。"[1]不过,采用半人半鸟形象或许是为了表达他们对本民族传统的坚守,无疑更具象征性。其墓门或石棺所见祭司侍立在火坛旁边是常见的琐罗亚斯德教祭祀场景,而采用半人半鸟形的祭司侍立火坛则是一种宗教的象征符号。

众所周知,正统琐罗亚斯德教并无偶像崇拜,而以拜火作为与神沟通的手段,遂实行繁复的拜火仪式。因此,火坛成为该教的重要象征符号。[2]根据学者的研究,赫瓦雷纳的初始之义为"灵光、光耀",后逐渐与太阳与火相联系。如中古波斯文《扎德斯普拉姆选集》(Zādspram)记载,"天堂之火"即表现为赫瓦雷纳,"居于胜利之火(Wahrām)中,正如屋主看管他的居所那样",[3]而先知琐

---

〔1〕杨泓《北朝至隋唐从西域来华民族人士墓葬概说》,新疆吐鲁番地区文物局编《吐鲁番学研究——第二届吐鲁番学国际学术研讨会论文集》,上海辞书出版社,2006年,第269—273页。

〔2〕Yumiko Yamamoto, "The Zoroastrian Temple Cult of Fire in Archaeology and Literature (I)", *Orient* Vol. XV, *Report of the Society for Near Eastern Studies in Japan*, Tokyo, 1979, pp.19‑53; "The Zoroastrian Temple Cult of Fire in Archaeology and Literature (II)", *Orient* Vol. XVII, *Report of the Society for Near Eastern Studies in Japan*, Tokyo, 1981, pp.67‑104.

〔3〕P. Gignoux and A. Tafazzoli, *Anthologie de Zādspram*, Paris, 1963, pp.54‑55.

罗亚斯德的"灵光"也是承自天堂,在其出生之时"幻化为火"。[1]
由于赫瓦雷纳和火的特殊联系,象征赫瓦雷纳的半人半鸟形象立
于火坛两侧,成为该教的宗教象征符号。同时,上揭守护圣火的
祭司之所以采用鸟身形象,或许正象征信使,将拜火者的诉求禀
告神,从而使信众与神沟通。文化交流是双向的,上文从中外文化
交流的角度对中古祆教艺术中所见的半人半鸟形象进行考源;同
时,这批中国考古发现的新资料也无疑丰富了我们对古波斯宗教
文化的认识。

---

〔1〕P. Gignoux and A. Tafazzoli, *Anthologie de Zādspram*, pp.60-61, 62-65.

第四章　祆教礼俗丛考

第一节　祆教"万灵节"的沿革与礼仪

万灵节(阿维斯陀语写作Hamaspathmaēdaya,中古波斯语写作Fravardīgān)是琐罗亚斯德教的重要节日之一,其核心理念乃为祭祀祖先灵魂,不过其并非属于传统丧(丧礼)葬(葬仪)礼仪范畴,而是"神圣的"节日。琐罗亚斯德教在中古时期传入中土,以祆教名之,传世汉文献与考古发现亦见与祆教万灵节相关的信息,引起学界关注万灵节在中土的传播。

一、万灵节沿革概说

"万灵节"是琐罗亚斯德教徒每年必须定期庆祝的七大圣节之一。根据文献记载,这些节日乃由先知琐罗亚斯德在传统节日基础上加以规整创建,包括仲春节(Maidhyoizaremaya)、仲夏节(Maidhyoishema)、收谷节(Paitishahya)、返家节(Ayathrima)、仲冬节(Maidhyairya)、万灵节(Hamaspathmaēdaya)、新年诺鲁孜(Nowrūz)等。这些节日神圣无比,乃为祭祀上神阿胡拉·马兹达与六大属神（Amesha Spentas）及其七大创造。如第一大节日仲春节，为纪念创造天空；如此类推，这些节日相继用来表达对水、土地、植物、牛、火的祭祀。[1] 阿维斯陀语统称前六大节日为"年节"（yāirya ratavō），中古波斯语称作伽罕巴尔（gāhāmbār，现在则称为"gahāmbār"，"ga'āmbār"或"gāmbār"）。[2] 据说，若教徒不按照规定在这些节日里行祭祀礼，则是宗教上的犯罪；需要"过桥"（goes to the Bridge），即在审判之日，受审定罪。文献记载表明，自萨珊波斯时代开始，无论生活贫富或者年景好坏，多个世纪以来，教众们都普遍虔诚地遵守祭祀这七大传统节日的习俗。[3]

依现存史料，有关万灵节专名"Hamaspathmaēdaya"一词的最早记载见于《阿维斯陀经》之《诸神颂》（Yašt）第13部《灵知颂》（Frawaši Yašt）："我们崇拜正直者的善、强大而正直的灵魂，他们将于Hamaspathmaēdaya时返回旧屋。他们将在这里彻夜不走，呆足十晚，人们准备好丰盛的衣食物品，举行恰当的仪式，来祭拜他们。"[4]《诸神颂》乃用新阿维斯陀语（Young Avestan）写成，据古伊朗语言学家的研究，新阿维斯陀语比古阿维斯陀语（Old Avestan）晚两到三百年，相当于阿契美尼时期的古波斯文碑铭时间或略早，

〔1〕Mary Boyce ed. and transl., *Textual Sources for the Study of Zoroastrianism*, Manchester University Press, 1984, p.18.

〔2〕Christian Bartholomae, *Altiranisches Wörterbuch*, Berlin: Walter de Gruyter & Co., 1961, cols.1497-1498. D. N. MacKenzie, "A Zoroastrian Master of Ceremonies", in M. Boyce and I. Gershevitch eds., *W. B. Henning Memorial Volume*, London, 1970, pp.264-266.

〔3〕Mary Boyce, *A Persian Stronghold of Zoroastrianism*, Oxford: Oxford University Press, 1977, repr. University Press of America: Lanham·New York·London, 1989, pp.30-31. 中译本见［英］玛丽·博伊斯原著，张小贵、殷小平译《伊朗琐罗亚斯德教村落》，北京：中华书局，2005年，第35页。

〔4〕W. W. Malandra, *An Introduction to Ancient Iranian Religion*, Minneapolis: University of Minnesota Press, 1983, p.110.

即公元前8—前6世纪。[1]也就是说,其时已存有琐罗亚斯德教万灵节持续十天的记录了。不过,原初的万灵节乃在新年诺鲁孜前夜举行,其为新创,以与其他五大节日一起,组成六大圣节。起初这六大节日同新年一样,都是持续一日。到了阿契美尼时期,波斯人仿照埃及历,创制了一年365天的日历,比原来的360天多了五日。[2]新增的5天置于传统的12月(Spendārmad月)30日与新年1月1日(Fravardīn月)之间。这一改革无疑容易引起混乱,教众们习惯了按原定日期庆祝节日,然而根据365天的新历,又必须在五日之后重新庆祝。玛丽·博伊斯教授(Mary Boyce)曾考证这一变化始于萨珊波斯时期(224—651)。[3]而俄罗斯粟特学家马尔沙克教授(B. I. Marshak)则指出这一变化应发生于更早时期,[4]这一考证也得到了博伊斯教授的赞同。[5]不过这一日历变化对教众庆祝"万灵节"产生严重的困扰。因为"万灵节"本来在12月30日的白天举行,然后在晚间向灵魂献祭。根据传统,教众们在日落时欢迎灵魂(fravaši)到来,到新年黄昏时分举行仪式进行道别。新增加的5日则使虔诚的教众认为灵魂在增加的5日内均待在旧日居所,这5日遂被称为"灵魂日"(days of the fravaši,中古波斯文写作rōzān fravardīgān),后来灵魂日又增加至10天。[6]以后,万灵节也就被称为法瓦尔丁甘(Fravardīgān)了。

〔1〕 Jean Kellens, *Essays on Zarathustra and Zoroastrianism*, transl. and ed. by Prods Oktor Skjærvø, Mazda Publishers, Inc., 2000, pp.35-39.

〔2〕 F. de Blois, "The Persian Calendar", *Iran*, 34, 1996, pp.39-54.

〔3〕 Mary Boyce, "On the Calendar of the Zoroastrian Feasts", *Bulletin of School of Oriental and African Studies (BSOAS)*, 33, 1970, pp.513-539.

〔4〕 B. I. Marshak, "The Historico-cultural Significance of the Sogdian Calendar", *Iran*, 30, 1992, pp.145-154.

〔5〕 Mary Boyce, *Zoroastrianism, Its Antiquity and Constant Vigour*, Costa-Mesa, Calif., and New York, 1992, p.121 n.13, p.122 n.21.

〔6〕 Mary Boyce, "On the Calendar of the Zoroastrian Feasts", pp.519-521.

　　萨珊王朝后期（公元500年左右），伊朗又进行了一次日历改革，新年诺鲁孜被从1月1日移至9月1日（Ādar月）。六大圣节的日期也随之发生变化。新增的日期加在了8月（Ābān月）30日与9月1日之间。这意味着"万灵节"从传统的12月30日分离，以尽量与新增的5天"灵魂日"完全相符。10世纪左右的阿拉伯作家比鲁尼（Al-Biruni）在其《古代诸民族编年史》中曾记载了波斯万灵节的情况，因为日历变更，其正好发生在阿班月（Ābān）："阿班月的最后五日被称为法瓦尔丁甘（万灵节）。这段时间内，人们将食物放在死者的旧屋，将饮品放在屋顶，坚信死者灵魂将于此时从天堂或地狱出现，来享用为他们而准备的饮食，吸收其味道，并从中吸取力量。人们用松柏来熏染房屋，以便死者可以享用这一香氛。虔诚者的灵魂与家人、后代、亲属待在一起，参与他们的活动，尽管其是不可见的。新增加的（五天）中的第一天，也就成为第六大伽罕巴尔的第一天，这一天据说神创造了人，被称为Hamaspathmaedaem-gah。"[1]比鲁尼的这段记载虽然简短，却有几点信息值得注意。一、尽管其并未详细记录这一节日如何维持十天，但其将岁末由于日历改革而增加的五日算作节日，并指明万灵节和第六大圣节最终合而为一。二、万灵节的主旨乃纪念死者灵魂，无论其生前从善或为恶，无论其灵魂是来自天堂或地狱。三、节日庆祝的主要方式是在死者生前的居所准备食物，待节日来临时灵魂可以返回享用；仪式也强调了灵魂与生人同在。最终的"万灵节"法瓦尔丁甘被分成两段迥异的五天，一般被称为"小五日"（Lesser Pentad，潘吉·卡索格）和"大五日"（Greater Pentad，潘吉·马斯），"小五日"乃从12月26日到30日，源于历法

---

〔1〕Al-Biruni, *The Chronology of Ancient Nations*, ed. and transl. by E. Sachau, London, 1879, p.224.

改革第一年的混乱；"大五日"则包括伽萨日，是历法改革的必然
结果。[1]

二、万灵节的仪式

从以上论述可见，由于波斯日历改革导致"万灵节"的举行日
期也相应发生改变，但无论如何变化，其应在新年前夕而非年后举
行。虽然同为该教七大神圣节日之一，但"万灵节"仪式却与其他
圣日的仪节颇有不同。

自萨珊时代以来，适于几大圣节的宗教仪式主要是亚什
特·维斯帕拉特（Yašt-e Visperad），意为"万神之仪"（Service of
All the Masters），其首先是祭祀万物之主奥尔马兹达。这是长时
而复杂的祭祀活动，应该于日出和正午之间，最少由两名祭司在专
门的祭祀场所主持举行。此外祭司在自己家里举行短暂的亚什
特·德罗（Yašt-e drōn），[2]以及包括小型礼赞和感恩的阿夫里那
甘·伽罕巴尔（Āfrīnagān-e Gahāmbār），[3]这种仪式在创建者的家
里举行——因为是"外部"仪式，可以由一名祭司于白天三个时辰
的任一时刻，在任何干净的地方举行。所有比较低级的伽罕巴尔
仪式，像维斯帕拉特（Visperad）一样，都是祭祀奥尔马兹达的。

---

[1] Mary Boyce, *A Persian Stronghold of Zoroastrianism*, p.213; 中译本《伊朗琐罗亚斯
德教村落》，第233页。

[2] 德罗（*drōn*）为帕拉维语，新波斯语为*darūn*，意为"祭祀的面包"以及使用祭祀面
包的仪式。参阅Mary Boyce and F. Kotwal, "Zoroastrian *bāj* and *drōn* II", *BSOAS*,
Vol.34.2, 1971, pp.298–315.

[3] 念诵一次阿夫里那甘·伽罕巴尔之后，是两次阿夫里那甘·杜·达曼
（Afrinagan-e Do Dahman），一篇阿夫里那甘·斯罗什（Afrinagan-e Sroš），最后是阿
夫林·伽罕巴尔（Afrin-e Gahambar）。根据卡姆丁·沙普尔的《里瓦雅特》记载，
仪式应包括两次阿夫里那甘·伽罕巴尔和一次杜·达曼（Do Dahman）。见B. N.
Dhabhar, *The Persian Rivayats of Hormazyar Framarz and others, their version with
introduction and notes*, K. R. Cama Oriental Institute, Bombay, 1932, p.xlviii.

万灵节的仪式则与以上圣日不同。由于持续时间长，节日期间教众要准备非常繁杂的仪式。1963—1964年，玛丽·博伊斯教授在现存伊朗的琐罗亚斯德教村落进行田野调查，留下了该教日常仪式的珍贵记录。我们从中择要摘取某些片段，借以窥见万灵节仪式的特点。[1]

一、准备七种种子，制作小雕像。在节日开始的第一天，通常由男孩子取来粘土，为节日做小塑像。[2]此外，还要准备褡裢、棉袋连同两个小木盒，都要在流水中仔细冲洗，装上干净的泥土；然后在里面撒上七样种子，用净水浇灌，放在院子一角，上面盖一块湿布，以确保种子在新年日发芽。为此，种子至迟要在节日开始的第三天撒下。这种仪式非常古老，兼顾宗教诺鲁孜的两个方面；因为七样种子代表造物的第七个节日，而种子发芽则象征着这一复活和永生的节日。一些传统的家庭专门准备了固定的形似花盆的陶制容器，放在院墙拐角处，容器足够高，以便小孩和家禽无法够到；偶尔也出于同一目的在屋顶放置四件更大的容器。[3]由此可见这种小型仪式的重要性。

二、洒扫庭除，备礼祭祀。节日期间，女眷负责在家里打扫，然后开始准备"圣屋"，迎接万灵的到来。[4]此屋要关着大门廊，摆放节日用的祭品，而不是敞开门廊，因为这些祭品要在五天之内准备，到"小五日"的最后一晚，整间房屋及里面的物品都尽可能

〔1〕Mary Boyce, *A Persian Stronghold of Zoroastrianism*, pp.32-33, 212-224；中译本《伊朗琐罗亚斯德教村落》，第36—38，232—243页。

〔2〕Mary Boyce, *A Persian Stronghold of Zoroastrianism*, p.49, 中译本《伊朗琐罗亚斯德教村落》，第52—53页，图版IVa。

〔3〕Mary Boyce, "The Zoroastrian Houses of Yazd", *Iran and Islam: In Memory of V. Minorsky*, ed. by C. E. Bosworth, Edinburgh, 1971, p.135.

〔4〕印度的琐罗亚斯德教徒帕尔西人(Parsis)也为仪式准备了专门的地方，见J. J. Modi, *The Religious Ceremonies and Customs of the Parsees*, 2nd ed., Bombay, 1937, p.443.

地打扫干净了，为庆祝即将到来的"大五日"，一切都已准备就绪。祭司要在晚间开始念诵晚祷文。然后，他去空"祭司屋"念诵《斯罗什·亚什特·萨尔·沙伯》(Sroš Yašt sar-e šab)。圣屋已由女眷仔细地进行了打扫，整个节日期间都在那儿点一盏灯，也为祖先准备了丰盛的祭品。在每间空房屋，亲戚和朋友都为灵魂举行了相似的仪式。

三、屋顶燃灯点火，招魂安魂。节日的最后一天，天黑时，人们将所有小塑像拿到屋顶，排成古怪而有趣的一排，使其盯着院落。它们旁边放着几罐"七样种子"。人们还会拿来一大捆木柴，点亮一盏风灯，在将要点燃万灵节之火的地方燃亮。所有的琐罗亚斯德教徒屋顶都点燃了灯。安静地吃完节日上祭祀的食物（粥、面包以及"斯罗什汤"）之后，祭司回到几乎空了的圣屋，念诵《阿维斯陀经》；其余的家人则在悦耳的祈祷声中恬静入睡。

过了凌晨，人们重新走上屋顶，屋顶的灯旁燃起越来越多的火。祭司也爬上屋顶，面火而立，念诵圣带（kōštī）祷文；[1]然后他坐在火前，开始念诵相应的《阿维斯陀经》：夜晚第二个时辰的祷文，第五个"伽萨"日的祷文（the Avestā-ye Rūz-e Vahištōišt）以及《阿夫里那甘·达曼》(the Afrinagan-e Dahman)。当男人们祈祷时，妇女则忙碌着，为灵魂做告别宴，她们把热菜和整夜放在圣屋的食物拿出来，摆在一排架子上，架子沿着燃火的圆桶状屋顶边缘摆放。

四、欢送灵魂离开。当东方开始初露晨曦，祭司已经念完《阿

---

[1] The Kemna Mazda，它是由Y.46.7+Y.44.16+Vd.8.21+Y.49.10第三行组成，内容为："呜呼！马兹达、斯潘达·阿尔迈蒂，庇佑吾等远离邪恶！让邪魔滚开！让来自邪恶者滚开！让邪恶所生者滚开！呜呼，让制造邪恶之魔滚开！呜呼，驱赶恶魔，让恶魔即死，葬身北方。恶魔破坏正义之世，死有余辜。尚飨，谨拜。"见Mary Boyce ed. and transl., *Textual Sources for the Study of Zoroastrianism*, p.58.

维斯陀经》,静坐着,目视东方,等待太阳升起,以欢送道别过的灵魂离开。灵魂离开时,屋顶上的火可以熄灭;在日出之前,人们把最后的火炭收集到刷白的黏土盘里(a kuwa),然后拿到火庙。男性琐罗亚斯德教徒哼唱着站起来,"重系圣带",念诵新的一天里第一个时辰(Havan Gah)的祷文。太阳刚一露出山顶,每家屋顶都有一个女孩端起一大碗撒有茉沃剌柳叶、一直放在火边的净水,用勺子洒遍屋顶。这一行为原本可能是向死者道别的最后仪式,其中也含有古代的驱魔成分,也可能是第一次祭祀迎接新年的旭日。

由以上叙述可见,"万灵节"的仪式主要在教徒的居所举行,紧紧围绕如何祭祀取悦已逝者的灵魂,显然与传统的丧葬仪式不同。

三、《隋书·石国传》葬俗辨析

《隋书》卷八三《石国传》记载石国葬俗,或以为其具有祆教葬俗的内涵:

> 石国,居于药杀水,都城方十余里。其王姓石,名涅。国城之东南立屋,置座于中,正月六日、七月十五日以王父母烧余之骨,金瓮盛之,置于床上,巡绕而行,散以花香杂果,王率臣下设祭焉。礼终,王与夫人出就别帐,臣下以次列坐,享宴而罢。有粟麦,多良马。其俗善战,曾贰于突厥,射匮可汗兴兵灭之,令特勤甸职摄其国事。[1]

上文所记"烧余之骨"用"金瓮盛之"的葬俗显然表明石国粟特人

---

〔1〕《隋书》卷八三,北京:中华书局,2000年,第1850页。

实行火葬。[1]有学者进而指出这一葬俗，"虽具有某些佛教因素，但其主体依然体现出祆教特点"。[2]此外，由于文献对于九姓胡的岁首记载不一，[3]如北周北齐时岁首多在六七月份，所谓新年，实际上是在夏季。[4]联系到万灵节也就在这段时间举行，学者们遂认为《隋书·石国传》的此段记载应是对祆教万灵节宫廷活动的描述。[5]由于古代伊朗地区频繁进行日历改革，其新年日期并不固定，文献所记九姓胡地区岁首不一的情况亦符合这一情状。但尽管由于日历变化，"万灵节"举行的日期也会因应发生改变，但其是在新年前夕举行，一年举行一次，却毋庸置疑。而《石国》传所记风俗，却是发生在正月六日、七月十五日两次，应为新年之后，且一年两次，无论发生日期或持续时间皆与万灵节日期不符合。比鲁尼曾记载古代伊朗地区新年后第六日要举行特别的风俗，人们欢歌载舞进行庆祝。[6]由是，石国风俗似应从与新年有关的风俗中溯源，而非万灵节。

　　学者们之所以将石国风俗定为祆教性质，其当然前提乃中古粟特地区的主流信仰为祆教。其实考察《隋书》关于九姓胡风俗

---

〔1〕韩伟《磨砚书稿——韩伟考古文集》，北京：科学出版社，2001年，第112页。

〔2〕陈海涛《从葬俗的变化看唐代粟特人的汉化》，《文博》2001年第3期，第47—52，58页。

〔3〕蔡鸿生《唐代九姓胡与突厥文化》，北京：中华书局，1998年，第32—33页。

〔4〕姜伯勤《安阳北齐石棺床的图像考察与入华粟特人的祆教美术》，《艺术史研究》第1辑，广州：中山大学出版社，1999年，第172—173页；修订作《安阳北齐石棺床画像石与入华粟特人的祆教美术——兼论北齐画风的巨变与粟特画派的关联》，收入其著《中国祆教艺术史研究》，北京：三联书店，2004年，第52—53页。

〔5〕郑岩《青州北齐画像石与入华粟特人美术——虞弘墓等考古新发现的启示》，原载巫鸿主编《汉唐之间文化艺术的互动与交融》，北京：文物出版社，2001年，第73—109页；修订作《青州傅家北齐画像石与入华祆教美术》，收入其著《魏晋南北朝壁画墓研究》，北京：文物出版社，2002年，第259—260页；又收入其著《逝者的面具——汉唐墓葬艺术研究》，北京大学出版社，2013年，第288—289页。

〔6〕R. Ehrlich transl., "The Celebration and Gifts of the Persian New Year (Nawrūz) according to an Arabic Source", *Dr. Modi Memorial Volume*, Bombay, 1930, p.99.

的记载,其中各姓之间的风俗存在不少差异,似不宜以祆教信仰笼统概括:

> 康国者……名为强国,而西域诸国多归之。米国、史国、曹国、何国、安国、小安国、那色波国、乌那曷国、穆国皆归附之。有胡律,置于祆祠,决罚则取而断之。
>
> 安国……风俗同于康国。唯妻其姊妹,及母子递相禽兽,此为异也。
>
> 米国,都那密水西,旧康居之地也。无王。其城主姓昭武,康国王之支庶,字闭拙。都城方二里。胜兵数百人。西北去康国百里,东去苏对沙那国五百里,西南去史国二百里,东去瓜州六千四百里。大业中,频贡方物。
>
> 史国……俗同康国。
>
> 曹国,都那密水南数里,旧是康居之地也。国无主,康国王令子乌建领之。都城方三里。胜兵千余人。国中有得悉神,自西海以东诸国并敬事之。其神有金人焉,金破罗阔丈有五尺,高下相称。每日以驼五头、马十匹、羊一百口祭之,常有数千人食之不尽。东南去康国百里,西去何国百五十里,东去瓜州六千六百里。大业中,遣使贡方物。[1]

根据以上记载,康国流行祆教,当无疑问。而其他诸国,与康国风俗同者,史书也多明确记载。其中安国"妻其姊妹,及母子递相禽兽"的婚俗应是祆教血亲婚的遗存。[2]曹国"得悉神"应源于波

---

〔1〕《隋书》卷八三,第1848—1849、1854—1855页。

〔2〕张小贵《祆教内婚及其在唐宋社会的遗痕》,刊余太山、李锦绣主编《欧亚学刊》第六辑,北京:中华书局,2007年,第113—129页;修订本收入其著《中古华化祆教考述》,北京:文物出版社,2010年,第136—159页。

斯琐罗亚斯德教星辰雨水之神（Tištrya）。[1]而《隋书》有关石国的记载，并无点明与康国信仰有何直接关联。此外，《通典·边防典》的相关记载主要取材于《隋书》，其独特的编排方式，似透露出九姓诸国之间的文化姻缘。比如，曹国、何国、史国被置于汉时通焉的康居之后，《通典》注文中清楚写明了"附"在康居之后的原因："自曹国、何国、史国，皆在汉之康居故地，遂便附之。"说明这几国应处于相同或相近的地理空间内。而石国却并未同以上粟特诸国连类而书，乃与吐火罗一起按"隋时通焉"的原则排列。这种编排方式固然"体现了与中原王朝建立联系的时间性，又兼顾了地理位置、部族发展等特点，具有相当的灵活性"，[2]同时，也提示我们对于石国风俗的考虑，应着重其与其他昭武九姓诸国的差异，而非将九姓胡风俗一概而论。

有关石国火葬的风俗，有学者认为火葬习俗世界范围内比较普遍，并非某一民族某一宗教专有，因此石国的做法未必一定与祆教有关，并认为石国葬俗类似突厥法。[3]不过，这一结论并未被学界所接受。其实，是否使用火葬应为判断其葬俗是否为祆教属性的重要标准。

根据琐罗亚斯德教律典《辟邪经》规定，人死后，尸体（nasu）布满尸魔（druj-nasu），将会污染火、水、大地等善的创造。因此焚烧尸体、直接埋葬尸体或将尸体投入水中都是极大的罪恶。比如，若用火来焚尸，则火受到极大污染，《辟邪经》中有关于如何处理这类受污染的火的详细规定：

---

[1] W. B. Henning, "A Sogdian God", *BSOAS*, Vol. XXVIII: II, 1965, p. 253 n.71. 张小贵《曹国"得悉神"考》，刊其著《祆教史考论与述评》，兰州大学出版社，2013年，第36—49页。

[2] 李锦绣、余太山《〈通典〉西域文献要注》，上海人民出版社，2009年，第12—15页。

[3] 林悟殊《西安北周安伽墓葬式的再思考》，《考古与文物》2005年第5期，第67—68页；其著《中古夷教华化丛考》，兰州大学出版社，2011年，第286—288页。

（问：）现世的造物主，正直的上神！如果马兹达教徒日常中遇到用火焚尸，将如何处理？

马兹达回答道：他们应该杀死烧尸体者，他们应该移走烧火的器具，移走盛尸骨的器具。人们应该从那火中重新取出火种，或者带走燃烧的枝条，使其远离原来焚尸之火，如此这般，受污染的火将迅速熄灭。[1]

为了彻底消除焚尸之火所受的污染，人们必须进行九次繁复的净火仪式：

第一次，人们应该尽可能多从污染的火中取出火种，将之带离原火一段距离。然后再从这些火种中新取部分火种，加以分离，以使原火迅速熄灭。

第二次（重复第一次）

如此这般，重复九次新取火种，使原来八次重燃之火尽熄。

此时，神圣的查拉图斯特拉！人们及时为第九次获得的火种添加檀香、安息香、龙舌兰或石榴木等，或其他任何芳香的植物。由此，风儿才可以吹起火的香氛，而火，作为阿胡拉·马兹达之子，就可以消灭成千上万生于黑暗的不可见的恶魔。[2]

《辟邪经》中更有规定，若将污染之火正确处理，是极大的功德：

（问：）现世的造物主，至善的上神！如果人们将（受污染

---

〔1〕 Mary Boyce ed. and transl., *Textual Sources for the Study of Zoroastrianism*, p.62.

〔2〕 Mary Boyce ed. and transl., *Textual Sources for the Study of Zoroastrianism*, p.62.

的）焚尸之火带到指定地点净化，当其逝世时，将会受到何种
奖赏？

　　马兹达回答道：就好比他生前携带纯净的火到火庙的功
德一万倍。[1]

由此可见，严禁使用火焚尸体，是该教重要的戒律。那么如何处
理死者遗骸才是正确的方式呢？对此，《辟邪经》第六章中亦有所
规定：

　　（问：）我们把死者的遗骸放在什么地方？
　　（答：）放到狗、狐狸和狼够不到的骨瓮（uzdāna-）里，不要
让雨水淋到。若条件许可，这些崇拜马兹达者就将其放于岩
石或泥土上；反之，就让骨架待在原地，或曝露在阳光下，接
受光照。[2]

Uzdāna 在帕拉维语中读作 uzdahist，意为 astōdān（纳骨瓮），不同时
期的纳骨瓮风格不同。然而，按照《辟邪经》的规定，穷人只是把
干燥的遗骸放在地上；考古发现无法证明，但帕提亚时代和萨珊
时期的外国旅行家曾经目睹。这种风俗与琐罗亚斯德教的教义并
不相悖，因为骨头经过曝晒，已经变干净，不会污染善良的大地。[3]
这也可能正是中国史籍记载波斯葬俗"弃尸于山"，而没有记载如
何处置遗骸的一个原因，普通百姓在弃尸之后，任由尸骨腐化，并
不违背教义。按照琐罗亚斯德教的规定，造物主创造了人，在末日

---

〔1〕Mary Boyce ed. and transl., *Textual Sources for the Study of Zoroastrianism*, p.62.

〔2〕Mary Boyce ed. and transl., *Textual sources for the study of Zoroastrianism*, p.65.

〔3〕Mary Boyce, *A History of Zoroastrianism,* Vol I, Leiden: E. J. Brill, 1975, p.327.

（Frašegird）时收集残骸，是造物主所允许的。[1]因此，使用纳骨瓮保存遗骸，虽属遵循教义的一种表现，却不是非执行不可的义务，现有资料只能说明其在某时某地较为普遍。处理尸骨的方法和地点会随着具体条件的改变而发生变化，这毫不奇怪，关键是必须严格遵守琐罗亚斯德教的净规，即保证尸骨不会对善的造物造成污染、伤害。

　　学者们将石国葬俗与祆教相连的另一重要理由是用骨瓮盛骨的葬俗。根据文献记载和考古发现，身份高贵的石国王父母享用金瓮，而更多的普通民众只能使用陶瓮。中亚考古发现证明，纳骨瓮是中古时期中亚祆教徒所普遍使用的葬具，学界咸认为这是其与萨珊波斯琐罗亚斯德教葬俗的明显差异。[2]自19世纪末开始，中亚各地就相继发现大量纳骨瓮。重要的发现如20世纪初在比亚·乃蛮（Biya-naiman）地区出土了将近700个纳骨瓮残片。到20世纪四五十年代，片治肯特、木鹿、花刺子模等地也都出土了纳骨瓮。[3]到了20世纪70年代，在瑟底痕（Ishtixon）和库尔干等地也发现了纳骨瓮。[4]直到2005—2008年，法国—乌兹别克斯坦考古队在粟特南部的Sangyr-tepe还发掘了大量纳骨瓮。[5]有关纳骨瓮与祆教的关系，学者们进行了大量研究。如法国中亚考古专家葛乐耐（F. Grenet）教授研究了撒马尔干以西70公里的

［1］R. C. Zaehner, *The Dawn and Twilight of Zoroastrianism*, London: Weidenfeld and Nicolson, 1961, p.317.

［2］蔡鸿生《唐代九姓胡与突厥文化》，第135页。

［3］G. A. Pugachenkova, "Les ostothèques de Miankal'", *Mesopotamia* 20, 1985, pp.147–183, fig. 53–85.香山阳坪《オスアリについて—中央アジア・ゾロアスター教徒の藏骨器》，刊东京《史学杂志》第72编第9号，1963年，第54—55页。

［4］G. A. Pugachenkova, "Les ostothèques de Miankal'".

［5］F. Grenet and M. Khasanov, "The Ossuary from Sangyr-tepe(Southern Sogdiana): Evidence of the Chionite Invasions", *Journal of Inner Asian Art and Archaeology*, Vol.4, 2009, pp.69–81.

比亚·乃蛮遗址发现的纳骨瓮,在其修饰图像上认读了一组六位稳定的人物形像,并将其比定为琐罗亚斯德教主神阿胡拉·马兹达的六位属神(图4-1)。[1]马尔沙克教授则进一步指出,图像上的神谱还应包括救世主(Saoshyant)。[2]而早年比利时伊朗考古学家吉什曼(R. Ghirshman)亦曾辨认出伊朗本土所出石制纳骨瓮上刻有密特拉(Mithra)、察宛(Zurvān)、阿达尔(Ātar)和阿娜希塔(Anāhitā)四位琐罗亚斯德教神祇。[3]说明骨瓮的确与祆教关系密切。不过总的来说,有关纳骨瓮的研究,多集中于制法、形状、装饰、出土地域,以及年代等分类的综合性研究。[4]而证明纳骨瓮是否具有祆教属性的更重要标准是,骨瓮直接盛放的是骸骨,还是火烧后的骨灰。正如上文所述,若其中所盛为骨灰,显然与琐罗亚斯德教的核心教义相违背,而这一差异也不能简单地以地域不同发生变异来解释。况且作为二次葬时存放骸骨的葬具,纳骨瓮并非祆教所独有。如犹太教中即有使用纳骨瓮二次葬的习俗。[5]因

---

〔1〕 F. Grenet, "Zoroastrian Themes on Early Medieval Sogdian Ossuaries", *A Zoroastrian Tapestry: Art, Religion and Culture*, eds. by Pheroza J. Godrej and F. P. Mistree, Mapin Publishing, Ahmedabad, 2002 pp.91-97. 参阅中译本葛勒耐著、毛民译《北朝粟特本土纳骨瓮上的祆教主题》,刊张庆捷、李书吉、李钢主编《4—6世纪的北中国与欧亚大陆》,北京:科学出版社,2006年,第190—198页。

〔2〕 B. I. Marshak, "On the Iconography of Ossuaries from Biya-Naiman", *Silk Road Art and Archaeology*, 4, 1995/96, pp.299-321.

〔3〕 R. Ghirshman, *Persian Art: The Parthian and Sasanian Dynasties*, New York, 1962, p.166; "Études iraniennes II: Un ossuaire en pierre sculptée", *Artibus Asiae* 9, 1948, pp.293-310.

〔4〕 G. A. Pugachenkova, "The From and Style of Sogdian Ossuaries", *BAI,* new series 8 (The Archaeology and Art of Central Asia. Studies from the Former Soviet Union), 1996, pp.227-243. L. V. Pavchinskaia, "Sogdian Ossuaries," *BAI,* new series 8, pp.209-226. F. Grenet, "Les ossuaries zoroastriens," P. Chuvin ed., *Les arts de l'Asie centrale*, Paris, 1999, pp.164-167.

〔5〕 M. Shenkar, "*Yosef bar El'asa Artaka* and the elusive Jewish Diaspora of pre-Islamic Iran and Central Asia", *Journal of Jewish Studies*, Vol.LXV, No.1, 2014, pp.58-76.

图4-1　比亚·乃蛮出土纳骨瓮上的琐罗亚斯德教神祇（采自 A. M. Belenizki, *Mittelasien Kunst der Sogden*, Leipzig, 1980, p.143.）

此,将石国王用骨瓮盛父母烧余之骨解释为袄教葬俗,显然有悖该教教义。更遑论其与袄教万灵节有何联系了。

四、傅家画像石图像献疑

1971年山东青州傅家画像石面世,益都博物馆征得残剩的11块石板,其中2块素面,9块有线刻画像(包括4件残件)(图4-2)。有关这批画像石,夏名采先生曾于1985年、1995年、2001年三次著文介绍。[1]随着20世纪末以来虞弘墓、安伽墓等胡裔墓葬出土,傅家北齐画像石重又引起学界关注。有关墓主人的身份、族属以及画像石图像内容,郑岩先生进行了全面的研究。郑先生在姜伯勤先生提示下,将夏名采所命名的第八石"象戏图"主题定为袄教万灵节(Hamaspathmaedaya):"第八石描绘郊外景象,远处的房屋可能象征'置座于中'的房屋。大象背上的台座应是《石国传》中的床,只是省略了盛烧骨的金瓮。床沿所装点的六个桃形物,应是

---

〔1〕山东省益都县博物馆 夏名采《益都北齐石室墓线刻画像》,《文物》1985年第10期,第49—54页;夏名采《丝路风雨——记北齐线刻画像》,载夏名采主编《青州市文史资料选辑》第11辑(内部发行),青州,1995年,第144—149页;《青州傅家北齐线刻画像补遗》,《文物》2001年第5期,第92—93页。

**图4-2　山东青州市傅家村出土画像
石第八石线刻画像**（采自郑岩
《青州北齐画像石与入华粟特
人美术》，刊巫鸿主编：《汉唐
之间文化艺术的互动与交融》，
文物出版社，2001年，第77页）

火焰，说明这种游行的活动是
在夜晚举行的。这些特征基
本上可以与文献中关于万灵
节的记载相符合。"[1]

　　姜伯勤先生《青州傅家
北齐画像石祆教图像的象征
意义——与粟特壁画的比较
研究》，除详细论证第八石
"象戏图"为祆教万灵节外，
更将整组画像石定性为祆教
属性，指出"通过北齐青州傅
家画像石诸图像象征意义的
讨论，我们终于在北齐时期，
即公元6世纪末的中国画像
石中也找到了'图像上的阿
维斯陀'，找到了祆教入华对
中国艺术史产生影响的一项
确证。"[2]将第八石定为"万灵
节"的观点，也得到了学界的
肯定。[3]本节并非全面讨论傅家画像石图像的宗教属性，而仅就
将第八石定为"万灵节"的观点提出个人浅见。

　　有关第八石图像的性质，早在1985年夏名采先生披露该批

〔1〕郑岩《逝者的面具——汉唐墓葬艺术研究》，第288—289页。
〔2〕姜伯勤《青州傅家北齐画像石祆教图像的象征意义——与粟特壁画的比较研究》，
　　原刊《艺术史研究》第5辑，广州：中山大学出版社，2003年，第169—188页；此据
　　其著《中国祆教艺术史研究》，第70—73页。
〔3〕孙武军《入华粟特人墓葬图像的丧葬与宗教文化》，北京：中国社会科学出版社，
　　2014年，第45页。

画像石时即已指出"此图所刻画的似乎是流行佛教的南亚地区的风俗景象"。[1]惜未详论。近年来,扬之水先生在讨论古印度"象舆"传入中土的因缘时,即指出傅家画像石"象戏图"的误读:"至于'象戏图'的定名,则非。首先,图中有象,但并无'象戏'。'象背上驮一大型方座基',由前面的讨论,自可判明它正是象舆。而象舆护栏上缘的'火焰纹',则即摩尼宝,此原是南北朝墓室壁画和墓志石刻等常见的装饰题材,它也为后世所沿用。敦煌莫高窟第385窟前室东壁壁画中便有与此式相同的象舆,时代为晚唐。可见傅家北齐画像石中的象舆,与《隋书·石国传》中提到的石国风俗以及粟特人的万灵节,诚可谓'马牛其风'。"[2]扬文所论翔实,可以信从。

此外,从"万灵节"展开的空间维度,亦可帮助我们认识傅家画像石图像与万灵节的差异。正如前文指出的,万灵节并非丧葬礼俗的环节,并无抬着死者尸骨祭祀的风俗,而主要是在死者生前的居所备好祭品,以象征逝者灵魂重回世间。因此其发生地主要在房屋内举行,而节日庆祝的最高潮则是在屋顶燃灯、念诵祷文、盛备祭品祭祀灵魂、欢送灵魂离开。有关万灵节的具体仪俗,学者们多有详细论述。

如玛丽·博伊斯指出:

　　根据传统,在万灵节,所有灵魂均被迎回老家,时在旧历除夕(即宗教历法的12月30日)。人们洒扫庭除,以使灵魂可接受子孙后代的祭品、礼拜,然后于破晓时分行告别仪式,

---

〔1〕山东省益都县博物馆 夏名采《益都北齐石室墓线刻画像》,第53页。

〔2〕扬之水《象舆——兼论青州傅家北齐画像石中的"象戏图"》,《中国文化》第33期,2011年第1期,第35—43页。

并欣迎新年到来。[1]

魏庆征先生云：

> 据琐罗亚斯德之仪俗，葬仪历时三十日，每日奉献特定之饮食；第三十日，则两次举行血祭。亡故后的一年中，其他诸月每月均须向亡者之灵魂献祭；在此一年中，须举行三次血祭……据说，亡灵已为冥世社会所接纳，可分享"亡灵节"（"哈玛斯帕特迈代亚"）的公共祭品，此节定于旧历年除夕之夜。据说，日落黄昏，亡灵悠然莅临其往昔的居所，初一清晨，日出之前，则悻然回归冥世。[2]

龚方震先生亦指出：

> 伊朗—雅利安人在每年最后一天的晚上，行万灵节，献祭所有的灵魂（fravašis）。这也是祆教的一个重要节日。那天晚上，所有的灵魂都回到从前的住所，人们打扫庭除，奉献祭品和衣物，背诵经文，既赞颂亡灵，也赞颂武士密特拉。在新年晨曦微露时分，家家户户的房顶上点起火来，众人高唱颂诗。天色渐次明朗，灵魂就悄然离开人间。万灵节是献给那些英雄灵魂的，但又夹杂有关普通灵魂的成分：庆典在夜晚举行，给亡灵预备供品和衣物，等等。因此，这个节日起初可能是祭祀普通灵魂的，以后转而祭祀英雄灵魂了。[3]

---

〔1〕Mary Boyce, *Zoroastrians, Their Religious Beliefs and Practices*, London, 1979, p.243, 104, 105.

〔2〕魏庆征《古代伊朗神话》，太原：山西人民出版社，1999年，第328—329页。

〔3〕龚方震、晏可佳《祆教史》，上海社会科学院出版社，1998年，第51页。

而傅家画像石第八石图像内容为：

> 图上、下用流云纹带装饰。画面中心为一大象，象的头部
> 有用玉璧、花束组成的笼套饰件，象背上驮一大型方座基，座
> 栏有六根柱饰，柱头呈火焰状，方座下为覆莲饰。象前有一仆
> 人牵引，仆人头戴巾子，穿斜领窄袖长衫，束圆圈纹腰带，带上
> 挂短剑。画面上远方群山中有一座方形盝顶舍利塔，塔正面
> 辟一门。[1]

很显然，即便按照一些学者的观点，将此图像解读为如石国"抬着
尸骨巡行"的仪式，其形式与内涵也与万灵节全然不符。

有关傅家画像石墓主的身份，郑岩先生曾做过精彩推断：

> 画像中墓主的服饰与面相均表现出与粟特人明显不同的
> 特征，可以判断为汉人或鲜卑人，这是傅家画像石与虞弘、安
> 伽等墓葬的装饰关键性差别。另一方面，傅家画像石又大量
> 借用了粟特美术的绘画样本，甚至墓主的坐姿也表现出对于
> 异质文化的欣赏和认同。可以得出这样结论：傅家石棺的主
> 人是北齐统治阶层中汉人或鲜卑人的一员，但很可能生前与
> 萨宝等粟特人有相当密切的联系，以至于可以得到萨宝丧葬
> 所用的粉本并乐于加工改造，用在自己的墓室中。[2]

北齐宫廷胡风盛行，傅家石棺主人是北齐统治阶层中汉人或鲜卑
人的一员，其生前与萨宝等粟特人有相当密切的联系，甚至在其墓

---

〔1〕山东省益都县博物馆 夏名采《益都北齐石室墓线刻画像》，第53页。
〔2〕郑岩《逝者的面具——汉唐墓葬艺术研究》，第298页。

葬艺术中借鉴了粟特美术的粉本加以利用,自不足奇。不过,万灵节作为祆教徒最重要的核心圣节之一,表达教众对祖先灵魂的追忆及纪念,表面上虽与中土墓葬"慎终追远"的主题并不矛盾,但图像内容与文献有关"万灵节"礼仪的记载相距却甚远,若要将两者比定则需要更充分的证据。

第二节　达克玛与纳骨瓮:中古琐罗亚斯德教葬俗的传播与演变

　　一般认为,早期琐罗亚斯德教(Zoroastrianism)实行独特的天葬习俗,将死者尸体运至露天高处,任由鸟啄犬食、风吹日晒,然后将剩余之骨收集处理。后来,该教建有特制的建筑物以供曝尸,这种建筑由石墙围绕,呈圆形露天,内有层级的平台,中央有井用以收埋骨殖,这就是达克玛(dakhma)。[1] 从露天曝尸到建造专门的达克玛,表明琐罗亚斯德教丧葬制度的进一步完善,不过这一转变究竟发生在何时何地,却史无明载,考证殊为不易。达克玛(阿维斯陀语作daxma)一词,最早见于《阿维斯陀经》之《辟邪经》(Videvdad)中,不过其语义较为模糊。根据语言学家的研究,该词原意应为"坟墓",是一种建筑而成的场所,而非依山石凿刻而成。到公元前6—前3世纪,这一词语方被用来指称曝尸的场所。[2] 公元7世纪中叶开始,阿拉伯逐渐征服伊朗,一部分不愿改宗的琐罗亚斯德教徒被迫迁徙到印度,在当地定居繁衍,发展成为

---

〔1〕D. F. Karaka, *History of the Parsis*, Vol.1, London: Macmillan and Co., 1884, pp.200-201.

〔2〕Karl Hoffmann, "Avestan *daxma-*", *Zeitschrift für Vergletchende Sprachforschung auf dem gebiete der Indogermanischen Sprachen*, Band 79, 1965, p.238.

今天的印度琐罗亚斯德教族群帕尔西人（Parsis）。根据学者们的田野调查，现存印度和伊朗的琐罗亚斯德教徒均使用达克玛作为曝尸场所。现有资料表明，直到1832年，在孟买政府供职的翻译家穆菲（Robert Murphy）将达克玛一词翻译成"寂静塔"（tower of silence），自此这一含义被广为使用。[1]不同历史时期，文献有关达克玛形制和功能的描述颇有不同，但均恪守琐罗亚斯德教有关死亡与丧葬的教律。

一、《辟邪经》的规定

琐罗亚斯德教的核心教义是神学上的一神论，哲学上的二元论。该教认为世界万物皆由唯一真神阿胡拉·马兹达（Ahura Mazda）所创造和主宰，其为信徒所崇拜的最高天神。世界之运转乃缘于善与恶两种力量处于永不停息的斗争中，阿胡拉·马兹达代表至善，他是所有善端的创造者。与之对立的是恶魔之首安哥拉曼钮（Angra Mainu，中古波斯文作Ahriman）。善在人世间体现为光明、正直、诚实、正义、健康和风调雨顺等，恶则体现为黑暗、虚伪、谎言、邪恶、疾病和灾难等。[2]其中，死亡即恶灵专门创造的邪恶之神，代表了恶对善的抗争。[3]教义认为，所有死亡物都是有污染的，而正直信徒的尸体污染最大。人死之后尸体会被尸魔（drōj-nasā）控制，成为污秽之物，带来"不洁"。因此，教徒不能进行埋

〔1〕 Firoze M. Kotwal, "The Parsi Dakhma: Its History and Consecration", R. Gyselen ed., *Au Carrefour des Religions. Mélanges offerts à Philippe Gignoux*, Bures-sur-Yvette: Groupe pour l'Étude de la Civilisation du Moyen-Orient, 1995, pp.161–162.

〔2〕 James W. Boyd & Ron G. Williams, "The Nature and Problem of Evil in Zoroastrianism: Some Theological, Philosophical, and Ritual Perspectives", Jamsheed K. Choksy & Jennifer Dubeansky eds., *Gifts to a Magus. Indo-Iranian Studies Honoring Firoze Kotwal*, New York: Peter Lang Publishing, 2013, pp.77–97.

〔3〕 Mary Boyce ed. & transl., *Textual Sources for the Study of Zoroastrianism*, Manchester University Press, 1984, p.47.

葬、火葬或水葬，以避免尸体与诸善端接触，带来污染。该教甚至规定，所有焚尸、埋尸或者把尸体扔到水里的行为都应受到谴责和诅咒；人死后，教徒们应寻找荒山或者沙漠作为置尸之所，将之裸露以供鸟兽啄食，防其接触肥沃的土地、水或植物。[1]禁止埋葬更关乎死者灵魂的命运。根据《辟邪经》的记载，教徒若将尸体埋葬在土里，尸体在死后第四日清晨就无法曝露给光照，灵魂因而将无法升入天堂，注定永居地下黑暗世界的悲惨命运。[2]教律有关丧葬仪式的规定皆体现了该教这种善恶二元斗争的理论。

具体如何处置死者尸体，《辟邪经》有详细规定，该经第六章第44—46节记载道：

> （问：）我们应该把尸体放到哪里？
>
> （答：）放在高高的地方，这样食尸的鸟兽会很容易发现他们。马兹达崇拜者将用金属钉、石钉或角钉系住尸体的脚和头发。如果他们不这样处理的话，食尸体的狗和鸟将把骨头拖到水和植物那里。[3]

此段记载文义模糊，只言将尸体放在高高的地方，但是关于这一弃尸之所的具体情况，却未有详细说明。一般认为，教徒这样做，会将尸体对善端造物的污染降至最低。至于此处只提到预防鸟兽将

---

〔1〕Mary Boyce, *Zoroastrians: Their Religious Beliefs and Practices*, London: Routledge and Kegan Paul, 1979, 1984 (with 2 pp. insertion 'Additions and corrections'), 1998 (3rd revised reprint), 2001, pp.44-45.

〔2〕Mary Boyce, *A History of Zoroastrianism*, Vol. I, Leiden: E. J. Brill, 1975, pp.325-330.

〔3〕J. Darmesteter transl., *The Zend-Avesta*, Part I, *The Vendīdād*, in F. Max Müller ed. *Sacred Books of the East* (*SBE*), Vol. IV, Oxford University Press, 1887; repr. Motilal Banarsidass, 1965, 1969, 1974, 1980, pp.72-73. Mary Boyce ed. & transl., *Textual Sources for the Study of Zoroastrianism*, p.65.

骨头"拖到水和植物那里"，可能因为在光秃秃的山顶，无从言及对火、肥沃的土地或善的动物带来危险。[1]《辟邪经》的第五章第13—14节，则提到了曝尸之所为达克玛：

> 只要鸟儿开始飞翔，植物开始生长，暗流开始流淌，风儿吹干大地，则马兹达的信徒应该将尸体放在达克玛上，让他的眼睛向着太阳。
>
> 如果马兹达的信徒在一年之内没有这样做，没有将尸体放在达克玛上，让他的眼睛向着太阳，你应该为这一罪过规定如同谋杀信教者的惩罚；直到尸体被安置好，直到达克玛被建好，直到鸟儿吃光尸肉。[2]

显然此处的达克玛为曝尸之所，不过有关其形制，经文依然未有详细说明。

尸体经过日晒雨淋、鸟兽啄食之后剩下骸骨，又该如何处置呢？《辟邪经》第六章第49—51节续有规定：

> （问：）我们应该将死者骨殖安放哪里？
>
> （答：）马兹达的信徒应该制一骨瓮（Uzdāna），安放尸骨，以避开狗、狐狸、狼等野兽，并不让雨水积聚。
>
> 若条件许可，这些崇拜马兹达者就将其放于岩石或泥土上；反之，就让骨架待在原地，或曝露在阳光下，接受光照。[3]

---

[1] Mary Boyce, "Corpse", in *Encyclopædia Iranica*, Vol.VI, Fasc.3, Mazda Publishers, 1993, pp.279-286.

[2] *The Zend-Avesta*, Part I, *The Vendīdād*, SBE, Vol. IV, pp.52-53.

[3] *The Zend-Avesta*, Part I, *The Vendīdād*, SBE, Vol. IV, p.73. Mary Boyce ed. & transl., *Textual Sources for the Study of Zoroastrianism*, p.65.

上引三段经文的记载实则包含了琐罗亚斯德教徒处理死者尸体的两个步骤。第一步，曝尸，其地点即在达克玛；第二步，收集剩余之骨。其中提到了将处理后的遗骸放在地上的风俗，这种风俗与琐罗亚斯德教的教义并不相悖，因为骨头经过曝晒，已经变干净，不会污染善良的大地。[1]而且，收集遗骨也符合琐罗亚斯德教教义的规定，造物主创造了人，在末日（Frašegird）时收集残骸，是造物主所允许的。[2]不过，使用纳骨瓮保存遗骸，虽属遵循教义的一种表现，却不是非执行不可的义务，现有文献记载只能说明其在某时某地较为普遍。处理尸骨的方法和地点会随着具体条件的改变而发生变化，这毫不奇怪，关键是必须严格遵守琐罗亚斯德教的净规，即保证尸骨不会对善的造物造成污染、伤害。

值得注意的是，这三段有关处理死者尸体的规定，亦见于帕拉维文《辟邪经》，所记内容相同。[3]此外，现存的帕拉维文写本中，尚有一份文书乃根据《辟邪经》所作的教义问答，内有关于处理尸体和达克玛的说明：[4]

> 尸体既未被狗运走，也未被鸟运走，也未被狼带走，也未被风带走，也未被苍蝇带走，这样的尸体不会使人犯罪过，它不会使他感到罪过。因为如果那些尸体，若被狗带走，被鸟带走，被风带走，将使人犯罪，人们瞬间变得罪恶。我的整个物质世界，连同正直的愿望，皆会被打击，即履行职责养成品德

---

〔1〕Mary Boyce, *A History of Zoroastrianism,* Vol I, p.327.

〔2〕R. C. Zaehner, *The Dawn and Twilight of Zoroastrianism*, London: Weidenfeld and Nicolson, 1961, p.317.

〔3〕B. T. Anklesaria transl., *Pahlavi Vendidād*, Bombay, 1949, pp.102−104; 150−152.

〔4〕K. M. Jamasp Asa, "A Pahlavi Revāyat Based on Vendidād", in Jamsheed K. Choksy & Jennifer Dubeansky eds., *Gifts to a Magus. Indo-Iranian Studies Honoring Firoze Kotwal*, pp.249−250.

之路会受到阻碍。它将会给灵魂带来痛苦，即他们在地狱中的灵魂将会蒙难，受到践踏。由于逝者的尸体带来的大量罪过，他们将犯 tanāpuhl 和 margarzān 之罪。

（问：）如果他们明显知道这是一具尸体，他们已经知道实行了犬视，尸体被带到达克玛，这样的话，他们是否受到了污染或犯了罪过。

（答：）不（，他们并没有成为罪人，没有犯 margarzān 之罪）。

这份写本编号TD2，系1629年由马扎班（Fretōn Marzpān）抄就，内中专门提及尸体经犬视之后要被带入达克玛，应是进入曝尸环节，表明《辟邪经》有关丧葬的教规教律数千年不废。

长久以来，琐罗亚斯德教经典《阿维斯陀经》乃依赖本教祭司口耳相传而得以保留，[1]现存经文最早应是萨珊王朝晚期国王库思老一世（Khosrow I, 531—579）统治时下令编定的。[2]不过，据学者们的研究，《辟邪经》的内容在公元前6世纪波斯阿契美尼王朝刚建立时已经形成。[3]也就是说，上引《辟邪经》中有

---

[1] Ph. G. Kreyenbroek, "Theological Questions in an Oral Tradition: the Case of Zoroastrianism", in R. G. Kratz and H. Spickermann eds., *Götterbilder, Gottesbilder, Weltbilder. Polytheismus und Monotheismus in der Antike. Band I: Äypten, Mesopotamien, Persien, Kleinasien, Syrien, Palästina* (Forschungen zum Alten Testament, Reihe 2, 17), Tübingen: Mohr Siebeck, 2006, pp.199-222.

[2] Jean Kellens, *Essays on Zarathustra and Zoroastrianism*, transl. and ed. by P. O. Skjærvø, Mazda Publishers, Inc., 2000, pp.35-39. 新《阿维斯陀经》中的某些部分与古《阿维斯陀经》类似，因此亦被称为 "仿古阿维斯陀语"（pseudo-Old Avestan），见 K. Hoffmann and J. Narten, *Der Sasanidische Archetypus. Untersuchungen zu Schreibung und Lautgestalt des Avestischen*, Wiesbaden, 1989, p.89. 也有学者认为古《阿维斯陀经》与新《阿维斯陀经》是同时代的，见 I. Gershevitch, "Approaches to Zoroaster's Gathas", *Iran*, 33, 1995, pp.1-29.

[3] P. O. Skjærvø, "The Videvdad: its Ritual-Mythical Significance", in Vesta Sarkhosh Curtis and Sarah Stewart eds., *The Age of the Parthians, The Idea of Iran*, Vol.II, London: I.B.Tauris, 2007, pp.105-141.

关曝尸和收埋遗骨的风俗，应是第一个波斯帝国建立前古伊朗社会早已存在的旧传统。这时并没有关于曝尸收骨场所的更详细规定。不过，公元前800年米底人直接将死者埋入地下，在旁边放置各类陪葬品，在地面筑起坟堆，不同于后来波斯人的天葬习俗。[1]这或许表明在阿契美尼王朝琐罗亚斯德教被定为国教之前，曝尸于野的葬俗并不具有普遍性，而应只在祭司阶层内流行，正如古希腊作家希罗多德（Herodotus，公元前484—前430/420）的记录：

> 据说波斯人的尸体只有在被狗或禽撕裂之后才埋葬的。玛哥斯僧有这种风俗那是毫无疑问的，因为他们是公然实行这种风俗的。[2]

希罗多德所记录的玛哥斯僧即为古伊朗的祭司阶层，汉文史籍称其为穆护。[3]希罗多德生活的时代虽相当于波斯阿契美尼时期，但此段记载显然可证明祭司阶层早就实行这种风俗。值得注意的是，书中并没有记载专门用于曝尸之所，却指明尸体"被狗或禽撕裂"，从中推断，既然尸体能和狗、禽接触，想必是置尸体于荒野之地，或许就是上引《辟邪经》所言"高高的地方"，而不是在专门的建筑物内。

---

〔1〕林悟殊《中古琐罗亚斯德教葬俗及其在中亚的痕迹》，《波斯拜火教与古代中国》，台北：新文丰出版公司，1995年，第86页。

〔2〕George Rawlinson transl., *The History of Herodotus*, Great Books of The Western World, Vol. 6, I.140, The University of Chicago, 1952, p.32；参阅王以铸译《希罗多德历史》，北京：商务印书馆，1997年，上册，第72页。并参［古希腊］希罗多德著，徐松岩译注《历史》，北京：中信出版社，2013年，第71页。

〔3〕张小贵《"穆护"与〈穆护歌〉考辨》，《文史》2013年第2辑，第53—72页；收入其著《祆教史考论与述评》，兰州大学出版社，2013年5月，第74—97页。

二、古波斯的丧葬习俗

到了古波斯阿契美尼（Achaemenian）王朝（公元前550—前330），琐罗亚斯德教已经在波斯地区广为流传。根据文献记载，当时的国王们大力推行琐罗亚斯德教，不过国王们死后的遗体却并不遵照上引经典的规定，曝尸天葬。他们遵循着古代伊朗王族和贵族的传统，将尸体涂香防腐，安放在石制坟墓里，这种做法表现了其"渴望升入天堂，来日再生的愿望，这是贵族等级特有的权利"。[1]开国君主居鲁士一世（Cyrus I，公元前640—前600）的陵墓经过仔细营造，使熏香的尸体与活着的生物之间不会发生联系，从而遵守了教义。[2]居鲁士二世（Cyrus II，公元前590—前530）的陵墓位于波斯古城帕萨尔加德（Pasargadae）宫殿区西南附近，阿里安（Arrian）在《亚历山大远征记》（*Anabasis of Alexander*）中对其有细致描述：

> 墓基是用正方形的石头砌成的长方形底座。上面盖了一间石头顶的屋子。屋子有一小石门，窄极了，一个身材细小的也要费很大的劲，才能挤进去，屋里放着一具金棺，棺里放着居鲁士的尸体。[3]

著名的希腊历史学家斯特拉波（Strabo，公元前64/63—公元23）对居鲁士陵墓的描述和阿里安并无二致，不过他将居鲁士的陵墓称

---

[1] Mary Boyce, *A History of Zoroastrianism,* Vol I, p.325.

[2] Mary Boyce, *Zoroastrians: Their Religious Beliefs and Practies*, p.52; *A History of Zoroastrianism,* Vol II, Leiden/Köln: E. J. Brill, 1982, pp.54−57.

[3] [古希腊]阿里安著，[英] E.伊利夫罗宾逊英译，李活译《亚历山大远征记》，北京：商务印书馆，1985年，第222页。

为"小型塔"（a small tower）。亚历山大远征时的另一位随从万斯克里图斯（Onesicretus）也记载道居鲁士的尸体被放在"十层塔"的最高层，"十层塔"可能表明居鲁士陵墓基座的阶梯结构，这是当时常见的波斯宗教建筑类型（图4-3）。[1]

图4-3　居鲁士大帝墓（采自http://www.cais-soas.com/CAIS/Images2/
Achaemenid/Cyrus_the_Great/Old-tomb/Cyrus_The_
Great_Tomb_before_1971.JPG）

除了居鲁士使用陵墓之外，在伊朗的纳克什·鲁斯塔姆（Naqš-e Rostam）地区尚有包括大流士在内的多位君主的坟墓，这些墓室依岩壁开凿，呈十字形，坟墓内放置石棺，覆有石盖。有证

〔1〕 M. Shenkar, "Temple Architecture in the Iranian World in the Hellenistic Period",
in Anna Kouremenos, Sujatha Chandrasekaran & Roberto Rossi eds., *From Pella to
Gandhara: Hybridisation and Identity in the Art and Architecture of the Hellenistic
East,* Oxford: Archaeopress Publishers of British Archaeological Reports, 2011,
p.128.

据表明，其他王室成员也多采用石制陵墓。[1]除了石制坟墓之外，考古发现古伊朗地区亦有专门的石室以安放骨骸。公元前401年小亚细亚吕底亚（Lydia）的阿蒂玛斯（Artimas）所建造的藏骨堂（ossuary/astodana）由两个小房间组成，每个房间为一长方形石洞，上面甚至还有石盖，用以存放他和子孙们的骨殖。[2]将尸体放入石室，显然可以避免对大地的污染。这些石墓或石室与后世的达克玛不同，但其中却隐现达克玛的雏形（图4-4）：

图4-4 阿契美尼墓顶的曝尸台（采自Jamsheed K. Choksy, "Religious Sites and Physical Structures," p.396.）

---

[1] Mary Boyce, *Zoroastrians: Their Religious Beliefs and Practices*, p.57; Jamsheed K. Choksy, "Religious Sites and Physical Structures", in Michael Stausberg and Yuhan Sohrab-Dinshaw Vevaina eds., *The Wiley Blackwell Companion to Zoroastrianism*, John Wiely & Sons, Ltd., 2015, p.395.

[2] Mary Boyce, *Zoroastrians: Their Religious Beliefs and Practices*, p.59.

位于纳克什·鲁斯塔姆山峰之上的皇家陵墓被证明是曝尸之所,顶部存留的光滑平整的石台就是曝尸台,有些甚至被低矮的墙包围,以隔绝污染,是为中世纪达克玛的先驱。[1]

另外,博伊斯也注意到阿契美尼时期的两处遗址与达克玛有关:

有两座令人印象深刻的独立建筑,很容易将其与丧葬仪式相连,这两座建筑外形相似,位于帕萨尔加德的这一座后来被称为"曾丹—苏莱曼"(Zindan-i Suleyman)或"所罗门监狱"(Solomon's Prison),不过已经成为废墟;位于纳克什·鲁斯塔姆的,被称为"克尔白-札杜什特"(Ka'ba-yi Zardusht)或"琐罗亚斯德天房"(Zoroaster's Box),得以保存。这座由大石块组成的塔状建筑位于三级石基之上,由一个无窗石室组成,依地势而建。人们沿着一条三十级的陡峭石径可到达其窄小的门。[2]

从这些墓葬的设置中,我们可见阿契美尼王族强烈的隔绝污染的意识:王室的陵墓通常设有前厅,地面划满仪式框(karša,意为隔离线,中古波斯文写作kaš, kiš),形成"纯净空间"(pāwī),里面放置长方形的石瓮。[3]这种仪式框为后世的宗教仪式所常用,如在举行最高级洁净仪式"九夜大净礼"(bareshnum)时,场地周围同样布满仪式框以隔绝污染。[4]

---

〔1〕Jamsheed K. Choksy, "Religious Sites and Physical Structures", p.396.

〔2〕Mary Boyce, *Zoroastrians: Their Religious Beliefs and Practices*, pp.59–60.

〔3〕Jamsheed K. Choksy, "Religious Sites and Physical Structures", p.395.

〔4〕William W. Malandra ed. and transl., *An Introduction To Ancient Iranian Religion*, University of Minnesota Press, 1983, pp.163–165.

根据希罗多德的记录,阿契美尼时期的波斯贵族们也实行埋葬习俗:

> 我听说薛西斯(Xerxes,公元前486—前465年在位)的妻子阿美司妥利斯(Amestris)到了老年的时候,她活埋了波斯的名门子弟十四人,她这样做是为了向传说中的冥神表示谢意。[1]

为防止直接埋葬对土地造成的污染,希罗多德专门提及:"但我还可以确定,波斯人是在尸体全身涂蜡之后才埋到地里面的",[2]考古发现的公元前400年左右位于中亚西部利西亚(Lycia)山区出土的石制墓,证实了这一习俗的确存在。[3]波斯人在尸体上涂蜡,显然可将尸体与土地隔绝,避免污染。

随后的亚历山大东征使琐罗亚斯德教严重受挫,整个伊朗宗教在希腊化浪潮之下渐趋湮灭,[4]直到帕提亚王朝(公元前247—公元224)末叶,琐罗亚斯德教才逐渐得以复兴。[5]根据斯特拉波的记录,帕提亚王朝的王族们实行这样的葬俗:

> 他们不但承认古波斯的神祇,建筑火祭坛,并且严格遵从祆教教律,暴弃王族尸体,以供秃鹫和犬,这是连先前的阿契美尼朝都未能实行的。[6]

由此看来,王族已经接受了琐罗亚斯德教的葬俗,采用天葬处理尸

〔1〕参阅王以铸译《希罗多德历史》,第508页。
〔2〕参阅王以铸译《希罗多德历史》,第72页。
〔3〕Mary Boyce, *Zoroastrians: Their Religious Beliefs and Practices*, p.59.
〔4〕*The Cambridge History of Iran*, Vol.3(2), 1983, p.866.
〔5〕林悟殊《近代琐罗亚斯德教研究之滥觞》,《波斯拜火教与古代中国》,第2页。
〔6〕参见麦高文著,章巽译《中亚古国史》,北京:中华书局,1958年,第84页。

体。不过经过天葬之后的骨殖如何处理呢？考古学家们在伊朗西部山区发现了用来处理尸骨的石室，乃是利米亚地区的贵族或者僧侣所建，石室入口处雕刻的图案，明显受希腊文化影响，表明其建造年代可追溯至塞琉古王朝（Seleucid）或者帕提亚王朝时期。[1]如此看来，帕提亚王族死后其尸体可能也被收入石室。与斯特拉波同时期的庞培·特罗古斯（Pompeios Trogus）也记录了帕提亚人的葬俗："他们习惯于让狗和禽把尸体撕裂损毁，最后将裸露的骨头埋到地里。"[2]这或许是那些无力建造石堂收骨的普通民众处理尸骨的方式，但出于防止污染的考虑，他们应该也效法阿契美尼人将尸体涂蜡了。

萨珊王朝时期，统治者通过行政力量将琐罗亚斯德教推向全国，重新确定其为国教，琐罗亚斯德教也在萨珊时期达到鼎盛。[3]萨珊王朝的王室仍然沿袭前面两个王朝的习俗使用陵墓，不过这些陵墓只见诸文献记录，至今尚无考古发现可资证明，[4]有学者认为可能由于阿拉伯人入侵导致陵墓已被损毁。[5]

当时普通人的葬俗则见于汉文史籍的记载，如《周书·西域传》记波斯国：

> 死者多弃尸于山，一月治服。城外有人别居，为知丧葬之事，号为不净人。若入城市，摇铃自别。[6]

---

〔1〕Mary Boyce, *Zoroastrians: Their Religious Beliefs and Practices*, p.90.

〔2〕Mary Boyce, *Zoroastrians: Their Religious Beliefs and Practices*, p.91.

〔3〕张小贵、李晓嘉《宗教与王权——〈坦萨尔书信〉初探》，刊徐松岩主编《古典学评论》第3辑，上海：三联书店，2017年4月，第35—48页。

〔4〕Mary Boyce, *Zoroastrians: Their Religious Beliefs and Practices*, p.121.

〔5〕Jamsheed K. Choksy, "Religious Sites and Physical Structures", p.399.

〔6〕（唐）令狐德棻《周书》，北京：中华书局，2000年，第623页。

其他史书多有相同或相似记载。《魏书》《北史》[1]或引《周书》之文，《隋书》所记简略，仅为"人死者，弃尸于山，持服一月"。[2]以上诸史成于北齐至唐初，相当于波斯萨珊王朝（224—651）后期，所以上引史料反映的丧葬习俗不会晚于古波斯萨珊朝后期。[3]随着教义不断传播，教徒数目急剧增长，[4]专门化的曝尸场所——达克玛应运而生。

现存萨珊时期的达克玛遗址位于花剌子模地区的切拉匹克（Chil'pyk），这是一座石台，周围有围墙，与后世伊朗克尔曼地区的达克玛极为相类，使用时间从4世纪开始到阿拉伯征服为止，为整个地区所使用（图4-5）。[5]此外伊朗南部地区也发现大量用来收藏二次葬骸骨的石冢。[6]此时的伊朗人习惯于在山崖上依石开凿人体大小的洞窟，用来收藏骸骨，在中古波斯文的铭文中，这类洞窟就被称作达克玛，用来指代各种收藏二次葬遗骨的容器。如马夫达什特（Marvdasht）平原的纳克什·鲁斯塔姆和伊斯塔克尔（Istakhr）地区，当时的琐罗亚斯德教徒流行在山崖开凿洞窟或壁龛，以供收纳骨架之用。这种小洞穴式达克玛（dakhma）属萨珊晚期直到

〔1〕（北齐）魏收《魏书》，北京：中华书局，2000年，第2271—2272页；（唐）李延寿《北史》，北京：中华书局，2000年，第3223页。

〔2〕（唐）魏徵《隋书》卷八三，第1856—1857页。

〔3〕张小贵《古波斯"不净人"考》，《中山大学学报》（社会科学版），2002年第5期，第68—75页；收入其著《中古华化祆教考述》，北京：文物出版社，2010年，第160—176页，195—200页。

〔4〕Albert de Jong, "Religion and Politics In Pre-Islamic Iran", in Michael Stausberg and Yuhan Sohrab-Dinshaw Vevaina eds., *The Wiley Blackwell Companion to Zoroastrianism*, p.100.

〔5〕F. Grenet, "Zoroastrian Funerary Practices in Sogdiana and Chorasmia and among Expatriate Sogdian Communities in China", in S. Stewart ed., *The Everlasting Flame: Zoroastrianism in History and Imagination*, London: Tauris, 2013, pp.18-19.

〔6〕St John Simpson & Th. Molleson, "Old Bones Overturned: New Evidence for Funerary Practices from the Sasanian Empire", in A. Fletcher, D. Antoine & J. D. Hill eds., *Regarding the Dead: Human Remains in the British Museum*, London: The British Museum, 2014, pp.77-90.

图4-5 4—8世纪花剌子模切拉匹克（**Chil'pyk**）的达克玛（采自F. Grenet, "Zoroastrian Funerary Practices in Sogdiana and Chorasmia and among Expatriate Sogdian Communities in China", p.19.)

伊斯兰化早期。[1]这些石窟往往刻有铭文："(此达克玛)由某人为某人而建造，其灵魂必将因此而升入天堂。"[2]意大利伊朗考古队在2008年发现了三组9个石窟，亦多附有这种铭文（图4-6）。[3]

〔1〕Dietrich Huff, "Archaeological Evidence of Zoroastrian Funerary Practices", in Michael Stausberg ed., *Zoroastrian Rituals in Context*, Leiden・Boston: Brill, 2004, p.596.

〔2〕G. Gropp & S. Nadjmabadi, "Eine Reise in West- und Südiran", *Archäologische Mitteilungen aus Iran* NS 3, 1970, pp.173-230. A. Hassuri, "Two Unpublished Pahlavi Inscriptions", *Zeitschrift der Deutschen Morgenländischen Gesellschaft* 134, 1984, pp.92-97.

〔3〕C. G. Cereit & S. Gondet, "The Funerary Landscape between Naqš-e Rostam and Estahr (Persepolis Region). Discovery of a new Group of late Sasanian Inscribed Rock-Cut Niches", *Iranica Antiqua*, Vol. L, 2015, pp.367-403.

图4-6　萨珊晚期直到伊斯兰化早期山崖上的石窟龛（采自C. G. Cereit & S. Gondet, "The Funerary Landscape between Naqš-e Rostam and Estahr (Persepolis Region). Discovery of a new Group of late Sasanian Inscribed Rock-Cut Niches",pp.371, 374-375.)

玛丽·博伊斯教授认为，现存最早的达克玛遗址可追至伊斯兰化时期，因为在琐罗亚斯德教占统治地位的萨珊王朝，教徒们不需要将曝尸场所围建来防止被亵渎或侵害。[1]这显然是指专门用于曝尸的现代意义上的达克玛。但根据前文的分析，萨珊时期的石制窟龛已被称为达克玛。

　　以上论述表明，在古伊朗三大帝国琐罗亚斯德教流行的时代，王族在不违背教义的情况下，为了维持其尊贵的地位，可以不曝弃

---

[1] Mary Boyce, *Zoroastrians: Their Religious Beliefs and Practices*, p.158.

尸体。而祭司和下层百姓则实行曝尸天葬。无论是国王与贵族使用石制坟墓安葬,抑或下层百姓曝尸天葬,都恪遵本教教义,即不让尸体直接与大地接触。根据该教律法,把死尸直接埋于地下,就会使土地不洁,乃是一种弥天大罪。《辟邪经》第三章第3—4节,规定如果有人把狗或人的尸体埋于地里,半年不挖出者,罚抽一千鞭;一年不挖出者,抽二千鞭;二年不挖出者,其罪过无可补偿。[1]这里值得注意的是,即使普通教徒曝尸天葬,其形式也存在着不平等之处。按照《辟邪经》中的规定,曝尸要经过两个步骤:第一步是在干燥荒芜的高地曝晒,以使身体中的肉,迅速被鹰和野狗吞噬,这一步是必须的。第二步是处理干净的尸骨,这一步可以任选。[2]若是经济条件允许的家庭,尸骨可以被收集起来,用特殊的骨瓮保存。若是经济条件不允许的家庭,则任由尸骨留在原地,自然腐烂。[3]可见在最后收骨埋尸这一环节,身份地位或经济条件不同的家庭,实有不同选择。

不过根据考古发现的情况,古伊朗多使用石窟来收藏遗骨,而中亚粟特地区琐罗亚斯德教徒的葬式却颇有不同。

三、康国别院与纳骨瓮

根据学界的研究,琐罗亚斯德教最初应起源于中亚南部和东伊朗地区。[4]考古发现表明,大概从公元前2千年中叶开始,中亚

〔1〕 *The Zend-Avesta*, Part I, *The Vendīdād*, SBE, Vol. IV, pp.31-33.

〔2〕 *The Zend-Avesta*, Part I, *The Vendīdād*, SBE, Vol. IV, pp.44-51.

〔3〕 Dietrich Huff, "Archaeological Evidence of Zoroastrian Funerary Practices", pp.593-594.

〔4〕 F. Grenet, "Zarathustra's Time and Homeland: Geographical Perspectives", Almut Hintze, "Zarathustra's Time and Homeland: Linguistic Perspectives", in Michael Stausberg and Yuhan Sohrab-Dinshaw Vevaina eds., *The Wiley Blackwell Companion to Zoroastrianism*, pp.21-29, 31-38.

地区已逐渐放弃土葬，直到希腊化时期，才有埋葬墓被发现，或可佐证当时琐罗亚斯德教已在当地流行。[1]到公元前2000年末，原先定居在中亚地区的居民开始向南迁离俄罗斯草原，其中一部分部落来到今天的伊朗高原。一般认为正是迁移的东伊朗人将琐罗亚斯德教带到了西伊朗地区，最终米底人和波斯人逐渐接受了这一宗教，并将其作为古波斯第一帝国阿契美尼王朝的国教。[2]不过在此之前，中亚地区并非独尊琐罗亚斯德教，当地的葬俗呈多元化发展。1955—1959年，苏联考古学家在塔吉克西南的卡菲尼甘（Kafirnigan）河谷的土哈尔（Tulkhar）发现最古老的墓葬，属于青铜时代后期（公元前1000年前初），其中一种墓葬类型是火葬，尸体经过火焚，并伴有太阳徽记和万字符。论者认为这是来自北方安德罗诺沃（Andronovo）文化的游牧部落。火葬是印度的风俗，太阳徽记也和吠陀经典关系密切，或许是印伊人南迁后，印度人因地制宜，继承了祖先的传统。[3]公元前7世纪左右中亚的辛塔什塔（Syntashta）一号墓遗址中，发现了保存完好的墓穴，"墓穴的内壁用垂直的木桩支撑，墓顶则用原木盖成……在墓顶上堆起一个土墩，上面置以火葬堆，将土烧得很红。"[4]此外，土葬、火葬在中亚其他多个文化圈内皆屡有发现，在叶尼塞河与鄂毕河流域发掘的墓地中，还出现了土葬、火葬混杂的现象，这种情况也出现在木尔

〔1〕Almut Hintze, "Zoroastrian afterlife beliefs and funerary practices", in Christopher M. Moreman ed., *The Routledge Companion to Death and Dying*, London and New York: Routledge Taylor & Francis Group, 2018, p.92.

〔2〕Bruce Lincoln, *'Happiness for Mankind': Achaemenian Religion and the Imperial Project*, Peters Publishers, 2012, pp.3–19.

〔3〕G. Frumkin, *Archaeology in Sovient Central Asia*, Leiden: E. J. Brill, 1970, p.68.

〔4〕A. H. Dani & V. M. Masson eds., *History of Civilizations of Central Asia,* Vol. I, UNESCO, 1992, p.347. 中译本参阅A. H. 丹尼、V. M. 马松主编，芮传明译《中亚文明史》第一卷，北京：中国对外翻译出版公司，2002年，第256—258页。

加布居地塔希尔贝三号遗址中。[1]由此可见,青铜时代晚期的中亚其他地区在丧葬方式上并不采用琐罗亚斯德教经文所规定的天葬。

到阿契美尼王朝时期,中亚粟特地区亦处于波斯帝国版图之内。随后,中亚虽曾一度独立,但到了大流士王时期(Darius,公元前522—前486),这些地区重又归入波斯帝国管辖。公元前6世纪波斯的"贝希斯敦"纪功碑已将火寻(花拉子模)和粟特两地,列入大流士王的23个辖区,居16和18位,成为"按照阿胡拉·马兹达的意旨"向阿契美尼朝纳贡的附属国。[2]这时在以花拉子模和粟特为中心的中亚地区,其宗教信仰受波斯帝国影响较深。[3]尤其是葬俗方面使用达克玛(图4-7)。现存最早的达克玛发现于粟特地区的厄库干(Erkurgan),这是希腊化时代的一座塔状建筑。[4]另外,粟特地区杜尔曼(Durmentepe)也发现有达克玛,是7、8世纪时为满足某一家庭需要而建的塔状建筑物。[5]20世纪30年代穆格山出土的粟特文文书,时间在8世纪上半叶,其中有一份契约文书编号V-8,记

〔1〕A. H. Dani & V. M. Masson eds., *History of Civilizations of Central Asia,* Vol. I, pp.349-350. 中译本参阅A. H. 丹尼、V. M. 马松主编,芮传明译《中亚文明史》第一卷,第258—260页。

〔2〕R. G. Kent, *Old Persian Grammar, Text, Lexicon,* New Haven, Connecticut, 1982;译文见余太山《塞种史研究》,北京:中国社会科学出版社,1992年,第1—2页。北京师范大学历史系世界古代史教研室编《世界古代及中古史资料选集》,北京师范大学出版社,1991年,第99页。

〔3〕Mary Boyce, *A History of Zoroastrianism,* Vol.I, pp.274-276; *Zoroastrians: Their Religious Beliefs and Practices,* pp.39-40. J. P. Moulton, *Early Zoroastrianism,* London: Constable & Company Ltd., 1926, pp.85-88.

〔4〕F. Grenet, "Zoroastrian Funerary Practices in Sogdiana and Chorasmia and among Expatriate Sogdian Communities in China", pp.18-19.

〔5〕F. Grenet, "Zoroastrianism in Central Asia", in Michael Stausberg and Yuhan Sohrab-Dinshaw Vevaina eds., *The Wiley Blackwell Companion to Zoroastrianism,* p.143.

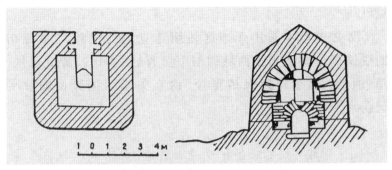

图4-7　5—8世纪片治肯特用于安置纳骨瓮的墓屋（采自F. Grenet, "Zoroastrian Funerary Practices in Sogdiana and Chorasmia and among Expatriate Sogdian Communities in China," p.20.）

录了买卖达克玛供家庭使用的情况。[1]巴克特里亚文书V25 和W21中也有 *lakhmig*，源于达克玛一词，或表明该地曾有达

[1] В. А. Лившиц, *Согдийскаяэпиграфика средней азии и семиречья*, Санкт-Петербург, 2008, стр. 49–58.V. A. Livshits, *Sogdian epigraphy of Central Asia and Semirech'e*, translated from the Russian by Tom Stableford, ed. by Nicholas Sims-Williams, School of Oriental and African Studies, London, 2015, pp.40–42.

克玛。[1]

　　汉文史籍也有中亚地区使用达克玛的记载。7世纪初期受隋炀帝派遣出使西域的韦节撰有《西蕃记》，原文已佚，赖《通典》引录得以保留至今，内有关于康国葬俗的珍贵记载:[2]

　　　　国城外别有二百余户，专知丧事，别筑一院，院内养狗。每有人死，即往取尸，置此院内，令狗食之，肉尽收骸骨，埋殡无棺椁。[3]

虽然此处以狗食尸的传统尚有疑问，但康国"别筑一院"专门存放尸体，与达克玛的用途极其相似，康国葬俗极有可能是同一时期萨珊葬俗在粟特地区的翻版。[4]其重要不同就是"肉尽收骸骨，埋殡无棺椁"。

　　那么，经过处理之后的尸骨如何存放呢？斯特拉波曾经记录了亚历山大东征时期巴克特里亚的葬俗，乃将死者尸骨散放在山壁的内坡上，这与琐罗亚斯德教《辟邪经》中关于散放尸骨的规定相一致。近年来，粟特南部德扎尔库坦（Dzharkutan）考古发现了

─────────

〔1〕N. Sims-Williams, "Some Reflections on Zoroastrianism in Sogdiana and Bactria," in D. Christian and C. Benjaman eds., *Realms of the Silk Roads: Ancient and Modern*, Silk Road Studies 4, Turnhout: Brepols, 2000, p.4; *Bactrian Documents from Northern Afghanistan II: Legal and Economic Documents*,Oxford, 2007, p.226. 文书图版、转写及中译本参考［英］尼古拉斯·辛姆斯—威廉姆斯著，李鸣飞、李艳玲译《阿富汗北部的巴克特里亚文献》上册，兰州大学出版社，2014年，第134、141页。

〔2〕余太山《隋书西域传的若干问题》，《新疆师范大学学报》（哲学社会科学版），2004年9月，第25卷第3期，第54页。

〔3〕杜佑撰，王文锦等点校《通典》第193卷，北京：中华书局，2003年，第5256页。

〔4〕张小贵《康国别院"令狗食人肉"辨》，《西域研究》2007年第3期，第81页；《中古华化祆教考述》，第176—177页。

当地居民用来处理二次葬尸骨的墓坑。[1]大量考古发现证明，古代中亚地区曾广泛使用纳骨瓮来放置经过处理的骸骨。至迟在阿契美尼时期，花剌子模人开始收集死者骨殖放入陶制骨瓮中，其中一些骨瓮是人形的。从公元3或4世纪以来，花剌子模和粟特地区就开始流行使用箱型骨瓮。[2]这显然与伊朗本土的葬俗相差很大，如前文所述，伊朗地区往往是在石壁上开凿出窟龛以收藏骨殖。除了陶制骨瓮外，花剌子模地区很少使用石制，骨瓮主要由灰泥制成。骨瓮的标准长度是20—24寸（约50—60厘米），与人体最长的腿骨相当。[3]多数骨瓮上有齿孔，"为了让光照入，才在上面开了洞"。骨瓮或者放入坑中，或者放入小的家族墓园。大多数情况下，使用废旧的建筑，往往在居民区外面。[4]一些粟特纳骨瓮绘有各种神，以及与来世信仰有关的场景。如撒马尔罕博物馆所展出的一个骨瓮，刻画了典型的琐罗亚斯德教拜火仪式，画面的下方有一个火坛，两侧各有一位祭司，他们腰缠圣带（kusti），口鼻覆盖口罩（padam），以防止污染圣火。这是典型的该教祭司的着装传统。尽管祭司手中所持器具无从判断，但他们应该是在举行超度灵魂的仪式。[5]1983年，在今天吉尔吉斯斯坦的Nawekat发现的骨瓮残片也保留了相似的圣火仪式，两位祭司用勺子在献祭，

---

〔1〕F. Grenet, "Zoroastrianism in Central Asia", p.143.

〔2〕F. Grenet, "Zoroastrian Themes on Early Medieval Sogdian Ossuaries", in Pheroza J. Godrej & Firoza P. Mistree eds., *A Zoroastrian Tapestry: Art, Religion and Culture*, Ahmedabad: Mapin Publishers, 2002, p.91.

〔3〕G. A. Pugachenkova, "The From and Style of Sogdian Ossuaries", *Bulletin of the Asia Institute (BAI)*, new series 8 (The Archaeology and Art of Central Asia. Studies from the Former Soviet Union), 1996, pp.227-243. L. V. Pavchinskaia, "Sogdian Ossuaries", *BAI,* new series 8, pp.209-226. F. Grenet, "Les ossuaries zoroastriens", P. Chuvin ed., *Les arts de l'Asie centrale*, Paris, 1999, pp.164-167.

〔4〕F. Grenet, "Zoroastrianism in Central Asia", p.143.

〔5〕F. Grenet, "Zoroastrian Themes on Early Medieval Sogdian Ossuaries", p.92.

左边的祭司从手中的袋里取出祭品，而右侧祭司则手持装满祭品的碗。他们可能在举行死后第四日早晨的仪式（chaharom）。主祭司在献祭牺牲动物的脂肪，助祭则洒下香草籽。火坛两边的大盘里摆放着花果，供感恩仪式（afrinagan）使用。最典型的琐罗亚斯德教特征是公元6—7世纪乌兹别克斯坦南部发现的骨瓮，陶制的骨瓮表面刻有祭司主持仪式，善神拉什奴（Rashn）手持天平，可能在主持个人灵魂审判仪式。这一场景也出现在撒马尔罕出土现藏塔什干历史博物馆的骨瓮上（图4-8）。[1] 早年比利时伊朗考古学家吉什曼（R. Ghirshman）亦曾辨认出伊朗本土所出石制纳骨瓮上

图4-8　乌兹别克斯坦Yumalaktepa出土6—7世纪纳骨瓮（采自 F. Grenet, "The Silk Road, Central Asia and China", in S. Stewart ed., *The Everlasting Flame: Zoroastrianism in History and Imagination*, London: Tauris, 2013, p.99.）

---

〔1〕F. Grenet, "Zoroastrian Themes on Early Medieval Sogdian Ossuaries", p.94.

刻有密特拉（Mithra）、察宛（Zurvān）、阿达尔（Ātar）和阿娜希塔（Anāhitā）四位琐罗亚斯德教神祇。[1]法国中亚考古专家葛乐耐（F. Grenet）教授研究了撒马尔干以西70公里的比亚·乃蛮遗址发现的纳骨瓮，在其修饰图像上认读了一组6位稳定的人物形象，并将其比定为琐罗亚斯德教主神阿胡拉·马兹达的六位属神。[2]这些证据都表明了骨瓮的琐罗亚斯德教属性。

葛乐耐曾指出，葬俗最能反映中亚本地人民对琐罗亚斯德教原则的继承与变革。[3]公元830年左右，粟特中心撒马尔罕（即康国地区）的琐罗亚斯德教徒向波斯宗教首领询问新建成的达克玛使用仪式，[4]表明粟特祆教与波斯本土保持着组织联系，但其并不等于波斯琐罗亚斯德教，而是变异了的琐罗亚斯德教。[5]

四、结语

起源于波斯的琐罗亚斯德教，经由中亚地区传入中国，史称祆教，是古代一度流行的三夷教之一。1999年太原隋代虞弘墓、2000年西安北周安伽墓、2003年西安北周史君墓的出土，为讨论中古入华粟特人后裔的宗教生活，特别是他们的丧葬习俗提供了珍贵资料。此类墓葬采用石棺或石床放置尸体，极有可能是这些来自中亚的粟特祆教徒保持本民族传统的最后底

〔1〕R. Ghirshman, *Persian Art: The Parthian and Sasanian Dynasties*, New York, 1962, p.166; "Études iraniennes II: Un ossuaire en pierre sculptée", *Artibus Asiae* 9, 1948, pp.293–310.

〔2〕F. Grenet, "Zoroastrian Themes on Early Medieval Sogdian Ossuaries", pp.91–97.

〔3〕F. Grenet, *Les pratiques funéraires dans l'Asie centrale sédentaire de la conquête grecque à l'islamisation*, Paris: Éditions du CNRS, 1984.

〔4〕B. N. Dhabhar, *The Persian Rivayats of Hormazyar Framarz and others, their version with introduction and notes*, Bombay, 1932, pp.104–105; Mary Boyce, *Zoroastrians:Their Religious Beliefs and Practices*, pp.157–158.

〔5〕张小贵《祆教释名》，刊饶宗颐主编《华学》第九、十辑（二），上海古籍出版社，2008年8月，第677—692页；《中古华化祆教考述》，第1—26页。

线。[1]无独有偶,19世纪中叶,往来香港、澳门、广州贸易的印度琐罗亚斯德教徒帕尔西人,其墓葬与一千多年前入华的先驱们极为相似,均使用石制棺椁,这种葬俗"与其说是入乡随俗,不如说是远离故土受条件限制迫不得已。我们把黄埔巴斯墓的造型同巴斯人在故土实行天葬的宗教内涵相比照,并结合当时的文献记载,可以得出这样的结论:广州口岸的巴斯人在异乡以灵活埋葬方式遵守了本教经典的规定,表达了故土天葬所反映的信仰。"[2]尽管这些墓葬方式和葬具与上文讨论的达克玛与纳骨瓮不尽相同,但他们在践行本教教规戒律方面却是一致的。了解了这一点,有助于认识丝绸之路上宗教文化传播的丰富性。

第三节　莫高窟第158窟图像与祆教关系辨析

一、问题的提出

　　莫高窟第158窟约开凿于公元9世纪初吐蕃统治晚期的前段,该窟壁画内涵丰富,体现出不同民族、宗教之间的文化交融,"主室长方形盝顶,西壁设大型涅槃佛坛,佛坛上塑大型涅槃佛一身。窟顶画十方净土变及赴会菩萨等;南壁的主题是佛祖涅槃图,壁画内容为十大弟子举哀,图中两个弟子手捧箱形物,表情哀伤,俯于佛祖面前;西壁画菩萨与天龙八部、众罗汉;北壁为各国王子举哀;坛下一龛,两侧画涅槃变情节"(图4-9、10)。[3]洞窟北壁的

---

〔1〕张小贵《胡裔墓葬与入华祆教葬俗》,中山大学人类学系、中国社会科学院边疆考古研究中心编《边疆民族考古与民族考古学集刊》第一集,北京:文物出版社,2009年11月,第173—186页;收入《中古华化祆教考述》,第182—206页。

〔2〕郭德焱《清代广州的巴斯商人》,北京:中华书局,2005年,第160页。

〔3〕沙武田《敦煌莫高窟第158窟与粟特人关系试考(上)》,《艺术设计研究》2010年第1期,第16页。

图4-9　十大弟子举哀图（采自敦煌研究院、江苏美术出版社编《敦煌
　　　　石窟艺术·莫高窟第一百五十八窟（中唐）》，江苏美术出版
　　　　社，1998年，第64页）

图4-10　十大弟子举哀图细部 箱形物（采自《敦煌石窟艺术·莫高
　　　　窟第一百五十八窟（中唐）》，第68页）

图4-11　各国王子举哀图(采自《敦煌石　　图4-12　截耳劓面图(采自《敦煌石窟艺
窟艺术·莫高窟第一百五十八　　　　　术·莫高窟第一百五十八窟(中
窟(中唐)》,第69页)　　　　　　　　　　唐)》,第71页)

举哀图中,所绘国王分别着不同服饰,有吐蕃赞普、华夏帝王、中亚
西域人物(图4-11)。其中,在举哀图右下方有四个人,"其中一人
右手持小刀割自己左耳;左侧一人持双刀,刺向自己袒露的前胸;
在他们的前面有一人,左手捏鼻,右手持刀切割;其左侧一人裸上
身,手持长剑刺入自己的心脏"(图4-12)。[1]此四人的行为显然即
古籍所载截耳劓面与刺心剖腹之俗。贺世哲先生指出这些内容都

---

[1] 雷闻《割耳劓面与刺心剖腹——从敦煌158窟北壁涅槃变王子举哀图说起》,《中
国典籍与文化》2003年第4期,第95—104页;修订本《割耳劓面与刺心剖腹——
粟特对唐代社会风俗的影响》,收入荣新江、张志清主编《从撒马尔干到长安——
粟特人在中国的文化遗迹》,北京图书馆出版社,2004年,第41—48页。

是中亚及我国一些少数民族特殊哀悼习俗的写实,并认为:"吐蕃占领瓜沙以后,敦煌《涅槃经变》中开始出现割鼻耳、刺心胸的图像,这与吐蕃民族类似的哀悼习俗有密切关系。"[1]雷闻先生则详细研究了该图像内容,认为割耳劙面虽是北方游牧民族的一种葬俗,但在隋唐时期已为汉人社会所熟知和接受,同时也发展出明志取信、诉冤、请愿等新的功能。而刺心剖腹,作为一种自杀方式虽在西汉以后很少被人采用,但到隋唐时期此风又盛,这与此期大量来华的粟特人所传之祆教法术有关。敦煌158窟涅槃壁画中出现刺心剖腹图像,则是吐蕃占领时期敦煌粟特人改信佛教的真实反映。[2]

此外,该洞窟南壁的佛祖涅槃图中绘有"箱形物"图案,有关其宗教属性,刘永增先生曾撰文详考,认为涅槃图中所绘佛祖两大弟子所捧箱形物是祆教纳骨瓮:"结合洞窟的涅槃主题以及北壁表现的中亚各国国王举哀图,笔者以为这个箱形物应该就是上文提到的纳骨器。而以头抵箱正说明了祆教徒在祭葬死者时的礼拜方式是以头顶礼纳骨器,是粟特人丧葬礼仪在敦煌的流传"。[3]很显然,学者将箱形物比定为祆教纳骨瓮的重要前提是认为该窟北壁各国国王举哀图所见的截耳割鼻、刺心剖腹等习俗与祆教有关。

二、北壁举哀图所见截耳劙面、刺心剖腹

根据学界研究,"截耳劙面"主要为中国北方及西北地方少数民族的习俗,从东汉迄南宋,所涉民族众多。关于这一习俗,传世文献多有记载:

---

〔1〕贺世哲《敦煌莫高窟的涅槃经变》,《敦煌研究》1986年第1期,第11页。

〔2〕雷闻《割耳劙面与刺心剖腹——从敦煌158窟北壁涅槃变王子举哀图说起》,第104页。

〔3〕刘永增《莫高窟第158窟的纳骨器与粟特人的丧葬习俗》,《敦煌研究》2004年第2期,第17页。

匈奴闻秉卒,举国号哭,或至黥面流血。(《后汉书·耿秉传》)[1]

吏人羌胡爱惜,旦夕临者日数千人。戎俗父母死,耻悲泣,皆骑马歌呼。至闻训卒,莫不吼号,或以刀自割。(《后汉书·邓训传》)[2]

(于阗)居丧者剪髮黥面为哀切。(《洛阳伽蓝记·宋云行纪》)[3]

死者,停尸于帐,子孙及诸亲属男女,各杀羊马,陈于帐前,祭之。绕帐走马七匝,一诣帐门,以刀黥面,且哭,血泪俱流,如是者七度乃止。(《周书·突厥传》)[4]

后更至突厥,属其可汗暴殂,突厥谓庆曰:“前后来使,逢我国丧者,皆黥面表哀。况今二国和亲,岂得不行此事”。庆抗辞不从,突厥见其守正,卒不敢逼。(《周书·王庆传》)[5]

卫宫坐位刀黥面,九姓行哀截耳珰。(《王昭君变文》)[6]

毗伽阙可汗初死,其牙官、都督皆欲以宁国公主殉葬,公主曰:“我中国法,婿死,即持丧,朝夕哭临,三年行服。今回纥娶妇,须慕中国礼,若今依本国法,何须万里结婚。”然公主亦依回纥法,黥面大哭。(《旧唐书·回纥传》)[7]

(承乾)身作可汗死,使众号哭黥面,奔马环视之。(《新唐书·常山王承乾传》)[8]

〔1〕《后汉书》卷一九《耿秉传》,北京:中华书局,2000年,第718页。

〔2〕《后汉书》卷一九《邓训传》,第611页。

〔3〕范祥雍《洛阳伽蓝记校注》,上海古籍出版社,1958年,第271页。

〔4〕《周书》卷五〇《突厥传》,北京:中华书局,1971年,第910页。

〔5〕《周书》卷三三《王庆传》,第576页。

〔6〕周绍良《读变文札记》,《文史》1979年第7辑,第230页。

〔7〕《旧唐书》卷一九五《回纥传》,北京:中华书局,1975年,第5202页。

〔8〕《新唐书》卷八〇《常山王承乾传》,北京:中华书局,1975年,第3565页。

（唐太宗死后）四夷之人入仕于朝及来朝贡者数百人，闻丧皆恸哭，剪髮，截耳，剺面，流血洒地。（《资治通鉴》卷一九九）[1]

所谓白达达者（汪古人）……遇父母之丧，则剺其面而哭。（《蒙鞑备录》）[2]

（女真人）其亲友死，则以刀剺额，血泪交下，谓之"送血泪"。（《大金国志·初兴风土》）[3]

截耳剺面是古代流行于以匈奴为主体的西域及北方诸民族中的一种丧葬习俗，嚈哒、氐羌、突厥、回纥、吐蕃、党项、黠戛斯、汪古、女真、回族甚至汉族等民族都受其影响，有关其渊源流变，中外学界颇多讨论。[4]

学者们将"剺面截耳"之俗与祆教相连的原因之一是此俗亦在粟特地区流传。如曹魏太和（227—233）年间，敦煌太守仓慈逝时，"西域诸胡闻慈死，悉共会聚于戊己校尉及长史治下发哀，或有

---

〔1〕《资治通鉴》卷一九九，北京：中华书局标点本，1956年，第6268页。

〔2〕杨讷编《元史研究资料汇编》第97册，北京：中华书局，2014年，第196页。

〔3〕《大金国志》卷三九《初兴风土》，北京：中华书局，1986年，第551—552页。

〔4〕李炳海《剺面风俗文献和流传》，《文献》1990年第3期，第281—283页。蔡鸿生《唐代九姓胡礼俗丛考》，《文史》1992年第35辑，第109—125页，此据氏著《唐代九姓胡与突厥文化》，北京：中华书局，1998年，第24—27页。那顺布和《论斯基泰剺面习俗的东传及其意义》，《北方文物》1992年第4期，第67—72页。孟楠《略论中国古代少数民族的"剺面"习俗》，厉声、安尼瓦尔主编《历史论集》，乌鲁木齐：新疆人民出版社，1995年，第86—104页。雷闻《割耳剺面与刺心剖腹——从敦煌158窟北壁涅槃变王子举哀图说起》，第95—104页；修订本《割耳剺面与刺心剖腹——粟特对唐代社会风俗的影响》，第41—48页。张庆捷《"剺面截耳与椎心刺鼻"图解读》，《乾陵文化研究》2008年第4期，第85—92页；收入其著《民族汇聚与文明互动——北朝社会的考古学考察》，北京：商务印书馆，2010年，第559—569页。Judith A. Lerner, "Central Asians in Sixth-Century China: A Zoroastrian Funerary Rite", *Iranica Antiqua*, Vol.XXX, 1995, pp.179-190. 江上波《ユウラシア北方民族の葬礼における剺面、截耳、剪髪について》，收入氏著《ユウラシア北方文化の研究》，山川出版社，1951年，第144—157页。谷憲《内陸アジアの傷身行為に關する一試論》，《史学雜誌》第93編第6號，1984年，第41—57页。

以刀画面以明血诚"。[1]此处之西域诸胡应包括粟特胡人。玄奘在《大唐西域记》的序论中即指出胡俗中的劓面截耳之俗：

> 黑岭以来，莫非胡俗。虽戎人同贯，而族类群分，画界封疆，大率土著。建城郭，务殖田畜，性重财贿，俗轻仁义。嫁娶无礼，尊卑无次，妇言是用，男位居下。死则焚骸，丧期无数。劓面截耳，断发裂裳，屠杀群畜，祀祭幽魂。吉乃素服，凶则皂衣。[2]

粟特地区的考古发现，也印证了文献记载。如粟特片治肯特（Panjkent）二号遗址正厅南壁的大型壁画，上绘粟特人六，突厥人五，同在死者帐前割耳劓面（图4-13）。[3]九姓胡花刺子模托库—卡拉（Tok-Kala）出土的纳骨瓮，瓮面亦刻有胡男胡女劓面截耳的悼亡仪式（图4-14）。[4]不过，据蔡鸿生先生研究，粟特地区的劓面截耳之俗，原是漠北游牧民族的悼亡仪式，后又流行于西胡地区。它在空间和时间上的广延性，"说明这种胡俗有很强的生命力"，[5]而并非表明其是粟特胡人的独特葬俗，更不能据此认为其是祆教葬俗。

至于"刺心剖腹"之俗，学者们多引史载"安金藏剖腹"事迹而论证其与祆教相关。蔡鸿生先生从人、事、例、证四个方面进

---

〔1〕《三国志·魏书》卷一六《仓慈传》，北京：中华书局，2006年，第513页。

〔2〕季羡林等《大唐西域记校注》卷一《序论》，北京：中华书局，1985年，第45页。

〔3〕G. Azarpay, *Sogdian Painting: The Pictorial Epic in Oriental Art*, Berkeley · Los Angeles · London: University of California Press, 1981, p.127. A. M. Belenizki, *Mittelasien Kunst der Sogden*, Leipzig, 1980, p.50.

〔4〕F. Grenet, *Les pratiques funeraires dans l'Asie central sedentaire de la conquete grecque a l'Islamisation*, Paris, 1984, pl. XLIV.

〔5〕蔡鸿生《唐代九姓胡与突厥文化》，第24页。

图4-13　片治肯特壁画所见截耳劓面图（采自宫治昭著，李萍、张清涛译《涅槃和弥勒的图像学：从印度到中亚》，文物出版社，2009年，第467页）

图4-14　托库—卡拉出土的纳骨瓮图（施安昌《火坛与祭司鸟神》，北京紫禁城出版社，2004年，第84页）

行分析，证明"把安金藏剖腹表忠一事定性为粟特人在唐代的文化遗迹是不能成立的"，并提示我们"西域幻法为胡俗（粟特），割耳劈面为蕃俗（突厥），剖腹表忠为汉俗（中国），三者不能划等号"。[1]此外，将文献中所记载的"西域幻术"与"安金藏剖腹表忠"细节加以比较，会发现两者差别甚大。安金藏剖腹表忠的情节，见于《旧唐书》记载：

> （安金藏）即引佩刀自剖其胸，五藏并出，流血被地，因气绝而仆。则天闻之，令与入宫中，遣医人却纳五藏，以桑白皮为线缝合，傅之药，经宿，金藏始苏。[2]

而有关祆教幻术，唐张鷟《朝野金载》卷三记载：

> 凉州祆神祠，至祈祷日祆主以铁钉从额上钉之，直洞腋下，即出门，身轻若飞，须臾数百里。至西祆神前舞一曲即却，至旧祆所乃拔钉，无所损。卧十余日，平复如故。莫知其所以然也。
>
> 河南府立德坊及南市西坊皆有胡祆神庙。每岁商胡祈福，烹猪羊，琵琶鼓笛，酣歌醉舞。酹神之后，募一胡为祆主，看者施钱并与之。其祆主取一横刀，利同霜雪，吹毛不过，以刀刺腹，刃出于背，仍乱搅肠肚流血。食顷，喷水咒之，平复如故。此盖西域之幻法也。[3]

---

〔1〕蔡鸿生《专门史与通识》，收入陈春声主编《学理与方法》，香港：博士苑出版社，2007年，第4—6页；《读史求识录》，广州：广东人民出版社，2010年，第23—29页。

〔2〕《旧唐书》卷一八七上《安金藏传》，第4885页。

〔3〕（唐）张鷟撰，赵守俨点校《朝野金载》（《隋唐嘉话·朝野金载》，唐宋史料笔记丛刊），北京：中华书局，1979年10月第1版，1997年12月湖北第2次印刷，第64—65页。

此类记载还见于敦煌文书中，如英藏敦煌文书《沙州伊州地志残卷》(S.367)，所记贞观十四年(640)高昌未破以前敦煌北面伊州伊吾县祆庙的宗教仪式活动：

> 伊吾县……火祆庙中有素书，形像无数。有祆主翟槃陀者，高昌未破以前，槃陀因入朝至京，即下祆神，因以利刀刺腹，左右通过，出腹外，截弃其余，以发系其本，手执刀两头，高下绞转，说国家所举百事，皆顺天心，神灵助，无不征验。神没之后，僵仆而倒，气息奄，七日即平复如旧。有司奏闻，制授游击将军。[1]

从上引史料可见，祆主与安金藏的剖腹动作有所不同，安金藏"引佩刀自剖其胸"，凉州祆主"以铁钉从额上钉之，直洞腋下"，而翟槃陀"以利刀刺腹，左右通过，出腹外，截弃其余，以发系其本，手执刀两头，高下绞转"，洛阳祆主则"以刀刺腹，刃出于背，仍乱扰肠肚流血"。安金藏剖腹乃为表达"以死尽忠"的决绝之心，是明确的自杀行为——剖腹自尽。相比之下，凉州祆主、翟槃陀和洛阳祆主剖腹则是为了满足表演的需要，因此动作就复杂得多，使用了令人眼花缭乱的"障眼法"，与今日我们所见用刀砍头、将人体切为几个部分的魔术相类似。安金藏剖腹后"五藏并出，流血被地，因气绝而仆……遣医人却纳五藏，以桑白皮为线缝合，傅之药，经宿，金藏始苏"。而翟槃陀做了一系列令人触目惊心的剖腹行为之后"僵仆而倒，气息奄，七日即平复如旧"，凉州祆主"至西祆神

---

[1] 中国社会科学院历史研究所、中国敦煌吐鲁番学会敦煌古文献编辑委员会、英国国家图书馆、伦敦大学亚非学院编《英藏敦煌文献》第一卷，成都：四川人民出版社，1990年，第158页；录文参考唐耕耦、陆宏基编《敦煌社会经济文献真迹释录》第一辑，北京：书目文献出版社，1986年，第40—41页。

前舞一曲即却，至旧祆所乃拔钉，无所损。卧十余日，平复如故"，洛阳祆主则是"食顷，喷水呪之，平复如故"。三位祆主表演完法术之后，并未像金藏那样需要医生救治，而是很快复原。而其中一人休息了七天，一人卧十余日，一人则根本不需要休息，其原因可能是对于幻术的熟悉及运用程度不同所致，甚至是服用了类似曼陀罗（押不卢）等致幻剂、麻药。[1]若安金藏剖腹亦是此类幻术的话，又如何赢得皇帝信任，事后又何须医生专门救治呢？因此，两者实则形似神异。

张庆捷先生曾列举出土文物中涉及截耳劈面与刺心剖腹的图像，包括日本Miho美术馆藏北齐石床榻画像、阿富汗的巴米扬石窟Fc洞（72窟）和K洞（330窟）《涅槃图》壁画、新疆克孜尔石窟第224窟《涅槃图》、出土于花剌子模托库—卡拉遗址的纳骨瓮图像、片治肯特2号遗址出土壁画，以及本节所述及的莫高窟第158窟《举哀图》。[2]在以上诸图像中，具有鲜明祆教特征的无疑是日本Miho美术馆藏品与托库—卡拉出土的纳骨瓮画像。Miho美术馆藏北齐石棺床画像上，"在（画面）上部的中央，一身着长袍者站立着，面向正前方，立于一火坛前。祭司面部覆盖着padam，一种白色的口罩，在祆教仪轨中用来防止玷污圣火。后面有四人，二跪二立，均手持小刀劈面。"（图4-15）[3]托库—卡拉出土的纳骨瓮画面："中部是一个仰身向上的死者，四周环绕悲哀的男女，有的男性单手或者双手揪着头发，表示发自内心的哀痛。"[4]尽管这两幅画

---

〔1〕关于西域幻人表演使用押不卢，见载于明方以智《通雅》，具体讨论见沈睿文《安禄山服散考》，上海古籍出版社，2015年，第98—103页。

〔2〕参阅张庆捷《"劈面截耳与椎心刺鼻"图解读》，《乾陵文化研究》，第85—92页；其著《民族汇聚与文明互动——北朝社会的考古学考察》，第559—569页。

〔3〕姜伯勤《中国祆教艺术史研究》，北京：三联书店，2004年，第84页。

〔4〕张庆捷《"劈面截耳与椎心刺鼻"图解读》，《乾陵文化研究》，第86页；其著《民族汇聚与文明互动——北朝社会的考古学考察》，第561页。

图4-15 日本Miho美术馆藏北齐石棺床（采自日本Miho美术馆官网：
http://www.miho.or.jp/chinese/index.html.）

像整体与祆教有关,但其中的劓面、哀悼等习俗是否即为祆教习
俗,则并不确定。有关克孜尔石窟佛教涅槃图像的变化,日本学者
宫治昭先生认为,"中亚流行的非佛教的葬送仪式中,有拔发、打
胸、劓面、割耳的激烈的哀悼仪式。不喜欢流血的佛教回避劓面、
截耳那样的仪礼是理所当然的,但克孜尔壁画又直接吸收了这种
非佛教的哀悼仪式。……中亚涅槃图像的哀悼形式摄取了非佛教
的葬礼。"[1]至于这些非佛教的葬礼是否即为祆教习俗呢? 若从祆
教教义来考虑,则很难给出肯定的答案。

根据原始琐罗亚斯德教教义,无论是"劓面截耳"的流血行
为,抑或举哀的哀悼仪式,都与该教教义相违背。据教义所说,死

---

〔1〕［日］宫治昭《中央アジア涅槃図の図像学的考察》,氏著《涅槃と弥勒の図像
学》,東京:吉川弘文館,1992年,第525—553页;此据贺小平中译本《关于中亚涅
槃图的图像学的考察》,《敦煌研究》1987年第3期,第98页。

亡乃恶魔阿里曼所创造，所有死亡的事物均遭到不同程度的污染。比如出血或者某一部位被割离，细小者如修剪头发和指甲等，在其死亡瞬间皆变成污染物。琐罗亚斯德教帕拉维（Pahlavi）文书中记载了此类古老信条，指明这些剪掉的东西是不净的，一定不能接触善良的土地。琐罗亚斯德教徒小心翼翼地亲自收集并处理剪掉的头发和指甲。人们通常将这些废弃物包在一块白色棉布里，放在地上画好的四条宗教意义的框（kaš）中间，围住污染。然后念诵相应的《阿维斯陀经》（Vd. 17. 9），将布缝好，放在一小块彩布里包起来。然后通常由妇女或者女孩把左臂的衣袖紧紧挽到肘部，左手拿着小包，远离身体，拿到"指甲堆"（the *lard* or *nākhondān*），扔在那里。处理这些垃圾的人要进行三次净礼：先在地上的框里放三块石头；首先站在第一块石头上，自己用帕杰乌（清洁所用的牛尿）擦洗；然后站在第二块石头上用沙子擦洗；最后，在第三块石头上用水沐浴，如此这般，由于接触了从身体割离之物所受的污染才被完全驱除。[1]

祭祀死者时，琐罗亚斯德教徒并不主张一味悲痛地祭祀，而是尽力创造能够与死者共同参加的快乐活动，这种活动被称为"娱乐灵魂"（šād-ravānī）。这一行为演变为在葬礼时举行的节日，以至于旁观者很难区别节日和葬礼。若遇家中有人过世，全家人沉浸在悲痛之中，亲戚和朋友前来慰问。日间的仪式上，客人们向亲属吊唁；晚上的集会则尽量地欢快娱乐，大家载歌载舞，互相逗趣、讲故事、饮酒作乐。乍一看，在葬礼中举行娱乐活动好像缺乏人情味；但事实上，这部分活动也是为了死者的灵魂着想，人们确

〔1〕Mary Boyce, *A Persian Stronghold of Zoroastrianism*, Oxford: Oxford University Press, 1977, repr. University Press of America: Lanham · New York · London, 1989, pp.107—109. 中译本见［英］玛丽·博伊斯原著，张小贵、殷小平译《伊朗琐罗亚斯德教村落》，北京：中华书局，2005年，第117—118页。

信当灵魂看到留在世间为自己而深感痛苦的人，会感到悲伤，只有看到他们快乐才感到高兴。[1]

三、箱形物非纳骨瓮辨

至于洞窟南壁涅槃图中所绘佛祖两大弟子所捧箱形物是否为祆教纳骨瓮，我们无法简单地给出肯定或否定的答案。本节首先考察祆教与纳骨瓮的关系，或许有助于认识此箱形物的宗教属性。

著名中亚考古学家普加琴科娃（G.A.Pugachenkova）曾这样描述纳骨瓮："（纳骨瓮）是根据《阿维斯陀经》教义，将人的尸体运到远无人烟的地方，或者是达克玛（dakhma）里面，尸肉被处理干净后存放尸骨的特殊容器。"[2]中亚考古发现证明，纳骨瓮是中古时期中亚祆教徒所普遍使用的葬具，学界咸认为这是其与萨珊波斯琐罗亚斯德教葬俗的明显差异。[3]自19世纪末开始，中亚各地就相继发现大量纳骨瓮。重要的发现如20世纪初在撒马尔干以西70公里的比亚·乃蛮（Biya-naiman）地区出土了将近700个纳骨瓮残片。20世纪四五十年代，片治肯特、木鹿、花剌子模等地亦出土了纳骨瓮。[4]到了70年代，在瑟底痕（Ishtixon）和库尔干等地也发现了纳骨瓮。[5]2005—2008年，法国—乌兹别克考古队

---

[1] Mary Boyce, *A Persian Stronghold of Zoroastrianism*, pp.160-161. 中译本见［英］玛丽·博伊斯原著，张小贵、殷小平译《伊朗琐罗亚斯德教村落》，第169—170页。

[2] G. A. Pugachenkova, "The From and Style of Sogdian Ossuaries", *Bulletin of the Asia Institute (BAI)*, new series 8 (The Archaeology and Art of Central Asia. Studies from the Former Soviet Union), 1996, pp.227-243.

[3] 蔡鸿生《唐代九姓胡与突厥文化》，第135页。

[4] G. A. Pugachenkova, "Les ostothèques de Miankal'", *Mesopotamia* 20, 1985, pp.147-183, fig. 53-85.香山阳坪《オスアリについて—中央アジア·ゾロアスター教徒の藏骨器》,《史学杂志》第72编第9号，1963年，第54—55页。

[5] G. A. Pugachenkova, "Les ostothèques de Miankal'".

在粟特南部的 Sangyr-tepe 还发掘了大量纳骨瓮。[1]有关纳骨瓮与
祆教的关系，学者们进行了大量研究。如法国中亚考古专家葛乐
耐（F. Grenet）教授研究了比亚·乃蛮遗址发现的纳骨瓮，在其修
饰图像上认读了一组六位稳定的人物形像，并将其比定为琐罗亚
斯德教主神阿胡拉·马兹达的六位属神。[2]而早年比利时伊朗考
古学家吉什曼（R. Ghirshman）亦曾辨认出伊朗本土所出石制纳骨
瓮上刻有密特拉（Mithra）、察宛（Zurvān）、阿达尔（Ātar）和阿娜希
塔（Anāhitā）四位琐罗亚斯德教神祇。[3]以上研究，说明骨瓮的确
与祆教关系密切。不过总的来说，有关纳骨瓮的研究，多集中于制
法、形状、装饰、出土地域，以及年代等分类的综合性研究。[4]而证
明纳骨瓮是否具有祆教属性的更重要标准是，骨瓮直接盛放的是
骸骨，还是火烧后的骨灰。因为若其中所盛为骨灰，显然与琐罗亚
斯德教的核心教义相违背，而这一差异也不能简单地以地域不同
发生变异来解释。

　　根据琐罗亚斯德教义规定，若用火来焚烧尸体，乃是"玷污
火"的重大罪过，将受到严厉惩罚。《辟邪经》中规定，尸体布满尸

〔1〕 F. Grenet and M. Khasanov, "The Ossuary from Sangyr-tepe(Southern Sogdiana):
Evidence of the Chionite Invasions", *Journal of Inner Asian Art and Archaeology*,
Vol.4, 2009, pp.69-81.

〔2〕 F. Grenet, "Zoroastrian Themes on Early Medieval Sogdian Ossuaries", *A Zoroastrian
Tapestry: Art, Religion and Culture*, eds. by Pheroza J. Godrej and F. P. Mistree,
Mapin Publishing, Ahmedabad, 2002, pp.91-97.参阅中译本葛勒耐著，毛民译《北
朝粟特本土纳骨瓮上的祆教主题》，刊张庆捷、李书吉、李钢主编《4—6世纪的北
中国与欧亚大陆》，北京：科学出版社，2006年，第190—198页。

〔3〕 R. Ghirshman, *Persian Art: The Parthian and Sasanian Dynasties*, New York, 1962,
p.166; "études iraniennes II: Un ossuaire en pierre sculptée", *Artibus Asiae* 9, 1948,
pp.293-310.

〔4〕 G. A. Pugachenkova, "The Form and Style of Sogdian Ossuaries", pp.227-243. L. V.
Pavchinskaia, "Sogdian Ossuaries", *BAI*, new series 8, pp.209-226. F. Grenet,
"Les ossuaries zoroastriens", P. Chuvin ed., *Les arts de l'Asie centrale*, Paris, 1999,
pp.164-167.

魔，焚烧尸体、直接埋葬尸体或将尸体投入水中都是极大的罪恶，因为这样会污染火、水、大地等善的创造。如果用火来焚烧尸体，那么火就会受到极大的污染。对于如何处理这类被污染的火，《辟邪经》中是这样规定的：

> （问：）现世的造物主，正直的上神！如果马兹达教徒日常中遇到用火焚尸，将如何处理？
>
> 马兹达回答道：他们应该杀死烧尸体者，他们应该移走烧火的器具，移走盛尸骨的器具。人们应该从那火中重新取出火种，使其远离原来焚尸之火，如此这般，受污染的火将迅速熄灭。[1]

若将污染之火正确处理，则是极大的功德：

> （问：）现世的造物主，至善的上神！如果人们将（受污染的）焚尸之火带到指定地点净化，当其逝世时，将会受到何种奖赏？
>
> 马兹达回答道：就好比他生前将纯净的火携带到火庙的功德一万倍。[2]

因此，若要判断本节所讨论的箱形物是否为祆教纳骨瓮，一个重要标准是其中所盛之骨应未经过焚烧。迁居中亚的琐罗亚斯德教教徒，虽然葬俗的形式有所改变，但其核心内涵始终没有变化：即尸体不能接触火、水、土地，纳骨瓮中安置的为天葬或野葬后的骨殖。

---

[1] Marry Boyce ed. and transl., *Textual Sources for the Study of Zoroastrianism*, Manchester University Press, 1984, p.62.

[2] Marry Boyce ed. and transl., *Textual Sources for the Study of Zoroastrianism*, p.62.

这两点在出土文物中也得到了证实。柳洪亮先生曾披露新疆鄯善县吐峪沟发现的陶棺葬，其中1号和2号陶棺中各装有一副成年人骨架，陶棺内的人骨架均属二次葬，是死者的尸体自然腐烂后再把骨架叠压装入棺内的（图4-16）。[1]

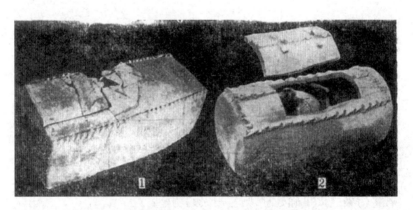

图4-16　新疆鄯善吐峪沟陶棺葬（采自柳洪亮《新疆鄯善县吐峪沟发现陶棺葬》，《考古》1986年第1期，第88页）

此外，需要特别指出的是，使用纳骨瓮并非琐罗亚斯德教的唯一或专有葬俗。琐罗亚斯德教经典中出现骨瓮的记载，至迟可追溯至《辟邪经》。该经编纂于萨珊王朝沙普尔二世统治时期（309—380），其中第六章在规定处理死者遗骸的正确方式时，言及骨瓮：

（问：）我们将死者的遗骸置于何处？

（答：）放到狗、狐狸和狼够不到的骨瓮（uzdāna-）里，不要让雨水淋到。若条件许可，这些崇拜马兹达者就将其放于岩

---

[1] 柳洪亮《新疆鄯善县吐峪沟发现陶棺葬》，《考古》1986年第1期，第87—89页。影山悦子《ソグド人の墓と葬具——中國とソグディアナ》，收入森部豊编《ソグド人と東ユ—ラシアの文化交渉》，勉誠出版株式会社，2014年，第78页。

石或泥土上；反之，就让骨架待在原地，或曝露在阳光下，接受光照。[1]

Uzdāna 在帕拉维语中读作 uzdahist，意为 astōdān（纳骨瓮），不同时期的纳骨瓮风格不同。然而，按照《辟邪经》的规定，穷人只是将干燥的遗骸放在地上，考古发现无法证明，但帕提亚时代和萨珊时期的外国旅行家曾经目睹。这种风俗与琐罗亚斯德教的教义并不相悖，因为骨头经过曝晒，已经变干净，不会污染善良的大地。[2] 这也可能正是中国史籍记载波斯葬俗"弃尸于山"，而没有记载如何处置遗骸的一个原因，普通百姓在弃尸之后，任由尸骨腐化，并不违背教义。按照琐罗亚斯德教的规定，造物主创造了人，在末日（Frašegird）时收集残骸，是造物主所允许的。[3] 因此，使用纳骨瓮保存遗骸，虽属遵循教义的一种表现，却不是非执行不可的义务，现有资料只能说明其在某时某地较为普遍。处理尸骨的方法和地点会随着具体条件的改变而发生变化，这毫不奇怪，关键是必须严格遵守琐罗亚斯德教的净规，即保证尸骨不会对善的造物造成污染、伤害。况且作为二次葬时存放骸骨的葬具，纳骨瓮并非祆教所独有。如犹太教中即有使用纳骨瓮二次葬的习俗。[4] 因此，仅从图像所示箱形物外观与纳骨瓮类似，就定其为祆教属性，显然不够谨慎。那么，该箱形物究为何物？考察洞窟开凿的时代背景，无疑有助回答这个疑问。

据学者们考证，158窟所开凿的时代大致在公元9世纪初至

---

[1] Mary Boyce ed. and transl., *Textual sources for the study of Zoroastrianism*, p.65.

[2] Mary Boyce, *A History of Zoroastrianism,* Vol I, Leiden: E. J. Brill, 1975, p.327.

[3] R. C. Zaehner, *The Dawn and Twilight of Zoroastrianism*, London: Weidenfeld and Nicolson, 1961, p.317.

[4] M. Shenkar, "*Yosef bar El'asa Artaka* and the elusive Jewish Diaspora of pre-Islamic Iran and Central Asia" ,*Journal of Jewish Studies*, Vol.LXV, No.1, 2014, pp.58-76.

公元839年左右，即吐蕃统治晚期的前段。[1]这一时期吐蕃统治者为了巩固政权，采取了联合汉族地主阶级（包括高级僧侣）的策略。[2]这一策略使得"在吐蕃管辖下的敦煌也与吐蕃本土一样，在吐蕃统治者的大力提倡与扶植下，佛教的发展也达到了一个新的顶峰。……沙州寺数和僧数不断增长……佛教教团的实力不断膨胀。"[3]聚居于此的粟特人显然受到了这一趋势的影响，上层粟特人纷纷捐资建窟，以功德主、施主的身份参与佛教活动，处于低层的粟特人则进入寺庙，成为寺户。[4]史籍记载表明吐蕃统治时期佛教信仰在粟特人中普遍流行，粟特人在佛教教团中势力大增，不仅所占比重高，而且控制了吐蕃统治初期佛教教团领导之位。[5]在浓厚的佛教氛围中，许多粟特人信仰了佛教。如敦煌文书P.2729《吐蕃辰年（公元788年）三月沙洲僧尼部落米净辩牒》，是吐蕃占领敦煌后于788年对敦煌诸寺僧尼的清查名单，从名单中可以看到，敦煌诸寺僧尼共310人，其中粟特胡姓僧尼49人：龙兴寺有都统石惠捷、米净辩、石会如、石宝意、罗般若；大云寺有翟维明、都统康智诠、罗智广、贺辩空、石法进；莲台寺、灵图寺、金光明寺、永安寺、乾元寺、开元寺、灵修寺、普光寺和大乘寺也都有粟

〔1〕樊锦诗、赵青兰《吐蕃占领时期莫高窟洞窟的分期研究》，《敦煌研究》1994年第4期，第76—94页。

〔2〕贺世哲《敦煌莫高窟壁画中的〈维摩诘经变〉》，《敦煌研究》1982年第2期，第62—87页。

〔3〕樊锦诗、赵青兰《吐蕃占领时期莫高窟洞窟的分期研究》，第86页。关于这一点，姜伯勤先生在《唐五代敦煌寺户制度》一书中有详尽的叙述，此处不赘，见姜伯勤《唐五代敦煌寺户制度》，北京：中国人民大学出版社，2011年，第37—39页。

〔4〕郭萍《吐蕃时期敦煌石窟壁画修筑者中的粟特人》，樊锦诗主编《敦煌吐蕃统治时期石窟与藏传佛教艺术研究》，兰州：甘肃教育出版社，2012年，第158—170页。

〔5〕郑炳林《唐五代敦煌的粟特人与佛教》，《敦煌研究》1997年第2期，第151—169页。

特胡姓僧尼。粟特及胡姓人约占僧尼总数的六分之一，其中安、史、米、曹、康、石等粟特僧尼共29人，占近十分之一。[1]另，第158窟甬道北壁西向第二身供养人题名为"大蕃管内三学法师持钵僧宜"，"'大蕃管内'是吐蕃人的自称，犹如唐人自称'大唐'。'三学法师'是宗教职称，在莫高窟僧人题名中屡有所见。'持钵僧'这个名称在莫高窟仅见此一例，可能是供养僧表示虔诚的一种谦称。至于'宜'字，黄文焕同志认为可能是姓氏，吐蕃语里有此一姓"。[2]据此，我们可以将此题记释读为"法号是'三学法师'的'宜'姓吐蕃僧人"。以上史实，在在证明该窟的佛教背景。联系到该窟壁画主体是佛祖涅槃图，因此图中出现的箱形物更宜从佛教角度索解。

据文献记载，佛祖涅槃后，"尔时如来大圣宝棺，渐渐空行至荼毗所。……尔时如来以大悲力，从心胸中火踊棺外，渐渐荼毗经于七日。"[3]此处之宝棺应该是安放佛祖荼毗后的舍利子。佛教典籍记载，佛祖荼毗后现八万四千颗舍利子，因为舍利子是佛教圣物，教徒们为了表示对佛的虔诚，专门修建了保存和埋葬舍利的建筑物——"塔"。"一切四众收取舍利置七宝瓶，当于拘尸那伽城内四衢道中起七宝塔，高十三层，上有相轮……安置宝瓶如来舍利"。[4]那么，本节所言的箱形物是否即为盛装舍利子的舍利函呢？

关于隋唐时期舍利函的情况，杨泓先生和徐苹芳先生已有

---

〔1〕唐耕耦、陆宏基编《敦煌社会经济文献真迹释录》第四辑，全国图书馆文献缩微复制中心，1990年，第194—204页。

〔2〕贺世哲《从供养人题记看莫高窟部分洞窟的营建年代》，敦煌研究院编《敦煌莫高窟供养人题记》，北京：文物出版社，1986年，第207页。

〔3〕《大般涅槃经后分卷》下，《大正新修大藏经》卷一二，台北：财团法人佛陀教育基金会，1994年，第907—909页。

〔4〕《大般涅槃经后分卷》下，第903页。

论述。[1]杨泓先生将隋唐时期中国舍利容器形制变化划分为三个阶段：第一阶段自隋至唐初，通常由内至外是玻璃瓶、铜函、石函。如陕西耀县隋神德寺出土隋仁寿四年（604）盝顶方形舍利石函，内涂金盝顶铜盒、涂金方铜盒。[2]第二阶段始自唐高宗显庆五年（660）至唐武宗会昌灭法（845），石函内为金棺银椁。如甘肃泾川贾家庄唐大云寺塔基地宫出土延载元年（694）刻铭盝顶方形石函，函内依次有：鎏金方形铜函、银椁、金棺、琉璃瓶，内舍利14粒。[3]第三阶段是唐宣宗复法以后到唐代覆亡，除仍沿用金棺银椁瘗藏舍利外，更新兴以小型塔子为舍利容器。如陕西扶风唐法门寺塔地宫后室出土唐懿宗咸通十五年（874）八重舍利宝函，由外及内依次是银棱盝顶黑漆宝函、鎏金四天王盝顶正方形银函、素面盝顶正方形银函、鎏金如来坐佛盝顶银函、六臂观音盝顶金函、金筐宝钿珍珠装金函、金筐宝钿珍珠装斌玞石函、宝珠顶单檐四门金塔，内佛指舍利一枚。[4]由此我们可以发现，隋唐时期的舍利函，不论供奉舍利的规格有多高、舍利子外所包的石函有几重，最外面的一重舍利容器一般为方形石函，与壁画中箱形物形制相似，且符合壁画佛祖涅槃的主题。

　　另，在河北定县宋静志寺塔基内不仅发掘出隋大业二年（606）盝顶正方形舍利石函及鎏金盝顶方形铜函（图4-17），其北壁发现绘有十大弟子举哀图，"塔基的东、西、北三壁均有壁画。北壁是释

---

〔1〕杨泓《中国隋唐时期佛教舍利容器》，《中国历史文物》2004年第4期，第22—35页，图版壹、贰、叁；徐苹芳《中国舍利塔基考述》，《传统文化与现代化》1994年第4期，第59—74页。

〔2〕朱捷元、秦波《陕西长安和耀县发现的波斯萨珊朝银币》，《考古》1974年第2期，第126—132页，图版拾。

〔3〕甘肃省文物工作队《甘肃省泾川县出土的唐代舍利石函》，《文物》1966年第3期，第8—14、47页，图版肆。

〔4〕陕西省法门寺考古队《扶风法门寺塔唐代地宫发掘简报》，《文物》1988年第10期，第1—28页，图版肆、伍。

迦牟尼涅槃像，描绘的是释迦牟尼死后，他的十个弟子赶来奔丧的情景。上面画一高台，释迦牟尼尸体侧卧其上，两目微闭，十分安详，似正枕臂微睡……周围是他的十个弟子和父母悲悼的景象，有的捶胸顿足，有的嚎啕大哭，有的伏尸饮泣，有的哭昏在地。"（图4-18）[1] 在陕西临潼姜原村唐庆山寺塔基地宫中发掘出开元二十九年（741）释迦如来石舍利宝帐、银椁、金棺、铜莲

图4-17　河北定县宋静志寺塔基地宫出土舍利函（采自定县博物馆《河北定县发现两座宋代塔基》，《文物》1972年第8期，第46页、图版七-5）

座玻璃瓶，内装舍利，而且出土的舍利塔侧壁上发现同样绘有十大弟子举哀图，"（宝帐）左侧面，涅槃图……释迦佛仰面躺在铺着席

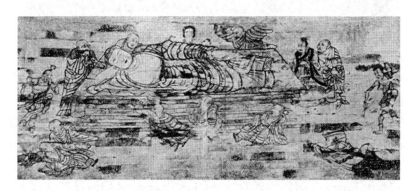

图4-18　塔基地宫出土涅槃图（采自定县博物馆《河北定县发现两座宋代塔基》，《文物》1972年第8期，第49页、图九）

---

〔1〕定县博物馆《河北定县发现两座宋代塔基》，《文物》1972年第8期，第43—44，49页。

子的长方形榻上,身着法衣,缚带交叉。……榻前两侧各跪一个项戴链,腕戴钏,裸上身,一手握拳搭膝,一手握拳捶胸,张口哭泣的僧人。"(图4-19)[1]涅槃图与舍利函一同出现,符合佛教教义。两幅涅槃图中十大弟子举哀也是正常的哀悼行为,并无其他独特的方式或含义。因此,以佛祖涅槃为主题的壁画中出现带着舍利函的十大弟子,合情合理。

图4-19　陕西临潼唐庆山寺塔基地宫出土涅槃图(采自临潼县博物馆《临潼唐庆山寺舍利塔基精室清理记》,《文博》1985年第5期,第22页)

　　至于论者所言"以头抵箱正说明了祆教徒在祭葬死者时的礼拜方式是以头顶礼纳骨器",仅为推测。有关琐罗亚斯德教丧葬礼俗,印度帕尔西学者莫迪(J. J. Modi)、英国学者玛丽·博伊斯(Mary Boyce),瑞典学者哈特曼(S. S. Hartman)均做过广泛深入

───────────

[1]临潼县博物馆《临潼唐庆山寺舍利塔基精室清理记》,《文博》1985年第5期,第19、21、22页。

的研究。[1]从这些学者所记录的现代印度和伊朗琐罗亚斯德教徒的丧葬礼俗来看,并未见以头顶礼纳骨器来祭祀死者的礼拜方式,而该教经典中亦无此类描述。所以此说法目前尚无法证实。

第四节　祆教"犬视"及其在
丝绸之路上的传播

祆教乃起源于波斯琐罗亚斯德教,经由中亚(尤其是粟特地区)传入中国,成为东西文化交流的奇观。近年来,考古发现屡见中古入华粟特后裔墓葬信息,也引起了人们对之前相关墓葬资料的关注,其中石刻图像不乏与犬相关者,多与祆教有涉,学者们也多将其比定为祆教"犬视"仪式的主角。"犬视"是琐罗亚斯德教葬仪的核心环节,但既往研究对"犬视"的来龙去脉多语焉不详,致使我们对于这些图像信息缺乏全面了解。

一、"犬视"及其成因

动物在人类社会各种宗教中的地位与角色向来举足轻重,往往与宗教虔诚、奉献牺牲、神话传说、传统习俗等方面联系在一起,信徒对动物的态度也从一个侧面体现了宗教中的神人关系。琐罗亚斯德教从自身善恶二元斗争的角度出发,将诸种动物分为善恶两大类,其中犬是诸善端动物的突出代表,尤其在葬礼中承

---

[1] J. J. Modi, *The Religious Ceremonies and Customs of the Parsees*, Bombay, 2nd 1937. Mary Boyce, *A Persian Stronghold of Zoroastrianism*. 中译本见［英］玛丽·博伊斯原著, 张小贵、殷小平译《伊朗琐罗亚斯德教村落》。S. S. Hartman, *Parsism, The Religion of Zoroaster*, Leiden, 1980.

担重要角色。"犬视"一词中古波斯语写作Sagdīd, 由sag[1](一只狗)和dīd(看, 瞄准)组成, 意思是让狗来看。[2]"犬视"即在教徒去世后至尸体被运到达克玛(Dakhma)期间所举行的一个重要仪节, 其目的乃是通过犬凝视尸体, 祛除附着在尸体上的恶魔, 使尸体得以净化, 灵魂能够安全通过"裁判之桥"(the Činvat Bridge), 视其生前功过而升入天堂或者堕向地狱。犬之所以在琐罗亚斯德教葬礼中担当特殊角色, 首先与该教有关善恶斗争的教义有关。

　　根据琐罗亚斯德教教义, 在这个善与恶、生与死混同的世界里, 最恶的污染之源是人类的尸体。人死后, 尸魔(Drug Nasu)会幻化成丑陋的苍蝇, 附于尸体之上。她会千方百计进入死者身体, 进行肆意攻击。因此, 死者的尸体变得极为不干净, 不能够被埋葬、燃烧, 也不能将其投入水中, 否则会污染土地、火、水这些神圣的元素, 为了降低潜在的危险, 尸体应该放在远离人类和火的地方。教义认为, "不洁进入了人的身体就意味着死亡, 死亡是恶魔的胜利", [3]因此教徒的职责是追随善神, 与恶神作斗争, 一个重要的做法是在尸体被曝在外之前, 需要进行"犬视", 因为据说犬的宗教力量可以驱除恶魔。在《辟邪经》中, 阿胡拉·马兹达告诫信徒, 人一去世, 恶魔便会立即从北方袭来, 附着在尸体上。而只有犬凝视尸体, 才能驱走恶魔, 保持尸体和灵魂的洁净。如经文第七章第一、二节记载:

---

[1] D. N. MacKenzie, *A Concise Pahlavi Dictionary, London: Oxford University Press*, 1971, p.26, 73.

[2] J. J. Modi, *The Religious Ceremonies and Customs of the Parsees*, Bombay, 2nd 1937, p.56.

[3] J. Darmesteter transl., *The Zend-Avesta*, Part I, *The Vendīdād*, in F.Max Müller ed. *Sacred Books of the East*, Vol. IV, Oxford University Press, 1887; repr. Motilal Banarsidass, 1965, 1969, 1974, 1980, intro lxxxvi.

琐罗亚斯德问阿胡拉·马兹达：啊，阿胡拉·马兹达，伟大的生命之神，现世万物的至善造物主！尸魔如何冲向死者尸体？

阿胡拉·马兹达回答道：啊，斯皮塔马·琐罗亚斯德，就在人死后，灵魂刚刚离开肉体，尸魔即从北方飞来，它幻化成丑陋的苍蝇，展翅……胡乱飞舞，就像最邪恶的爬虫。

直到犬凝视了尸体或者啃咬了尸肉，或者食肉鸟飞来，落在尸体上。当犬凝视了尸体或者吃掉了尸肉，或食肉鸟飞向尸体，尸魔幻化成丑陋的苍蝇，展翅逃回北方，就像最邪恶的爬虫。[1]

《辟邪经》第八章第三节的规定更为详细：

（琐罗亚斯德问：）伟大的造物主，至善的上神！凡经犬或人的尸体经过之路，羊群、畜群、男子、女子、阿胡拉·马兹达诸子——火、圣枝（barsom）以及普通信众，可以走吗？

（阿胡拉·马兹达答道：）羊群、畜群、男子、女子、阿胡拉·马兹达诸子——火、圣枝以及普通信众，不可以走。

你们应牵一条黄色的四眼狗或者黄耳朵的白狗在这条路上来回走三次。当黄色的四眼狗或黄耳朵的白狗到了那里之后，尸魔展翅狂舞，带着世上最肮脏的污秽从北方咆哮飞来，

---

[1] J. Darmesteter transl., *The Zend-Avesta*, Part I, *The Vendīdād*, pp.74-75. Prods Oktor Skjærvf, *Introduction to Zoroastrianism: Zoroastrian.* (For use in Early Iranian Civilizations 102; Divinity School no. 3663a, 2007). *Texts Part Two*, p.136, at https:// sites.fas.harvard.edu/~iranian/Zoroastrianism/Zoroastrianism3_Texts_II.pdf. 有关这段经文的帕拉维文翻译参阅 Moazami Mahnaz, *Wrestling with the Demons of the Pahlavi Widewdad: Transcription, Translation, and Commentary*, Boston: Brill, 2014, pp.184-185.

就像最邪恶的造物（Khrafstras）一样。

　　如果狗不愿意走这条路，他们应该牵着这条黄色的四眼狗或者黄耳朵的白狗在这条路上来回走六次。当黄色的四眼狗或黄耳朵的白狗到了那里之后，尸魔展翅狂舞，带着世上最肮脏的污秽从北方咆哮飞来，就像最邪恶的造物一样。

　　如果狗还是不愿意走，他们应该牵着这条黄色的四眼狗或者黄耳朵的白狗在这条路上来回走九次。当黄色的四眼狗或黄耳朵的白狗到了那里之后，尸魔展翅狂舞，带着世上最肮脏的污秽从北方咆哮飞来，就像最邪恶的造物一样。[1]

此处言及的黄色四眼狗或黄耳朵白狗即为承担"犬视"仪式之犬，由经文记载可知，经过这种犬凝视三、六、九遍之后，原来被犬或人的尸体污染的道路可降低污染。众所周知，犬在众多文化的末世论中都扮演着重要角色，如印欧神话中，它躯体的双重性或多重性是不断被重复的主题。这可能是由于它具有保护此岸世界与彼岸世界边界的功能，保护入口免受外界困扰，正如它在现实世界中经常承担护卫的角色一样。[2]琐罗亚斯德教传说中守护灵魂必经的"裁判之桥"上的两只狗，即体现了这种文化观念。[3]琐罗亚斯德教认为人死后，灵魂要经过"裁判之桥"，有两只犬守护在桥头，帮助审判灵魂：当灵魂来到裁判桥时，"走来了一位美丽女子，身材健壮，容貌姣好，跟随着两只狗……她引导正直者的灵魂越过哈拉

---

〔1〕J. Darmesteter transl., *The Zend-Avesta*, Part I, *The Vendîdâd*, pp.97-98.

〔2〕B. Schlerath, "Der Hund bei den Indogermanen", *Paideuma* 6, 1954, pp.25-40.

〔3〕J. J. Modi, *The Religious Ceremonies and Customs of the Parsees*, pp.56-58.

高山,引导他们度过裁判桥。"[1]这两只狗便是琐罗亚斯德教灵狗"黄耳朵"(Zarrīngōš):"'黄耳朵'由奥尔马兹达专门饲养,以保护初人(Adam/Gayōmard)的肉身免受恶神阿里曼(Ahriman)伤害;它同时也坚守在'裁判之桥'附近,通过吠叫来吓跑附在正直人灵魂上的恶魔。而且,也帮助密赫尔制止那些妄图残害入狱灵魂的恶魔,并阻止生前曾残害过狗的人经过'裁判之桥'。"[2]

通过学者们对当代伊朗琐罗亚斯德教村落宗教仪式的田野调查,我们亦可见犬在该教驱邪仪式中的作用。在琐罗亚斯德教最高级别的净礼——九夜净礼巴勒什奴(Barashnūm)中,狗在"走石头"的环节中担任重要的宗教角色:"狗用铁链拴在小磨石上,牢牢地系在院子的东墙中间,即主角的左边。余下的链子的一端系着一把剪刀,链子足够长,当主角经过石头时可以抓着它,和狗结成完全的拍汪(两者之间宗教性的联系)。……(在第十堆石头上用水举行最后一次三重沐浴穿上圣衫后),她盯着狗(通过链子和其结成拍汪),随D.胡达特(村中祭司)念诵《斯罗什·巴吉》的结尾,在祷文的护佑下,整个仪式得以完成。然后,她用波斯语跟着他念诵三遍下列祷文:'祝愿祭司纯净,祝愿狗正直,使正直灵魂的躯体纯净,祝某某人成功。'……然后她重复三遍'愿正直的我们团结一致',每说一遍都要向狗鞠躬,这样就完成了整个仪式。……当一切结束时,就解开圣狗的链子,让它在月光下绕着空

---

[1] Miguel Ángel Andrés-Toledo, "The Dog(s) of the Zoroastrian Afterlife", *Le sort des Gâthâs et autres études iraniennes in memoriam Jacques Duchesne-Guillemin*, Contributions rassemblées par Éric Pirart, Leuven-Paris-Walpole: Peeters, 2013, p.14; Mary Boyce ed. and transl., *Textual Sources for the Study of Zoroastrianism*, Manchester University Press, 1984. p.80.

[2] Manockji R.Unvala ed., *Dārāb Hormazyār's Rivāyat*, 2 vols., British India Press,Bombay, 1922, Vol. I, pp.256-257; B.N.Dhabhar, *The Persian Rivayat of Hormazyar Framarz and Others,Their Version with Introduction and Notes*, K. R. Cama Oriental Institute, Bombay, 1932, pp.259-260.

荡的院子转一会儿,完成最后一次净化。"[1]由此可见,狗在琐罗亚斯德教徒日常宗教生活中,即担负神圣使命。

狗缘何具有如此神秘的宗教力量,有人认为狗的眼睛具有某些磁力,"特殊的四眼狗(举行犬视仪式所使用的狗)具有检测人的生命之火是否熄灭的特性",如果此人已经死去,那么狗就会不停地盯着尸体;如果此人还未死去,那么狗就不会盯着。也有人认为,在所有的动物中,狗最为忠实于它的主人,因此犬视表达了活着的狗与逝去的主人之间忠诚与感恩的情谊;犬视是为了追忆先祖所奉行的狗在人们生产生活中创造了巨大价值的信念。此外,也有人把狗看作是激情消亡的象征,死亡终结了激情,立于尸体旁的狗则强调了这一点。犬被认为能洞悉彼岸世界。[2]一个更为现代的解释为,当缺乏能够胜任的专业医务人员时,狗比人类更能感知一个人是否真的生病。[3]玛丽·博伊斯教授的论述,则更有助于我们从社会经济发展的角度分析犬受到如此重视的原因:

> 远古时代,当伊朗人的远祖游牧生活在亚洲草原的时候,一定和狗的关系密切;因为骑马的传统还不为人所知,他们一定徒步放牧牛群,因此非常依赖犬帮助放牧与保护畜群。牛和犬这两种动物,可能是原始伊朗人亲密接触的主要动物;它们不仅出现在人类的日常生活中,也参与到他们的信仰与习

---

[1] Mary Boyce, *A Persian Stronghold of Zoroastrianism*, pp.128-130.［英］玛丽·博伊斯著,张小贵、殷小平译《伊朗琐罗亚斯德教村落》,第137—139页。

[2] 相关论点的整理可参阅J. J. Modi, *The Religious Ceremonies and Customs of the Parsees*, pp.48-49.

[3] R. Foltz, "Zoroastrian Attitudes towards Animals", *Society and Animals* 18, 2010, pp.370-371.

俗——这些信仰习俗后来就成为琐罗亚斯德教的一部分。[1]

也正如《阿维斯陀经》中所说"在阿胡拉创造的大地上,如果没有牧羊犬或护家犬,我将没有稳固的家园(*nōiṯ mē nmānəm vīδātō hištənti zạm paiti ahuraδātạm yezi mē nōiṯ ȧŋhāṯ spā pasuš.haurvō vā viš.haurvō vā; Vd. 13.49*)"。[2]正因为犬在宗教生活中的特殊地位,琐罗亚斯德教的律典《辟邪经》对犬有详细的规定,见第十三章八至九节:[3]

无论谁杀死了这些犬,即牧羊犬、护家犬、猎犬和训练的犬,[4]他的灵魂在到达来世时将会因此而听到更多吠叫,受到比狼要多的追逐,被驱逐远离密林最深处。

当从此岸到彼岸的路上被呼喊和追逐时,没有其他的灵魂帮助他死去的灵魂;当从此岸到彼岸的路上被呼喊和追逐时,两只犬也不会在他死时守在关门帮助他。

《辟邪经》中甚至规定了若喂犬食不当,也要承担罪责。如第十三章二十节记载:[5]

---

[1] Mary Boyce, *A Persian Stronghold of Zoroastrianism*, p.139. 中译本《伊朗琐罗亚斯德教村落》,第152页。

[2] Miguel Ángel Andrés-Toledo, *The Zoroastrian Law to Expel the Demons: Wīdēwdād10−15*, Wiesbaden: Harrasowitz Verlag, 2016, p.305.

[3] Miguel Ángel Andrés-Toledo, *The Zoroastrian Law to Expel the Demons: Wīdēwdād10−15*, pp.286−287.

[4] 根据帕拉维文的注释,牧羊犬和护家犬是辅助者,而受训练的犬意味着,人们专门训练犬,犬因此行事。Miguel Ángel Andrés-Toledo, *The Zoroastrian Law to Expel the Demons: Wīdēwdād10−15*, p.286.

[5] Miguel Ángel Andrés-Toledo, *The Zoroastrian Law to Expel the Demons: Wīdēwdād 10−15*, p.291.

　　现实世界的造物主,正直至善之主,无论谁若喂食牧羊犬不足,何种程度会获罪?

　　阿胡拉马兹达回答道:"正如在这个现实世界,他给少了最重要的屋主食物,他因而获罪。"

这段经文的帕拉维文注释则进一步解释,他的罪剥夺了除了冬天给家里每个成员营养的权利。他应该更为正直,遵守法律。[1]该章经文二十四节则详细说明了具体的刑罚:

　　现实世界的造物主,正直至善之主,无论谁若喂食牧羊犬不足,他将如何赎罪?

　　阿胡拉马兹达回答道:"对于这一*pǝšō.tanū*之罪,他应该被罚打200马鞭和200斯牢莎(Sraoša)鞭。"

这段经文的帕拉维文注释解释道,这是犯了大罪(*tanāpuhl*),是更严重的罪。[2]经文的其他部分也规定了若喂食护家犬、猎犬、幼犬不足,将会获何罪,以及分别收到90、70、50马鞭和斯牢莎之鞭的惩罚。[3]而正确的喂食乃是喂犬足够的牛奶、牛油、肉等。[4]这反映了典型的游牧社会的饮食特征。[5]

─────────

〔1〕Miguel Ángel Andrés-Toledo, *The Zoroastrian Law to Expel the Demons: Wīdēwdād 10-15*, p.292.

〔2〕Miguel Ángel Andrés-Toledo, *The Zoroastrian Law to Expel the Demons: Wīdēwdād 10-15*, p.293.

〔3〕Miguel Ángel Andrés-Toledo, *The Zoroastrian Law to Expel the Demons: Wīdēwdād 10-15*, p.294.

〔4〕Miguel Ángel Andrés-Toledo, *The Zoroastrian Law to Expel the Demons: Wīdēwdād 10-15*, p.295.

〔5〕Mary Boyce, "Dog ii. in Zoroastrianism", http://www.iranicaonline.org/articles/dog#pt2.

对于犬的尊重不仅体现于经文的规定，也体现在琐罗亚斯德教徒的日常生活中，犬在伊朗人的生产生活中仍然扮演着重要的角色：放牧捕猎、驱赶豺狼、看家护院、吓退盗匪。[1]因此，伊朗人对犬非常尊敬爱护，如果有人做了对犬不利的事，就会受到严厉惩罚。伊朗中部亚兹德地区沙里发巴特村至今还保有这些传统：生活在此地的琐罗亚斯德教徒不仅每天在家人吃饭前喂狗，且一天最少一次；而且也优待巷狗和流浪狗。[2]

二、"犬视"的仪式

《辟邪经》第八章第十六节记载，举行犬视仪式所使用的狗通常为四眼黄狗或者是黄耳朵的白狗（*zairitəm caθru.cašməm spaētəm zairi.gaošəm*）。"四眼"通常被解释为眼睛上方有两个不同毛发形成的斑点。[3]根据帕尔西人的传说，在连接现世和另一个世界的裁判桥（Činvat）上，黄耳朵的狗蹲在桥头，通过吠叫驱赶附着在至善的人灵魂上的恶魔，以防恶魔将他们的灵魂拽向地狱。因此，许多人认为帕尔西的四眼狗与希腊神话中的三头犬（Kerberos）以及印度神话中阎摩（Yama）的狗是类似的。[4]此外，牧羊犬、护家犬、猎犬、训练犬，甚至幼犬（四个月大）或盲犬都可以驱逐尸魔。[5]

现代伊朗琐罗亚斯德教徒举行犬视仪式所使用的犬可能并没

〔1〕Mary Boyce, *A Persian Stronghold of Zoroastrianism*, pp.139-140. 中译本《伊朗琐罗亚斯德教村落》，第152—153页。

〔2〕Mary Boyce, *A Persian Stronghold of Zoroastrianism*, pp.140-144. 中译本《伊朗琐罗亚斯德教村落》，第153—156页。

〔3〕E. B. N. Dhabhar, *The Persian Rivayats of Hormazyar Framarz*, pp.259-260.

〔4〕J. Darmesteter transl., *The Zend-Avesta*, Part I, *The Vendîdâd*, intro lxxxvii.

〔5〕J. C. Tavadia ed., *Šāyast-nē-Šāyast*, Hamburg: Friederichsen, De Gruyter & Co, 1930, chap. 2. 4; E. B. N. Dhabhar, *The Persian Rivayats of Hormazyar Framarz*, p.117; J. J. Modi, *The Religious Ceremonies and Customs of the Parsees*, p.58.

有特别严格的限制,这一点从玛丽·博伊斯教授于20世纪60年代在伊朗琐罗亚斯德教村落所做的田野调查记录中可以看出:"沙里发巴特的狗大多是黑色,极为平常,虽然也有一些金棕色的狗,像猎犬一样。有些黑狗具有'四眼'的特征,可以代表《辟邪经》中所载的'四眼'狗,即狗的每一只眼睛上有一个淡棕色的斑点,但是村民并未将其甄选出来,或作特殊对待。沙里发巴特没有白狗,不过,D.胡达特自己养了一只雪白的狗,专门用于宗教仪式,因为白色是琐罗亚斯德教的颜色。可惜的是,它可能是伊朗祭司饲养的最后一只白狗了。"[1]

有关犬视的具体仪节,《辟邪经》的记载比较简略,主要涉及教义和教规方面的规定,至于何时何地怎样举行犬视仪式,现存的经文则并不见著录。如帕拉维文经文第七章第二节记录道:

> (阿胡拉·马兹达答道:)当生命逝去,将犬系于脚部附近,尸魔正冲向尸体。这时狗凝视着尸体,重击了尸魔。重击尸魔的犬包括牧羊犬、护家犬、猎犬、幼犬。[2]

经文接着说道:乌鸦也可以驱逐尸魔,当秃鹰、乌鸦、兀鹫的身影飞过尸体,皆可以驱逐尸魔。[3]从经文中我们可以看出,"犬视"仪式的执行主体并不一定必须是犬,在找不到犬的情况下,食肉鸟也可以代替狗来执行此仪式。通过学者对现代伊朗琐罗亚斯德教徒犬视仪式的调查,可以帮助我们了解有关这一仪式的更多细节。

---

〔1〕Mary Boyce, *A Persian Stronghold of Zoroastrianism*, pp.140-141. 中译本《伊朗琐罗亚斯德教村落》,第153页。

〔2〕Mahnaz Moazami, *Wrestling with the demons of the Pahlavi Widēwdād: transcription, translation, and commentary*, Boston: Brill, 2014, pp.184-185.

〔3〕Mahnaz Moazami, *Wrestling with the demons of the Pahlavi Widēwdād: transcription, translation, and commentary*, pp.184-185.

根据玛丽·博伊斯教授的田野调查,伊朗琐罗亚斯德教徒举行的"犬视"仪式总共有三次,分别是人刚死后、葬礼用具准备妥当之后、将尸体放置在达克玛的铁棺中之后。当教徒家中有人刚刚死去,家人就请来祭司或平信徒,代替祭司的平信徒又一次把尼兰(nirang,祭祀过的、从特殊的牛身上取出的牛尿)[1]倒在死者身上,进行最后一次净礼,然后举行犬视仪式,即在宗教意义上让尸体"被狗监视",以减少那些必须触摸尸体的人受到的污染。在这次"犬视"仪式时,要"让狗挨紧尸体,继续担任灵魂的守护者,人们相信灵魂就停留在尸体头部附近。为了增加保护力度,在离尸体三步远处点燃火(更为接近就会对火造成污染);在火上燃烧布德·那克什(būσ-e nākōš,一种植物,名字似乎起源于因为燃烧而产生的香味)根,其刺鼻的气味有抵抗邪恶力量的特殊效用(如祭司 D.胡达特所言),就像发射子弹抵抗仇敌一样。"[2]值得注意的是,为了引导狗直接爬上身体,教徒则是把传统应给狗的三块面包放在尸体胸部,以其仁慈的力量反抗尸魔。……葬礼使用的各种器用都准备好后,就把面包片放在裹尸布上,举行第二次犬视仪式。……(将尸体用铁棺抬至达克玛后)抬尸者把尸体放在石板上,祭司又一次为灵魂念诵忏悔文,并念诵其他一些祷文。然后抬尸者把尸体移放在达克玛较轻的铁棺里。这时,狗执行第三次也是最后一次犬视。[3]

此外,葬礼结束后,还要为死者举行各种纪念仪式,比如"第三日之仪""夜晚之仪""第四日之仪",在这些仪式中,犬都扮演

---

〔1〕参阅张小贵《敦煌文书〈儿郎伟〉与祆教关系辨析》,《西域研究》2014年第3期,第88—90页。

〔2〕Mary Boyce, *A Persian Stronghold of Zoroastrianism*, p.149. 中译本《伊朗琐罗亚斯德教村落》,第160页。

〔3〕Mary Boyce, *A Persian Stronghold of Zoroastrianism*, pp.148-152. 中译本《伊朗琐罗亚斯德教村落》,第159—162页。

着重要的角色。要将祭祀后的食物给狗，"每天在死者殁时喂给狗三块刚烤好的面包（或者至少是没有碎的'干净'面包），还有一个烤好的腌鸡蛋。"据说把食物给了狗，灵魂则免于在地狱中受折磨。[1]之所以需放置"三块"面包在尸体上、喂给狗"三块"面包以及举行"三次"犬视仪式，是因为数字"三"在琐罗亚斯德教徒看来是神圣的数字，代表了琐罗亚斯德教所宣扬的"善思、善言、善行"的三原则。正因为如此，三片面包被看作是犬的一部分。[2]或许也是出于节俭的原因，伊朗琐罗亚斯德教徒用面包代替了肉来执行"犬视"仪式。

　　为死去的狗举行级别仅次于人去世的丧葬仪式，可以佐证狗对伊朗琐罗亚斯德教徒的重要性。教义认为，狗的尸体像正直的人一样，被认为受到了严重污染，看上一眼都会破坏宗教上的洁净，正统教徒必须立即沐浴。……（家狗）的死像人一样，代表了邪恶力量的胜利，也需要举行相应的仪式来限制污染的传播，来帮助狗的灵魂。……当它死时，就像人去世那样：家人拿着一枚鸡蛋到祭司那儿，传达传统的消息"灵魂正在上路"，祭司像为人的灵魂那样为其举行德罗·斯罗什（念诵经文），但是手里只拿三支小树枝，而不像为了平信徒那样拿五支，为了祭司那样拿七支；然后狗尸被抬到空地上，用旧的色德拉（圣衫）做裹尸布，并系上一条圣带；此后分别在第四天黎明、第三十天、第一次周年纪念时为其举行简短的仪式。即使在其死后，教徒也用同样的真诚报答狗的忠诚。[3]

　　7—9世纪，一批虔诚而不愿改宗的琐罗亚斯德教徒从伊朗迁

〔1〕Mary Boyce, *A Persian Stronghold of Zoroastrianism*, pp.143–145. 中译本《伊朗琐罗亚斯德教村落》，第155—157页。

〔2〕Mary Boyce, "Dog ii. in Zoroastrianism", http://www.iranicaonline.org/articles/dog#pt2.

〔3〕Mary Boyce, *A Persian Stronghold of Zoroastrianism*, pp.151–163. 中译本《伊朗琐罗亚斯德教村落》，第162—172页。

居印度,逐渐繁衍生息,发展成今天的帕尔西人。[1]帕尔西人既遵循了祖先的传统,又因应时地变迁而有所变通,帕尔西人也执行犬视仪式,两地仪式的共同特征可视作古老的波斯琐罗亚斯德教延续至今的传统。

根据学者的研究,印度琐罗亚斯德教徒的犬视仪式是这样举行的:为死者穿寿衣时犬视两次,并且在尸体还停留在屋内期间,每间隔一个时辰(Gāh)即要重复举行一次。尸体在屋内停留的时间取决于死者于何时去世。如果在前半夜去世,第二天早上需将尸体移往达克玛;如果在后半夜或者早上时去世,那么下午将尸体移往达克玛。如果于冬天去世,那么需要在春天到来时将尸体移往达克玛。[2]如此做法,显然严格遵循了教律的有关规定:

> (阿胡拉·马兹达答道:)他们应该将尸体放在那里,两晚、三晚或者一个月,直到小鸟归来、植物发芽、河水流动、春风吹干大地上的雨水。
> 一旦小鸟归来、植物发芽、河水流动、春风吹干大地上的雨水,马兹达的信徒就应该将尸体放置于达克玛台上,让死者的眼睛朝向太阳。[3]

如果是意外去世,一般情况下允许较长时间的间隔。因为尸体的腐烂并不早于尸体被污染,而是开始于本时段结束后,所以在对生者的健康不构成危害的情况下,可以停留较长时间。

死者尸体被放入铁棺之中,由抬棺者抬往达克玛。当他们到

---

[1] Alan Williams, *The Zoroastrian Myth of Migration from Iran and Settlement in the Indian Diaspora: Text, Translation and Analysis of the 16th Century Qesse-Ye Sanjān, "The Story of Sanjan"*, Leiden·Boston: Brill, 2009, pp.23-52.

[2] J. J. Modi, *The Religious Ceremonies and Customs of the Parsees*, p.58.

[3] J. Darmesteter transl., *The Zend-Avesta*, Part I, *The Vendīdād*, p.52.

达达克玛时,首先将铁棺放在地上,抬尸者(Nasāsālārs)[1]揭开覆盖在死者面部的裹尸布。送葬的亲属在距离死者三步的地方为死者做最后的祈祷,并最后一次看望死者尊容。之后,举行最后一次犬视仪式。礼毕,由抬尸者将尸体抬进达克玛。[2]

　　印度帕尔西人"犬视"仪式尚有特殊的规定,如果是一个怀有五个月身孕、胎儿已经成形的孕妇去世,那么需要两只狗来举行犬视仪式,一只为孕妇,另一只为婴儿。[3]与伊朗教徒相比,两地"犬视"仪式的差异首先表现在次数上,帕尔西人除了在死者穿寿衣时举行两次犬视仪式,还要根据死者去世时间的不同而举行次数不等的仪式。如果死者在前半夜(傍晚至午夜)去世,那么在早上将尸体运往达克玛之前,需要在午夜和破晓两个新时段到来时犬视两次,加上穿寿衣时的两次,以及到达克玛处的最后一次,总共需要举行五次犬视仪式;如果死者在后半夜去世,那么在下午将尸体运往达克玛之前,需要在破晓和正午两个新时段到来时犬视两次,加上之前的两次和最后一次,总共是五次犬视仪式;如果死者在早上去世,在下午将尸体运往达克玛之前,需要在正午这个新时段到来时犬视一次,加上穿寿衣时的两次和最后一次,总共是四次犬视仪式。意外致死的情况则有单独规定:在下一个时段到来时举行仪式。[4]与伊朗人相似的是,最后一次"犬视"仪式都是在尸体被运至达克玛时举行。

　　玛丽·博伊斯教授曾指出:"宗教信仰体现在宗教仪式中,通过

---

〔1〕此处抬尸者即汉文史籍所记波斯"不净人",如《周书·异域传下》记载"死者多弃尸于山,一月治服。城外有人别居,唯知丧葬之事,号为不净人。若入城市,摇铃自别。"(《周书》卷五〇,北京:中华书局,1971年,第920页。)详细考证见张小贵《古波斯"不净人"考》,《中山大学学报》2002年第5期,第68—75页;收入其著《中古华化袄教考述》,北京:文物出版社,2010年,第160—176页。

〔2〕J. J. Modi, *The Religious Ceremonies and Customs of the Parsees*, p.65.

〔3〕J. J. Modi, *The Religious Ceremonies and Customs of the Parsees*, p.63.

〔4〕参阅李清波《中古袄教丧葬图像考辨——以若干考古发现为例》,暨南大学硕士论文,2016年6月。

仪式才能为人所知；同时，由于仪式的代代相传而保持传统不辍。正是通过仪式，宗教才排除外界影响而保持正统。"正是基于这种观念，她主张"用沙里发巴特古老的正统，连同其他教内外文献去重建古老的信仰与仪式"。[1]我们上文对伊朗、印度现代琐罗亚斯德教仪式的考察，庶几可以帮助复原"犬视"仪式的古老传统。

除了伊朗、印度之外，中古中亚特别是粟特地区一度曾是琐罗亚斯德教流行区，来往丝绸之路的粟特人将这种宗教传入中土，汉文史籍称其为祆教。那么粟特以及入华祆教是否遵循波斯本教的"犬视"仪式呢？

三、粟特及中土的"犬视"

根据中古波斯文献记载，大约830年，粟特的中心地区，即康国撒马尔干的琐罗亚斯德教徒，曾向波斯的宗教领袖法罗赫扎丹（Adurfarnbag Farrokhzadan）询问，当旧达克玛已损坏，新达克玛建好后，应该如何举行仪式。法罗赫扎丹在回信中说道："新达克玛完工后，如果有人死去，就在达克玛的角落里摆放一些石块，举行正确的仪式，然后把尸体放在上面。"[2]说明即便在伊斯兰化之后，粟特祆教徒也保持着向波斯本教求经取法的传统。考古发现表明，中古粟特地区建有祆教徒专门处理尸体的达克玛，其中希腊化时代厄库干（Erkurgan）地区发现的塔状建筑被认为是已知粟特地区最早的达克玛。[3]另外，粟特杜尔曼（Durmen-tepe）地区也发现

---

〔1〕H. W. Bailey etc. eds., *Papers in honour of professor Mary Boyce, Hommages et Opera Minora* vol.x, Leiden：E. J. Brill, 1985, p.XVII.

〔2〕B. N. Dhabhar, *The Persian Rivayats of Hormazyar Framarz and others, their version with introduction and notes*, K.R.Cama Oriental Institute, Bombay 1932, pp.104－105.

〔3〕F. Grenet, "Zoroastrian Funerary Practices in Sogdiana and Chorasmia and among Expatriate Sogdian Communities in China", in S. Stewart ed., *The Everlasting Flame: Zoroastrianism in History and Imagination*, London: Tauris, 2013, pp.18－19.

有7、8世纪时塔状达克玛遗址。[1]20世纪30年代发现的穆格山粟特文文书，时间在8世纪上半叶，其中编号V—8的契约文书，记录了买卖达克玛供家庭使用的情况。[2]2012春季乌兹别克斯坦考古学家在沙赫里夏勃兹（Shahrisabz）东南5公里（Yumalaktepa）发现了一批6—7世纪的有印章的纳骨瓮，现藏撒马尔罕考古所，其中一个纳骨瓮表面绘有天平称量灵魂过裁判桥的场景，反映了典型的祆教灵魂审判观念。[3]

以上所列文献记载和考古发现表明，当时的粟特祆教葬俗和古波斯琐罗亚斯德教葬俗存在着继承关系，[4]当然教徒们在葬礼中是否行犬视仪式则不得而知，所幸汉文史籍留下了珍贵的记载。7世纪初期受隋炀帝派遣出使西域的韦节撰有《西蕃记》，原文赖《通典》引录得以保留至今，[5]内有关于中亚粟特祆教徒"犬视"仪式的珍贵记录：

国城外别有二百余户，专知丧事，别筑一院，院内养狗。每有人死，即往取尸，置此院内，令狗食之，肉尽收骸骨，埋殡

---

〔1〕 F. Grenet, "Zoroastrianism in Central Asia", in Michael Stausberg and Yuhan Sohrab-Dinshaw Vevaina eds., *The Wiley Blackwell Companion to Zoroastrianism*, John Wiely & Sons, Ltd, 2015, p.143.

〔2〕 В. А. Лившиц, *Согдийскаяэпиграфика средней азии и семиречья*, Санкт-Петербург, 2008, стр. 49–58. V. A. Livshits, *Sogdian epigraphy of Central Asia and Semirech'e*, translated from the Russian by Tom Stableford, ed. by Nicholas Sims-Williams, School of Oriental and African Studies, London, 2015, pp.41–42.

〔3〕 Amriddin E. Berdimuradov, Gennadii Bogomolov, "A New Discovery of Stamped Ossuaries near Shahr-i Sabz (Uzbekistan)", *Bulletin of the Asia Institute*（BAI）22, 2008(2012), pp.137–142.

〔4〕 参阅张小贵《唐代九姓胡奉火祆教"诣波斯受法"考》，刊林中泽主编《华夏文明与西方世界》，香港：博士苑出版社，2003年，第63—74页。

〔5〕 余太山《隋书西域传的若干问题》，《新疆师范大学学报》（哲学社会科学版），2004年9月，第25卷第3期，第54页。

无棺椁。[1]

此处的康国别院显然就是琐罗亚斯德教专门处理尸体的达克玛,康国别院的丧事专业户在院内养狗,应是为了举行类似的"犬视"仪式。[2]若然,则中古粟特地区的确保持了波斯本教的犬视仪式。粟特地区对犬的尊崇可以从考古发现和文献记载中得到证实。1978年,饶宗颐先生在《敦煌白画》一书中,论及法国国立图书馆藏P.4518(24)号白画:"绘二女相向坐,带间略施浅绛,颜色微著赭色,颊涂两晕,余皆白描。一女手持蛇蝎,侧有一犬(狼)伸舌,舌设朱色。一女奉杯盘,盘中有犬。纸本已污损,悬挂之带尚存"(图4-20)。[3]姜伯勤、张广达先生相继对此图像进行考察。[4]尽管姜、张两位先生在具体神名的比对上意见有所不同,但界定为粟特祆神则无二致。前引吐鲁番阿斯塔那377号墓葬出土的《高昌

---

〔1〕杜佑撰;王文锦等点校《通典》第一九三卷,北京:中华书局,2003年,第5256页。

〔2〕张小贵《康国别院"令狗食人肉"辨》,《西域研究》2007年第3期,第84页;此据其著《中古华化祆教考述》,第179—180页。

〔3〕Jao Tsong-yi, *Peintures monochromes de Dunhuang*(Dunhuang Baihua敦煌白画),Paris, 1978. 参阅《饶宗颐二十世纪学术文集》,第八卷《敦煌学(上)》,台北:新文丰出版股份有限公司,2003年,第653、662页。

〔4〕姜伯勤《敦煌白画中的粟特神祇》,中国敦煌吐鲁番学会编《敦煌吐鲁番学研究论文集》,上海:汉语大词典出版社,1991年,第296—309页;氏著《中国祆教艺术史研究》,北京:三联书店,2004年,第237—248页。Zhang Guangda, "Trois exemples d'influences mazdéennes dans la Chine des Tang", *Etudes chinoises*, XIII.1 -2, 1994, pp.203-219;中译本见张广达《祆教对唐代中国之影响三例》,《法国汉学》第1辑,北京:清华大学出版社,1996年,第143—154页;*Sérinde.Terre de Bouddha-Dix siècle d'art sur la Route de la Soie,* Paris: Réunion de Musée Nationaux, 1995, pp.293-294, No. 223(F.Grenet解说)。F. Grenet & Zhang Guangda, "The Last Refuge of the Sogdian Religion: Dunhuang in the Ninth and Tenth Centuries", *BAI*, new series, 10 (Studies in Honor of Vladimir A. Livshits), 1996, pp.175-186. 张广达《唐代祆教图像再考》,荣新江主编《唐研究》第三卷,北京大学出版社,1997年,第1—17页。姜伯勤《敦煌白画中粟特神祇图像的再考察》,《艺术史研究》第二辑,广州:中山大学出版社,2000年,第263—291页;其著《中国祆教艺术史研究》,第249—270页。

图4-20　敦煌白画 P.4518（24）

乙酉、丙戌岁某寺条列月用斛斗帐历》记载：

15　……粟参兜（斗），供苟（狗）。麦伍昇（升），祀天。

37　祀天。糜粟拾斛肆昇（升），供作使，并苟（狗）……

39　……粟贰兜（斗）宄（九）昇（升），供苟（狗）……

45　……粟参兜（斗），供苟（狗）。麦伍昇（升），祀天。[1]

这则文书记录了该寺院每月都有固定支出用于"供犬""祀天"。学者们认为此处祭祀的"天"与粟特人信仰的祆教大神Baga有关。[2]若考证得实，则可证明粟特祆教继承了波斯本教崇犬的传统，且将这一习俗带到了中国的西域地区。

　　除了文献记载以外，考古发现的图像资料也为我们提供了有

〔1〕《吐鲁番出土文书》第三册，北京：文物出版社，1981年，第226、229页。
〔2〕姜伯勤：《敦煌吐鲁番文书与丝绸之路》，文物出版社，1992年，第235—237页。

关祆教"犬视"仪式的珍贵信息。在现今已知的北朝至隋诸入华胡裔墓葬资料中,不乏"犬"的形象,出现在描绘墓主人生前或死后活动的各个场景中,其中明显与丧葬有关的是青州北齐画像石、虞弘墓、史君墓和日本Miho美术馆藏北朝石棺床。

一、1971年山东青州傅家画像石面世,益都博物馆征得残剩的11块石板,其中2块素面,9块有线刻画像(包括4件残件)。有关这批画像石,夏名采先生曾于1985年、1995年、2001年三次著文介绍。[1]其中第九石(新发现的一石)的线刻画像中出现了疑似丧葬的图像(图4-21):"图中四马抬一房屋前行,房屋体量较小,应是一棺。……图案左侧两匹马前方有一犬。"郑岩先生根据图中房屋(棺床)形制及送葬场景中的"一犬"认为,图案所表达的是祆教丧葬主题。[2]若然,这里所描绘的可能是死者尸体被运至丧葬地点的场景,或介于第二次与第三次"犬视"仪式之间。[3]此外,学者们也从祆教角度解读了这组画像石的第八石图像(图4-22),该石图像为:

> 图上、下用流云纹带装饰。画面中心为一大象,象的头部有用玉璧、花束组成的笼套饰件,象背上驮一大型方座基,座栏有六根柱饰,柱头呈火焰状,方座下为覆莲饰。象前有一仆人牵引,仆人头戴巾子,穿斜领窄袖长衫,束圆圈纹腰带,带上

〔1〕山东省益都县博物馆、夏名采《益都北齐石室墓线刻画像》,《文物》1985年第10期,第49—54页;夏名采《丝路风雨——记北齐线刻画像》,载夏名采主编《青州市文史资料选辑》第11辑(内部发行),青州,1995年,第144—149页;《青州傅家北齐线刻画像补遗》,《文物》2001年第5期,第92—93页。

〔2〕郑岩《青州北齐画像石与入华粟特人美术》,刊巫鸿主编《汉唐之间文化艺术的互动与交融》,北京:文物出版社,2001年,第90—91页;刊其著《逝者的面具——汉唐墓葬艺术研究》,北京大学出版社,2013年,第289—290页。

〔3〕Judith A. Lerner, *Aspects of Assimilation: The Funerary Practices and Furnishing of Central Asians in China*, Sino-Platonic Papers, 168, December, 2005, p.24.

图4-21　傅家画像石第九石　　　　　**图4-22　傅家画像石第八石**

挂短剑。画面上远方群山中有一座方形盝顶舍利塔,塔正面辟一门。[1]

郑先生在姜伯勤先生提示下,将夏名采所命名的第八石"象戏图"主题定为祆教万灵节(Hamaspathmaedaya):"第八石描绘郊外景象,远处的屋宇可能象征'置座于中'的房屋。大象背上的台座应是《石国传》中的床,只是省略了盛烧骨的金瓮。床沿所装点的六个桃形物,应是火焰,说明这种游行的活动是在夜晚举行的。这些特征基本上可以与文献中关于万灵节的记载相符合。"[2]姜伯勤先生在《青州傅家北齐画像石祆教图像的象征意义——与粟特壁画

[1]山东省益都县博物馆、夏名采《益都北齐石室墓线刻画像》,第53页。
[2]郑岩《逝者的面具——汉唐墓葬艺术研究》,第288—289页。

的比较研究》一文中，除详细论证第八石"象戏图"为祆教万灵节外，更将整组画像石定性为祆教属性，指出"通过北齐青州傅家画像石诸图像象征意义的讨论，我们终于在北齐时期，即公元6世纪末的中国画像石中也找到了'图像上的阿维斯陀'，找到了祆教入华对中国艺术史产生影响的一项确证。"[1]不过这一观点也越来越得到学界的质疑，[2]所以我们在探讨第九石中犬的宗教属性时，可能要避免"孤证难立"的误区。

　　二、1999年太原出土隋虞弘墓（开皇十二年，592），在该墓石椁壁第一块壁画上浮雕一人牵一马（图4-23），马右侧立三人，"在画面中还有两条犬，尖耳细尾，吻部较长较尖，一条位于马前，作奔跑状，正扭头回望；一条位于马侧，作缓步小跑状，尾巴向上卷曲。"[3]有学者认为"马下有二犬，暗示画像石的丧葬主题……此图象征以密特拉神为主审人员的'最后审判'。"[4]尽管有关墓主虞弘本人的族属，学界众说纷纭，[5]但从墓志所

---

〔1〕姜伯勤《青州傅家北齐画像石祆教图像的象征意义——与粟特壁画的比较研究》，原刊《艺术史研究》第5辑，广州：中山大学出版社，2003年，第169—188页；此据其著《中国祆教艺术史研究》，第70—73页。孙武军先生也赞同这一观点，见《入华粟特人墓葬图像的丧葬与宗教文化》，中国社会科学出版社，2014年，第45页。

〔2〕扬之水《象舆——兼论青州傅家北齐画像石中的"象戏图"》，《中国文化》第33期，2011年第1期，第35—43页。张小贵《祆教"万灵节"的沿革与礼仪》，齐东方、沈睿文主编《两个世界的徘徊——中古时期丧葬观念风俗与礼仪制度学术研讨会论文集》，北京：科学出版社，2016年6月，第385—398页。

〔3〕山西省考古研究所、太原市文物考古研究所、太原市晋源区文物旅游局编《太原隋虞弘墓》，北京：文物出版社，2005年，第101页。

〔4〕姜伯勤《中国祆教艺术史研究》，第149页。

〔5〕张庆捷《〈虞弘墓志〉中的几个问题》，《文物》2001年第1期，第102—108页。林梅村《稽胡史迹考——太原新出隋代虞弘墓志的几个问题》，《中国史研究》2002年第1期，第71—84页。周伟洲《隋虞弘墓志释证》，刊荣新江、李孝聪主编《中外关系史：新史料和新问题》，北京：科学出版社，2004年，第247—257页。杨晓春：《隋〈虞弘墓志〉所见"鱼国"、"尉纥驎城"考》，《西域研究》2007年第2期，第113—120，140页。张金龙《隋代虞弘族属及其祆教信仰管窥》，《文史哲》2016年第2期，第91—113，167页。

图4-23　虞弘墓石椁浮雕所见犬

记来看，他的经历与中亚、波斯文化关系密切，而且石椁刻有典型的祆教半人半鸟护持火坛的图像，因此将图像中两只犬和祆教联系起来，自不会太离谱。不过，考诸前文所述"犬视"的教仪教规，若将这两只犬与葬仪联系起来，恐怕需要更多的证据支持。

三、2003年西安出土北周史君墓（大象二年，580），史君墓石堂东部自北至南第一幅浮雕中出现了桥、犬以及神灵（图4-24），"上部正中为一坐于圆环中的神……男女主人跽坐于椭圆形地毯上……画面中间是起伏的山峦，山石上用绿色点染树木。山坡上有两犬，面相对，平卧于地，颈下系铃。画面下部雕刻一座有护栏的拱桥，桥下为水波纹……桥头立柱前并排站立两祭司，短发，面微仰，阔耳垂肩，弯眉深目，高鼻，戴口罩。身穿圆领窄袖条纹长袍，右手叉腰，左臂前伸，手握双股火棍，腰束宽带，系挂方形袋，足蹬靴。祭司面前及拱桥右侧，各有一朵燃烧的红色火

焰。"[1]有关图像中出现的桥、
两只犬、图画上方带有头光
的神灵与祆教的关系,学界多
认为其反映了墓主死后通过
"裁判之桥"最终进入天国的
场景。[2]由此可见,若此幅图
像表达的是有关祆教丧葬的
主题,也应发生在"犬视"之
后、灵魂审判的内容,而并非
严格意义上的"犬视"。

四、日本 Miho 美术馆
(Miho Museum)在20世纪90
年代所收藏的一套中国北朝
石棺床,由三面屏风(12幅图
像绘于11块石板上)、双阙和

图4-24 史君墓石堂浮雕所见犬

〔1〕西安市文物保护考古研究院编《北周史君墓》,北京:文物出版社,2014年,第
    136—151页。
〔2〕参阅杨军凯《北周史君墓石椁东壁浮雕图像初探》,《艺术史研究》第五辑,2003
    年,第189—198页。姜伯勤《隋天水"酒如绳"祆祭画像石图像研究》,《中国祆教
    艺术史研究》,第155—172页。F. Grenet, P. Riboud et YANG Junkai, "Zoroastrian
    Scenes on a newly discovered Sogdian Tomb in Xi'an, Northern China", *Studia
    Iranica* (*StIr*), 33, 2004, pp.273-284. Judith A. Lerner, "'Les Sogdiens en Chine—
    Novelles décourertes historiques, archéologiques et linguistiques' and Two Recently
    Discovered Sogdian Tombs in Xi'an", *BAI*, 15, 2001, p.158. Frantz Grenet, "Religious
    Diversity among Sogdian Merchants in Sixth-Century China: Zoroastrianism,
    Buddhism, Manichaeism, and Hinduism", *Comparative Studies of South Asia, Africa
    and the Middle East*, Volume 27.2, 2007, pp.472-473. 孙武军《北朝隋唐入华粟特
    人死亡观研究——以葬具图像的解读为主》,《考古与文物》2012年第2期,第89—
    97页;修订后刊氏著《入华粟特人墓葬图像的丧葬与宗教文化》,第132—143页。
    沈睿文《北周史君石堂W1、N5的图像内容》,《陕西历史博物馆馆刊》第22辑,西
    安:三秦出版社,2015年,第5—31页。

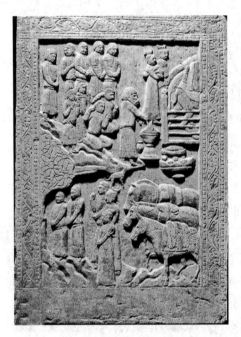

图4-25　Miho美术馆藏石棺床石板浮雕所见犬

底座三部分组成。[1]其中画像石后屏第三板块(从右至左)F图明显与丧葬有关。早在1995年,美国学者乐仲迪女史(Judith Lerner)首先指出此画面描述了袄教犬视的场景(图4-25):"在(画面)上部中央,站着一位身着长袍者,面向正前方,身前立有火坛。祭司面戴白色口罩(padām),这是在袄教仪轨中用来防止玷污圣火的。后面有四人,二跪二立,均手持小刀劙面。再后面站着五人,垂手交叉注视着前方。火坛旁边有个大盘子,盛有团状物,似为食品。在祭司与火坛之间,有一个中间鼓起的圆花瓶。远处有两位女子,一人手持几个小包袱。栏中有三头骆驼的后腿。画面下部分,有二女三男。两位男子袖手而立,另一男子站在两女子旁边,面朝大树。第三个男子一手举胸前。妇女后有三匹马向前行。在石板中央,紧连着上下两部分场景的是一只小狗。狗站在祭司旁边,面朝着火。"[2]

〔1〕参阅荣新江《Miho美术馆粟特石棺屏风的图像及其组合》,《艺术史研究》第四辑,广州:中山大学出版社,2002年,第199—221页,收入其著《中古中国与粟特文明》,北京:三联书店,2014年,第333—356页。
〔2〕Judith A. Lerner, "Central Asians in Sixth-Century China: A Zoroastrian Funerary Rite", *Iranica Antiqua*, Vol.XXX, 1995, pp.179-190.

　　有关这组图像的宗教内涵,学界多认为其富含祆教丧葬信息,但对具体内容却有不同解读。荣新江先生指出:"下面的图像可能是接着上面的,在经过'犬视'后,死者由马车驮向树林当中,有男女送行。"[1]姜伯勤先生认为,整幅图表现的是琐罗亚斯德教"阿夫利那甘仪式",其中图像上段中央,起中心作用的是一条狗,琐罗亚斯德教祭司在圣犬旁,身穿白色袍服,正举行"犬视"仪式。[2]郑岩先生认为这幅画像表现的是典型的祆教丧礼场面,"画面中的丧礼是在野外举行的,中部有一戴口罩的祭司照料一火坛,在他的背后四人手持尖刀'劙面截耳',其余的人低首肃立哀悼。几匹马所载应为丧葬所用物品。在祭司的下方也刻有一犬,应与傅家第九石中的犬含义相同(应是粟特人养犬食尸遗俗的反映)。"[3]孙武军先生认为,图案中出现的"犬"描绘了琐罗亚斯德教"犬视"仪式,且是处在"犬视"三个阶段中"停尸处"阶段的仪式。[4]滕磊也指出,"按照祆教经典,图中部祭司身边的犬,正是祆教葬俗中发挥'犬视'作用,驱逐尸毒的圣犬。"[5]乐仲迪指出,Miho美术馆石屏下半部出现的树木、山崖、人马,描绘了墓主人的亲友家人前往山野送葬——也就是第二次犬视发生的场景。[6]无论如何,从Miho美术馆石棺床图像中我们可以看出,祆教"犬视"仪式所需的祭司和犬两大关键因素都出现在图案中,因此学者们将其定为

〔1〕荣新江《北朝隋唐粟特聚落的内部形态》,此据其著《中古中国与外来文明》,北京:三联书店,2014年,第147页。

〔2〕姜伯勤《中国祆教艺术史研究》,北京:三联书店,2004年,第84—85页。

〔3〕郑岩《青州北齐画像石与入华粟特人美术》,刊巫鸿主编《汉唐之间文化艺术的互动与交融》,第91页;刊其著《逝者的面具——汉唐墓葬艺术研究》,第290页。

〔4〕孙武军《入华粟特人墓葬图像的丧葬与宗教文化》,第135页。

〔5〕滕磊《中国祆教艺术中的犬神形象》,《故宫博物院院刊》2007年第1期,第104—105页。

〔6〕[美]乐仲迪著,毛铭译《从波斯波利斯到长安西市》,南宁:漓江出版社,2017年,第96—97页,105—108页。

祆教"犬视"仪式也最有说服力。[1]

　　五、2004年,法国吉美博物馆展出某收藏家收藏的一石棺床。[2]美国学者詹姆斯·罗素(James R. Russell)曾认为其中所绘无人骑马场景的石板,上绘坐着的犬是在执行"犬视"仪式(图4-26),[3]黎北岚(Pénélope Riboud)则提出疑义,指出在中国传统葬俗的语境中,多见犬的形象。[4]沈睿文所论较为客观,"在吉美石重床背屏6上部墓主人手持来通做饮状,其左下角则有一犬在进食。我们知道,严格的正统要求琐罗亚斯德教信徒不仅应该喂食饿狗,而且每个家庭至少一天要喂一次,且应在家人吃饭前喂。其原因便是为家中的亡灵积德。由此视之,吉美石重床背屏6该场景恐正是琐罗亚斯德教徒和狗之间的这种特殊关系的真实写照。"[5]不过,即便证实此处的犬和琐罗亚斯德教有关,仅据图像所

〔1〕姚崇新《北朝晚期至隋入华粟特人葬俗再考察——以新发现的入华粟特人墓葬为中心》,原刊荣新江、罗丰主编《粟特人在中国:考古发现与出土文献的新印证》,北京:科学出版社,2016年;此据同作者《观音与神僧——中古宗教艺术与西域史论》,北京:商务印书馆,2019年,第308—309页。

〔2〕Musée Guimet éd., *Lit de pierre, sommeil barbare. Présentation après restauration et remontage, d'une banquette funéraire ayant appartenu à un aristocrate d'Asie centrale venu s'établir en Chine au VIᵉ siècle*, Musée Guimet, 13 avril–24 mai 2004, Paris: Musée Guimet, 2004. 德凯琳、黎北岚著,施纯琳译《巴黎吉美博物馆展围屏石榻上刻绘的宴饮和宗教题材》,载山西省北朝文化研究中心《4~6世纪的北中国与欧亚大陆》,北京:科学出版社,2006年,第108—125页;黎北岚《祆神崇拜:中国境内的中亚聚落信仰何种宗教》,载荣新江、华澜、张志清主编《法国汉学》第十辑"粟特人在中国——历史、考古、语言的新探索"专号,北京:中华书局,2005年12月,第416—429页。

〔3〕James R. Russell, "Soteriology on the Silk Road", Lecture delivered at the University of Toronto at Mississauga, Special Lecture Series on Central Asian and Iranian Buddhism, October 7, 2005. 转引自Judith A. Lerner, *Aspects of Assimilation: The Funerary Practices and Furnishing of Central Asians in China*, Sino-Platonic Papers, 168, December, 2005, p.24.

〔4〕Musée Guimet éd., *Lit de pierre, sommeil barbare*, p.20, n. 5 and 44, n. 6.

〔5〕沈睿文《吉美博物馆所藏石床的几点思考》,张小贵主编《三夷教研究——林悟殊先生古稀纪念论文集》,兰州大学出版社,2014年,第426—483页。

图4-26　吉美博物馆藏石板浮雕所见犬

展示的内容,也很难将其定为"犬视"仪式。

　　荣新江先生曾以北朝隋唐诸胡裔墓葬资料为主,结合文献记载和考古发现,对北朝隋唐粟特聚落的内部形态进行了系统考察,指出粟特聚落当中,应以袄教为主要信仰。[1]而正如前文所述,"犬视"是袄教葬俗的核心环节,尽管图像资料所见诸犬未必皆参

---

〔1〕荣新江《北朝隋唐粟特聚落的内部形态》,第106—159页。

与"犬视"仪式，但相关图像却无疑证明自粟特来入中土的祆教徒
对本教传统的坚守。考虑到祆教并不刻意向外传教，具有相当程
度的保守性，因而他们的实际生活一定比我们从传世文献和考古
发现所能了解的更为丰富。当然，这些习俗是否对当时的汉人社
会产生影响，则囿于资料所见，很难遽下结论。

第五章　祆教华化探研

第一节　敦煌文书《儿郎伟》与祆教关系辨析

敦煌写本中存有一批题为"儿郎伟"的俗文学作品，其中P.2569（亦见P.3552）号文书的第二首驱傩文，出现"部领安城大祆"六字，学者们多将其与祆教联系，更有进而将"儿郎伟"目为祆教术语者，认为敦煌文书的《儿郎伟》作品即为祆教驱魔之法。[1]汉籍有关祆教祭祀仪式的记载，本属稀见，诸如"聚火咒诅"及祆主用幻术下祆神之类，只言片语，语焉不详。若果能证实"儿郎伟"确为祆教驱魔法，则无疑大大丰富了这方面的文字资料。

一、学界于"儿郎伟"之解读

题为"儿郎伟"的敦煌文书，就目前已知计有22卷，其中驱傩词17卷，上梁文3卷，障车文2卷，共59首。[2]其文体特点是在作

〔1〕龚方震、晏可佳《祆教史》，上海社会科学院出版社，1998年，第243—248页。
〔2〕黄征《敦煌愿文〈儿郎伟〉辑考》，原刊台湾《九州学刊》五卷四期，1993年5月；此据其著《敦煌语文丛说》，台北：新文丰出版公司，1997年，第624页。

品的开端处或语气转折处,由"儿郎伟"三字领起。就"儿郎伟"一词的含义,学界多有探讨。早年周绍良先生同意宋代楼鑰、清代梁玉绳等的说法,认为"儿郎伟"即"儿郎们",乃"呼告"之词。[1]而季羡林先生则认为"'儿郎伟'三字只是和声,并无实际含义,与'儿郎'无关,也与'伟'字无关。"[2]吕叔湘先生认为"'伟'也很可能代表一个跟'们'有语源上关系的原属微母的字(微母是明母分化出来的)。"[3]黄笑山先生同意这种说法,认为:"'儿郎'应该是有实际意义的(犹言"男儿"),'伟'可能正如吕叔湘先生所说是表示复数的形式"。[4]黄征先生则认为"儿郎伟"的字面意思是"儿郎气勇",并无特殊含义,是一种可吟诵歌曲的标志语,与正文不连读。……如驱傩文所写为儿郎岁末扮演钟馗、白泽诸神驱鬼,故"儿郎伟"即赞美儿郎擒鬼之勇武;上梁文则赞美上梁诸儿郎之气概;阵车文为婚嫁时进行的一种游戏文,其产生时间都较前二类为晚,其所赞美者为新郎、新妇,故"儿郎伟"当是指新郎的器宇不凡。[5]窃意从字面意思上,以"儿郎气勇"来解释"儿郎伟"一词之含义,显较为合理。而此类文书之所以赞美"儿郎气勇",直可追溯至东汉时期。

据考,"伟"字组成的词汇大量出现在东汉、三国时期,多表现为对男性的赞美之情。[6]而东汉时期开始兴盛的驱傩仪式中,已

〔1〕周绍良《敦煌文学"儿郎伟"并跋》,《出土文献研究》1985年第1期,北京:文物出版社,第175—183页。

〔2〕季羡林《论〈儿郎伟〉》,收入《季羡林文集》第六卷,南昌:江西教育出版社,1996年,第1版,第370页。

〔3〕吕叔湘著,江蓝生补《近代汉语指代词》,上海:学林出版社,1985年,第55页。

〔4〕黄笑山《"儿郎伟"和"悉昙颂"的和声》,《河南广播电视大学学报》2001年第3期,第3—5页。

〔5〕黄征《敦煌愿文〈儿郎伟〉考论》,原刊《文学论丛》,杭州大学出版社,1992年5月;此据《敦煌语文丛说》,第606页。

〔6〕钟书林《也论"儿郎伟"》,《社会科学评论》2009年第2期,第43页。

有选取侲子的记载。如《后汉书·礼仪志中》记载驱傩仪式"选中黄门子弟年十岁以上，十二以下，百二十人为侲子"。[1]对这些侲童选拔的标准，钟书林先生曾参照汉魏以来同类型挽歌选拔侲童的标准，加以考察。据文献记载可知，汉魏时期于葬礼唱挽歌者曰挽郎，须具备以下标准：一、名声嘉美、英俊可爱；二、博通诸艺、富于才情。而敦煌文书记载"儿郎伟"的出身是"诸州小子"（S.6207），或"是三台之位，卿相之孙"，或"是南阳张、李，积代忠臣"，或"是九州豪族，百郡名家"（P.3909）。其长相，则伟美可观，如敦煌文书所记："儿郎伟。我是诸州小子，寄旅他乡。形容窈窕，武（妩）媚诸郎。含朱（珠）吐玉，束带矜庄。"（S.6207）因此，钟先生认为："无论长相、才情、出身（德行），都可够得上东汉、三国时期常称道的'伟'男儿标准。实际上，他们也是从众多贵族儿郎中选拔出来的优秀分子。'儿郎伟'因此也成为驱傩等仪式中对他们的呼应之辞。""由此可见，敦煌驱傩辞中'儿郎伟'的称呼最早出现在东汉时代，它的涵义是表示对儿郎的美称。不过，由于时过境迁，到了宋代以后，'伟'字表示美称的语意功能已经消亡，加之驱傩仪式被废止，人们对'儿郎伟'已感到格外陌生、新奇，对其涵义和称呼便产生了各种臆断和猜想。"[2]

就《儿郎伟》的文体，学者们认为："《儿郎伟》有固定不变的名称，这是歌辞的特点；末尾往往标注'音声'二字，正文中又多有'儿郎齐声齐和'（P.3270）、'承受先人歌调'（P.4995）之类句子，也表明具有歌辞性。这些特点表明《儿郎伟》与诗、歌辞接近，但又是独立的一种文学体式。"[3]目前已知的《儿郎伟》，包括上梁文、阵车文、驱傩文，"这三种文体分别属于上梁习俗、婚姻障车习俗、

---

[1]《后汉书》卷十五《礼仪志中》，北京：中华书局标点本，1965年，第3127页。

[2] 钟书林《也论"儿郎伟"》，第42—48页。

[3] 黄征《敦煌愿文〈儿郎伟〉考论》，其著《敦煌语文丛说》，第616页。

驱傩习俗的实用文,功能各异,应用场合不同。从结构上看,句法、段落层次差异甚大。作为关键因素的'儿郎伟'词语时有时无,似无规律可循。"[1]但事实上,"综观全部《儿郎伟》作品,不外驱傩文、上梁文、阵车文三类,而这三类作品凡采用儿郎伟形式者都表示祝愿、颂赞之意,因此可归结为愿文。"[2]也就是说,从文学作品的体裁角度看,尽管各种《儿郎伟》作品之间多有差异,但均可以将其归属为愿文之类。[3]

有关《儿郎伟》文题的含义,刘铭恕先生曾据唐高宗时民间流行的采桑民歌《桑条韦也》《女时韦也乐》,认为"韦"字具有一种歌曲的牌调形式和意义,认为"儿郎伟"与"桑条韦""女时韦",是一个腔调的歌曲。儿郎伟之"伟"是歌曲牌调。[4]黄征先生也直接指出《儿郎伟》是曲调名,是形式的命名;《驱傩文》等是篇章题目,是内容的命名。《驱傩文》等只作一篇或一组《儿郎伟》作品的总题,不表示该作品用什么曲调,因而有许多卷作品除首标《驱傩词》(或《驱傩》《达夜胡词》)、《障车词》(或《障车文》)、《上梁文》等题后,各首作品前仍然要标《儿郎伟》曲调名,因而二者互不干涉、并行不悖,当然也就谈不上互代、或称了。[5]

综上所述,经过学界多年的研究,尽管关于《儿郎伟》文体和《儿郎伟》曲调等问题尚存在争论,[6]但"儿郎伟"字面意思为"儿郎气勇",其乃为一种曲牌名,敦煌文书所见的三种《儿郎伟》作

---

〔1〕杨挺《不存在儿郎伟文体和儿郎伟曲调》,《敦煌研究》2003年第1期,第47页。

〔2〕黄征《敦煌愿文〈儿郎伟〉考论》,其著《敦煌语文丛说》,第616页。

〔3〕伊藤美重子《敦煌资料に见える"儿郎伟"をめぐって——驱傩文障车词上梁文》,《お茶の水女子大学中国文学会报》第七号,1988年,第85—104页。

〔4〕刘铭恕《〈儿郎伟〉解题》,收入刘长文编《刘铭恕考古文集》,上卷,郑州:河南人民出版社,2013年,第545—546页。

〔5〕黄征《敦煌愿文〈儿郎伟〉辑考》,其著《敦煌语文丛说》,第664页。

〔6〕杨挺《不存在儿郎伟文体和儿郎伟曲调》,第45—48、111页。

品主要是祝愿文，殆无疑问。总之，从汉语角度，"儿郎伟"三字，作为一个合成词，含义大体已可解通。因此，若另从对音角度，强调"儿郎伟"三字的中古波斯语语源，就显得有点舍近求远。

二、"儿郎伟"非 nīrang 音译

龚方震、晏可佳先生合撰的《祆教史》，在讨论"中国的祆教"一节时，曾论及敦煌文书《儿郎伟》，认为"儿郎伟"其实是祆教的一种术语。其理由为：儿的唐音亦读作 ni，波斯语有一字 nairangi，或写作 nirang、nirangi，其读音与"儿郎伟"近，意为"法术、作法、奇迹"。而 nirang 之原义乃指用于净化仪式的牛尿，nirang 以后转义为礼拜仪式，即所谓 nirang-i-den（信仰的礼拜仪式），因举行仪式时必供上水和牛尿，以作为一种武器来对抗恶魔来犯。敦煌的祆教徒有驱魔的仪式，即所谓"驱傩之法"，与《阿维斯陀经》的驱魔文类似。所以《祆教史》认为："儿郎伟本是一种礼拜仪式，除了表示对神的崇敬外，复希望得到神的帮助，远离敌人，驱除一切恶魔，达到安宁，而举行这种仪式时，又常有各种咒语和幻法，这就是驱傩文所说的'儿郎伟，驱傩之法'。《上梁文》常呼此词，必是祛邪祝福之意。"[1] 龚先生这一说法，主要因为 P.2569（P.3552同）《儿郎伟》第二首内含"部领安城大祆"一句，与祆教关系密切，遂从对音角度考察"儿郎伟"与祆教术语的关系，兼而对所有的敦煌《儿郎伟》文书定性。如上面所述，学者已从汉词角度，把"儿郎伟"的含义大体解通，即便"儿郎伟"的音义亦可与祆教的 nīrang 对上，但目前已知的敦煌《儿郎伟》作品凡59首之多，若单凭其中一首与祆教有关而断定全部作品的祆教属性，至少亦有以偏概全之嫌。何况，"儿郎伟"与 nīrang 虽勉强可以对音，但从含义上，与

---

〔1〕龚方震、晏可佳《祆教史》，第243—248页。

祆教术语 nīrang 是否果能勘同，尚有待进一步考察。

　　按 nīrang 一词为中古波斯语，意为"不可思议的符咒，神奇的力量"。[1]早年，英国伊朗学家贝利教授（H.W.Bailey, 1899—1996）即已指出 nīrang 在琐罗亚斯德教文献中非常重要，乃为一种书写"套语"，并有善恶等多重含义，既可以解释为"有害的符咒"，也可以解释为"审判的力量"或"治愈的力量"。[2]其常见的书写形式为 nīrang ī āb ud pādyāb yaštan，义为"祭祀水与牛尿的礼拜仪式"，此处 nīrang 义为"礼拜仪式"。至迟到公元15世纪左右，该词与"宗教"（dīn）一词组成复合词，义谓"宗教礼拜仪式"（nīrang-i dīn 或 nīrangdīn）。因举行仪式时必上供水与牛尿，作为对抗恶魔来犯的武器，在仪式中使用的牛尿后来也被称为 nīrang。[3]在琐罗亚斯德教中，使用牛尿是清除污染、彻底消除不净的不二法门。牛尿又分两种，外用与内服。外用牛尿直接从公牛、母牛或者小牛身上取，达里语称作帕杰乌（pājōw，源于更为古老的 pādyāb），实际上是牛尿（gōmēz）的雅称。内服牛尿则要从特殊的牛身上小心取出，以期高度纯净，用于祭祀。为此要举行长时间的特殊辟邪仪式，语曰亚什特·尼兰·丁（yašt-e nīrang-dīn），是在晚间举行。祭祀过的内服牛尿称为尼兰·丁（nīrang-dīn），省称为尼兰（nīrang）。[4]

〔1〕H. S. Nyberg, *A Manual of Pahlavi*, Part II, Otto Harrassowitz · Wiesbaden, 1974, p.141.

〔2〕H. W. Bailey, "Iranian Studies III", *Bulletin of the School of Oriental Studies, University of London*, Vol.7, No.2, 1934, pp.275–298.

〔3〕Mary Boyce, *A History of Zoroastrianism*, Vol. I, Leiden: E. J. Brill, 1975, pp.311–314, 323–324.

〔4〕Mary Boyce, *A Persian Stronghold of Zoroastrianism*, Oxford: Oxford University Press, 1977, repr. University Press of America: Lanham · New York · London, 1989, pp.92–93. 中译本见［英］玛丽·博伊斯原著，张小贵、殷小平译《伊朗琐罗亚斯德教村落》，北京：中华书局，2005年，第103—104页。

　　诸多基本净化仪式均要使用尼兰,于此中古波斯语《书信集》(Rivayāts)中就有详细描述。[1]如最高级别的"九夜大净礼"(barašnom-e no-šwa),便得用尼兰。在仪式过程中,主角除了进行基本的净礼之外,尚要另加三次沐浴,前两次(在第四、七天举行)和基本净礼在同一时刻举行,第三次则于第十天早晨日出之后举行。还要喝四次牛尿尼兰,一次在第二天日出时(基本净礼之后),接着两次在第五天和第八天的日出时,末次则在最后的净礼后马上举行,这样就达到了内外完全洁净。[2]

　　另外,在丧葬仪式中也必须使用牛尿尼兰。当尸体从房间移出时,立即往放置尸体的石台上喷洒牛尿,在抬尸者搬尸的途中也要洒上牛尿。在古代琐罗亚斯德教的观念中,牛尿具有消毒的作用。因此,为了毁坏不洁与疾病的病菌,就往放置死尸的地方喷洒牛尿。同样理由,人在处理尸体时也会受到污染,事后得用牛尿净涤,再用水冲洗。[3]

　　由此可知,在琐罗亚斯德教仪式中,常使用具有辟邪力量的"牛尿",用以驱除各种污染,在准备和使用这种牛尿时,要念诵具有神奇力量的尼兰祷文,因此牛尿被称为尼兰,也符合这一中古波斯语"神奇的力量"之含义。学者们在探讨敦煌文书《儿郎伟》时,也有强调《儿郎伟》驱鬼去疫之功能者。如高国藩先生认为:

---

〔1〕Manockji R. Unvala ed., *Dārāb Hormazyār's Rivāyat*, Vol.I, British India Press, Bombay, 1922, pp.576-585; B. N. Dhabhar transl., *The Persian Rivayats of Hormazyar Framarz and others, their version with introduction and notes*, K. R. Cama Oriental Institute, Bombay, 1932, pp.347-357.

〔2〕Mary Boyce, *A Persian Stronghold of Zoroastrianism*, p.117. 中译本第125—126页。20世纪初帕尔西改革者放弃使用尼兰,而用葡萄酒代替;多数伊朗教徒现在也同样开始使用葡萄酒或者果汁。Mary Boyce, *A Persian Stronghold of Zoroastrianism*, p.93 n.1. 中译本第147—148页。

〔3〕*Vendidad*, XIX, 21; VII, 74-75. J. J. Modi, *The Religious Ceremonies and Customs of the Parsees*, Bombay: Jehangir B. Karant's Sons, 2nd, 1937, pp.64-65.

"《儿郎伟》就是一种在腊月驱傩时歌唱敦煌伟郎儿保家卫国、驱逐异族奴隶主胜利的民谣。""古敦煌始终处于异族奴隶主尖锐斗争的状态下,需要伟郎儿来保卫民众的生存,驱鬼去疫。"[1]法国学者艾丽白也认为,"该词明显具有驱除魔鬼和瘟疫的作用,但其确切意义尚有待于发现。"[2]但很显然,《儿郎伟》之驱鬼去疫,与作为尼兰的牛尿的祛邪功能,是两回事。更何况,《儿郎伟》所用的上梁、婚姻障车、驱傩等仪式场合,完全未引入牛尿这一道具。

正如上文所论,在敦煌文书中,"儿郎伟"置于文首,仅作为一种标志语,与正文并不连读。也就是说,此处的"儿郎伟"三字并无实际意义,更谈不上什么驱邪等宗教功能了。而在中古波斯语文献中,并无以 nīrang 置于文首的书写形式。被称为 nīrang 的祷文亦未见以 nīrang 领起的格式,如《圣带祷文》(*The Kemna Mazda*,它是由 Y.46.7+Y.44.16+Vd.8.21+Y.49.10 第三行组成),[3]其中自始至终并未出现 nīrang 字眼,其内容拟译如下:

> 呜呼! 马兹达、斯潘达·阿尔迈蒂,庇佑吾等远离邪恶! 让邪魔滚开! 让来自邪恶者滚开! 让邪恶所生者滚开! 呜呼,让制造邪恶之魔滚开! 呜呼,驱赶恶魔,让恶魔即死,葬身北方。恶魔破坏正义之世,死有余辜。
>
> 尚飨,谨拜。

总而言之,无论从具体含义,还是书写格式或使用语境看,儿郎伟

---

〔1〕高国藩《敦煌民俗学》,上海文艺出版社,1989年,第494、496页。

〔2〕艾丽白《敦煌写本中的"大傩"仪轨》,耿昇译《法国敦煌学精粹》,第2册,兰州:甘肃人民出版社,2011年,第330页。

〔3〕Mary Boyce ed. and transl., *Textual Sources for the Study of Zoroastrianism*, Manchester University Press, 1984, p.58.

与nīrang均未见有实质性的联系。

三、"部领安城大祆"的历史内涵

前文已指出，学者们之所以将敦煌文书《儿郎伟》与祆教相连，诱因自是"部领安城大祆"一句，为讨论方便，兹将有关文书过录如下：

> 儿郎伟
>
> 　　驱傩圣法，自古有之。今夜扫除，荡尽不吉，万庆新年。长使千秋万岁，百姓猛富足钱。长使（P.3552为"长使"，P.2569为"长作"，《敦煌愿文集》录为"作"——引者注）大唐节制，无心恋慕猩膻。司马敦煌太守，能使子父团圆。今岁加官受爵，入夏便是貂蝉。太夫人表入之后，即降五色花牋。正是南扬号国，封邑并在新年。自是神人咒愿，非干下娌之言。今夜驱傩队仗，部领安城大祆。但次三危圣者，搜罗内外戈鋌。趁却旧年精魃，迎娶蓬莱七贤。屏及南山四皓，金秋五色弘莲。从此敦煌无事，城隍千年万年。[1]

早在1965年，日本学者小川阳一引录此段资料时，即将其定性为"火祆咒文"。[2]饶宗颐先生亦认为其为"祆教徒辟邪消灾之祝词"，"此《儿郎伟》文为安城祀火祆神，颇为罕见，祆教文学作品

---

[1] 上海古籍出版社、法国国家图书馆编《法藏敦煌西域文献》，第16册，上海古籍出版社，2001年，第31—32页；第25册，上海古籍出版社，2002年，第231页。录文参考黄征、吴伟编校《敦煌愿文集》，长沙：岳麓书社，1995年，第945页。

[2] 小川阳一《敦煌における祆教庙の祭祀》，刊日本道教学会《东方宗教》第27号，1967年，第29—30页。

之环篇也"。[1]

　　也有学者直接将此段文书当作"祆僧所用的祈福咒文"：
"P.2569《儿郎伟驱傩文》文书年代约为9世纪。该咒文中'安城
大祆'当指祆教主神阿胡拉·马兹达，祆教徒忌称马兹达之讳，故
称'大祆'。'三危圣者'应指释迦牟尼佛（莫高窟即开凿于三危
山壁）。'蓬莱七贤'与'南山四皓'皆为道家神仙（'蓬莱七贤'应
指得道成仙的'竹林七贤'或'蓬莱八仙'）。'从此敦煌无事，城
隍千年万年'是行此咒文的目的。这首《儿郎伟驱傩文》以'安
城大祆'为尊，统领佛、道各家神仙，应为举行'敦煌大傩'时祆
僧所用的祈福咒文。而释、祆杂糅，则是敦煌地区'雩祭'活动的
一大特色。"[2]如是将该文书直当祆教咒文，陈三平先生颇不以为
然："事实上，该文献原题作《驱傩儿郎伟》，只不过是在敦煌驱傩
活动中祆教傩队唱的一首傩歌而已。"[3]不过，陈文仍认为该傩队
为祆教傩队。李正宇先生分析道："敦煌岁暮驱傩的风习，也影响
了祆教信徒，他们同样组织了驱傩队加入当地驱傩活动。……
这支傩队的'部领者'是'安城大祆'；地位次于'安城大祆'的
是'三危圣者'。这一神一圣领导的傩队，显然既区别于世俗的
钟馗白泽队，也区别于佛教的五道大神、太山府君、阎罗王队，成
为敦煌傩队中又一支奇特而独有的驱傩队。"[4]观李先生所论，其

〔1〕饶宗颐《〈穆护歌〉考——兼论火祆教、摩尼教入华之早期史料及其对文学、音乐、
　　绘画之影响》，《选堂集林·史林》，中华书局香港分局，1982年，第496页；《饶宗颐
　　二十世纪学术文集》，第十七册，台北：新文丰出版股份有限公司，2003年，第34页。
〔2〕邵明杰、赵玉平《莫高窟第23窟"雨中耕作图"新探——兼论唐宋之际祆教文化
　　形态的蜕变》，《西域研究》2010年第2期，第103页。
〔3〕Sanping Chen, "From Azerbaijan to Dunhuang: A Zoroastrianism Note", *Central
　　Asiatic Journal*, Vol.47.2, 2003, pp.183—197. 中译本见［加拿大］陈三平著，杨富
　　学、刘锦译《从阿塞拜疆到敦煌——祆教研究札记》，刊达力扎布主编《中国边疆
　　民族研究》第3辑，北京：中央民族大学出版社，2010年4月，第284—291页。
〔4〕李正宇《敦煌傩散论》，《敦煌研究》1993年第2期，第121页。

看到了这支由"安城大祆"部领的傩队与钟馗白泽、五道大神等所带领的傩队的不同，但仍将这支傩队定义为祆教傩队，即主要由祆教信徒组成。姜伯勤先生认为"傩礼是载于官定礼典的中华文化，却对西胡之神'安城大祆'与中土之神'三危圣者'、'蓬莱七贤'等神仙一并祭祀。目的是以此为象征，使粟特人裔民，'长使大唐节制，无心恋慕猩(腥)膻'"，[1]很显然也认为以"安城大祆"部领傩队，乃服务于祆教信仰的粟特移民。按，驱傩仪式是华夏传统的驱除旧岁鬼魅、迎接新年福吉的宗教仪式活动。仪式的一个特色便是借助各路神祇来驱除疫鬼。从这个角度考察，则部领傩队的"安城大祆"，不过是该傩队用以驱除鬼魅的道具而已，参加傩队的人应为当地民众，未必多为祆教徒。姜先生所论，显将"长使"作动词解。其实，该段文书中的"长使、司马"为李弘愿兄弟，其活跃年代在唐乾宁二年(895)三月以后。[2]如是，"长使大唐节制，无心恋慕猩(腥)膻"则是表达对归义军李氏家族掌握政权的歌颂，与粟特人并无关系。因此，若仅就文字记载来看，很难判断咒文乃为"祆僧所用"，或这一驱傩队伍隶属祆教。

还有一些学者持较稳妥的意见，虽强调"儿郎伟"与祆教有关，但并未定性其是否为祆教咒文。如颜廷亮先生指出"'今夜驱傩仪队，部领安城火(当为'大'之误，引者注)祆'正表明在除夕驱傩的群众性民俗活动中，驱傩者们是以安城祆和'三危圣者''蓬莱七贤'等祆教神主和道教神仙共同的名义进行的。笔者甚至猜想，当时居住在敦煌地区的粟特人很可能也参预了此项活

---

〔1〕姜伯勤《高昌胡天祭祀与敦煌祆祀——兼论其与王朝祭礼的关系》，收入其著《敦煌艺术宗教与礼乐文明》，北京：中国社会科学出版社，1996年，第496页。

〔2〕荣新江《归义军史研究——唐宋时代敦煌历史考索》，上海古籍出版社，1996年，第205页。

动。而无论这一猜想是否能够成立，祆教渗入敦煌地区居民汉人驱傩这种民俗活动，都是确凿无疑的。"[1]黄征先生在校注该文献时也指出，从本卷《儿郎伟》可知，火祆教的活动可与中国传统的驱傩活动联合进行，"'今夜驱傩队仗，部领安城火祆'即说明除夕之夜驱傩仪仗队统领着火祆教徒进行'安城'活动，其方式是'弓刀左右趁，把火纵横拙'，'放火烧，以枪获'等，正与《东京赋》所言'煌火驰而星流，逐赤疫于四裔'之用火驱傩的中国传统民俗相合。"[2]

其实，若将上引《儿郎伟》咒文与传统琐罗亚斯德教的咒文相比，可发现两者内容与形式均大相径庭。琐罗亚斯德教最常见的咒文是日祷文。据该教教义，一天24小时被分成五段时辰，阿维斯陀语称为 asniia- ratu-（一天中的时刻），中古波斯语与新波斯语称作gāh。在每个时辰，都要念诵称为伽（Gāh）的《阿维斯陀经》经文。这些经文被收入《小阿维斯陀经》（Khorda Avesta）中，供祭司和社区的平信徒念诵。

所有的Gāh祷文均以"为合智慧上神之意"（xšnaoϑra ahurahe mazda）起始，接着是三篇阿森·伏服（Aš∂m vohu）祷文，及两句"信仰的自白"（Y 12.1）：[3]

> 正义是善，是至善。其循吾等意愿而生，其循吾等意愿而必生。正义属于Asa Vahista。（《阿森·伏服》）
> 吾崇拜马兹达，乃查拉图斯特拉教徒。

〔1〕颜廷亮《敦煌文化中的祆教、摩尼教和景教》，《敦煌学与中国史研究论集——纪念孙修身先生逝世一周年》，兰州：甘肃人民出版社，2001年，第421页。
〔2〕黄征《敦煌文学〈儿郎伟〉辑录校注》，据其著《敦煌语文丛说》，第707页。
〔3〕Almut Hintze, "On the compositional structure of the Avestan Gāhs", C. Pedersen & F. Vahman (eds.), *Religious Texts in Iranian Languages*, København: Det Kongelige Danske Videnskabernes Selskab, 2007, p.30.

其拒绝邪恶,惟神旨意是遵。("信仰的自白")

第五章《伽》第一节[1]:

> 为了沐浴真理之光,
> 恭迎真理早日光临!
> 志礼真理之光,
> 称赞、感戴真理之光!

在琐罗亚斯德教仪式中,最为神圣而重要的祷文有三篇,除上引《阿森·伏服》外,还有《阿胡那·法里耶》(*Ahuna Vairya*)与《印诃·哈塔姆》(*Yenhe Hatam*)[2]:

> 缘是为神,行事应循正义之规。神赐牧羊于贫者,吾等应为马兹达及诸神而行善,并从中吸取力量。(《阿胡那·法里耶》)
>
> 致礼阿胡拉·马兹达所创万物,其乃依正义而造,礼拜宜乎哉!(《印诃·哈塔姆》)

顾以上所引各类祷文的内容,多属献予上神阿胡拉·马兹达的赞美之词,或向神表达虔诚之意,宣扬正义、善良,驱除邪恶,冀以获得美好生活。

从上引数例典型的琐罗亚斯德教咒文,显见该教咒文惟表达

---

[1] Almut Hintze, "On the compositional structure of the Avestan Gāhs", p.31.

[2] Stanley Insler, "The Ahuna Vairya Prayer", *Hommages et Opera Minora, Monumentum H. S. Nyberg*, Vol. I, Leiden: E. J. Brill, 1975, pp.409–433. Mary Boyce ed. and transl., *Textual Sources for the Study of Zoroastrianism*, pp.56–57.

对本教上神的虔敬，期以驱除邪恶，臻于至善；之所以在宗教仪式中要时时念诵之，乃缘该等咒文具备特殊的"神奇力量"。而上引《儿郎伟》咒文显然不同，如咒文中所云"司马敦煌太守""今岁加官受爵"，说的是世俗之事，云张淮深平甘州回鹘后，唐使于中和四年（884）到沙州为其加官晋爵。[1]类似者亦多见于其他《儿郎伟》文书。如P.3702《儿郎伟驱傩文》记载：

> （上阙）太平。十道销戈铸戟，三边罢战休征。銮驾早移东阙，圣人再坐西京。南蛮垂衣顺化，北军伏款钦明。优诏宣流紫塞，兼加恩赐西庭。皇帝对封偏奖，駉骑已出龙城。昨闻甘州告捷，平善过从邠宁。朔方安下总了，沙州善使祇迎。比至正月十五，毬场必见喜声。尚书封加七百，锦珍恰似撒星。大将撲头匹帛，内臣亲捧来程。百姓总顶帽子，自后必合头轻。大家亟须努力，营农休取紫桎。家国仓库盈满，总愿饭饱无□（倾）。[2]

此处"銮驾早移东阙，圣人再坐西京"，据邓文宽先生考证，乃指唐僖宗于黄巢起义失败后返回长安，"昨闻甘州告捷"，乃指奏报张淮深二平甘州回鹘的捷报，"比至正月十五，毬场必见喜声"，是推测唐使到后在沙州毬场宣诏庆赏。[3]该等政事与宗教无涉。

再如P.2569第六首《儿郎伟》，其词云：

〔1〕邓文宽《归义军张氏家族的封爵与郡望》，见《敦煌吐鲁番学研究论文集》，上海汉语大词典出版社，1990年，第602页。

〔2〕上海古籍出版社、法国国家图书馆编《法藏敦煌西域文献》，第27册，上海古籍出版社，2002年，第1页。录文参考黄征、吴伟编校《敦煌愿文集》，第957—958页。

〔3〕邓文宽《张淮深平定甘州回鹘史事钩沉》，其著《敦煌吐鲁番学耕耘录》，台北新文丰出版公司，1997年，第112—114页。

呪愿太夫人

勑封李郡君。旧殃即除荡,万庆尽迎新。握[幄]帐纯金作,牙床尽是珍。绣褥鸳鸯被,罗衣笼上勲。左右侍玉女,袍袴从成群。鱼膏柄龙烛,魍魉敢随人?中虁并白宅,扫障尽妖纷。夫人郎君寿万岁,郎君爵禄增勲。小娘子如初月,美艳甚芳芬。异世双无比,不久纳为婚。日日筵宾客,实胜孟常君。百群皆来集,同坐大新春。[1]

此处之太夫人即李郡君,应即李明振的夫人南阳郡君张氏,亦即张议潮之第十四女。[2]愿文所言,盖为世俗婚姻,未见有何宗教意境的追求。

此外,上引《儿郎伟》咒文也多采用一般驱傩文祈愿吉祥的套语,如P.3702末句"家国仓库盈满,总愿饭饱无口(倾)",说明祈愿的目的带有明显的世俗功利,刻意讨好官方;而P.2569(P.3552)咒文末句亦有类似套语:"从此敦煌无事,城隍千年万年。"这与前引琐罗亚斯德教咒文"臻于至善"之类的宗教理想显然迥异。由此足见,记载"安城大祆"统领驱傩队伍的《儿郎伟》,无疑是因应汉地风俗而创制的咒文。虽然就文字内容来看,无从判断其是否出自祆教僧侣或虔诚的祆教信徒之手,但至少显示在当时当地的民众心目中,祆神已成地方重要的保护神。其像华夏诸多传统神祇那样,具有驱魔之功能,由是始与彼等一样,成为岁末驱傩仪式的重要角色。

"今夜驱傩仪仗,部领安城大祆"一句,表明该地(安城)曾有祆教流行,这一点亦为其他敦煌文书所证实。见于敦煌文书《敦

---

[1]上海古籍出版社、法国国家图书馆编《法藏敦煌西域文献》,第16册,第32页;第25册,第231页。黄征、吴伟编校《敦煌愿文集》,第946页。
[2]荣新江《归义军史研究——唐宋时代敦煌历史考索》,第205页。

煌二十咏》(P.2748)第十二首《安城祆咏》所咏之神祠："板筑安城日，神祠与此兴。一州祈景祚，万类仰休征。苹藻来无乏，精灵若有凭。更有雩祭处，朝夕酒如绳。"[1]这一祆寺亦即敦煌文书《沙州图经》(P.2005)所记祆祠："祆神　右在州东一里，立舍，画神主，总有廿龛。其院周回一百步。"[2]

驱傩《儿郎伟》的流行年代，学者多定为9世纪至10世纪这一两百年间。据敦煌文书《儿郎伟》的记载可知，这一时期用来驱鬼的大神，固然亦见祆教系的安城大祆；但更多的是传统的钟馗(钟馗大郎)、五道大神、白泽等；同时还有佛教系的诸天、四王(四天王)、中庭佛、三宝、上方八部；道教系的彭祖、蓬莱七贤；地方杂神祠中的三危圣者、南山四皓；礼祭中的百神、青龙等等。这与《通典》卷一三三"大傩"条所载已显然不同，其中所记唐代宫廷举行的大傩傩词中列举了十二神，即甲作、狒胃、雄伯、滕简、览诸、伯奇、强梁、祖明、委随、错断、穷奇、滕根。[3]"当时在民间流行的钟馗、白泽和五道将军，成为敦煌9至10世纪大傩礼中统领诸仙的主要神祇，这对《大唐开元礼》所定十二神兽，是一个突破性的变化。"[4]因此，"安城大祆"不过是和"三危圣者""五道将军"等一样，是新被吸收进入驱傩队伍中的神祇。这倒是显示了敦煌驱傩活动的地方色彩。

众所周知，8世纪中叶以前，粟特人曾沿丝绸之路大批移居中

---

〔1〕上海古籍出版社、法国国家图书馆编《法藏敦煌西域文献》，第18册，上海古籍出版社，2001年，第68页。神田喜一郎《「敦煌二十咏」に就いて》，刊《史林》第24卷第4号，1939年，第173—181页；经修订收入《神田喜一郎全集》第一卷，京都株式会社同朋社出版，1986年，第115—117页。

〔2〕池田温《沙州图经略考》，《东洋史论丛：榎博士还历纪念》，东京：山川出版社，1975年，第70—71页；唐耕耦、陆宏基编《敦煌社会经济文献真迹释录》一，北京：书目文献出版社，1986年，第13页。

〔3〕(唐)杜佑撰，王文锦等点校《通典》卷一三三，北京：中华书局，1988年12月第1版，第3421页。

〔4〕姜伯勤《沙州傩礼考》，其著《敦煌艺术宗教与礼乐文明》，第470页。

土,在塔里木盆地、蒙古高原和中国北方,都建立了自己的移民聚落,散布十分广泛。"部领安城大祆"的安城,即为敦煌文书《天宝十载(751)敦煌县差科簿》所记的敦煌十三乡之一从化乡。据池田温先生的考证,从化乡应是于唐初移居此地的粟特聚落的基础上建立的,聚落的建立最早可追溯到隋代,最晚在7世纪中叶。[1]但是从8世纪中叶开始,由于粟特地区的动荡、唐朝的内乱、吐蕃对河西的占领,从化乡居民渐渐减少。到8世纪末吐蕃占领敦煌后,该乡最终消亡。[2]到敦煌驱傩文大量出现的9、10世纪,粟特聚落已经离散,原先生活于此地的胡人,华化日深,历有年所,未必就一如当初那样,执着于本民族的传统信仰。因此,就"安城大祆"成为某支驱傩队伍的主神,与其解读为当地祆教徒的活动,毋宁用于证明敦煌地区一度盛行的祆神崇拜业已融入当地民间的传统信仰。

第二节 从血祭看唐宋祆教的华化

动物牺牲是宗教祭祀所常用的祭品。不同文化背景、不同宗教信仰,在使用动物牺牲时自是存在着差异。在中国古代社会,血祭首先属于国家祭祀的层面,虽然民间信仰亦常实行血牲祭祀,有学者甚至认为,国教与民间宗教是同一个宗教的两个部分,可以合

---

〔1〕池田温《8世纪中叶における敦煌のソグド人聚落》,《ユーラシア文化研究》第1号,1965年,第49—51页;辛德勇汉译本,《日本学者研究中国史论著选译》第九卷,北京:中华书局,1993年,第140—142页;池田温著《唐研究论文选集》,北京:中国社会科学出版社,1999年,第3—4页。

〔2〕荣新江《北朝隋唐粟特人之迁徙及其聚落》,原载《国学研究》第六卷,北京大学出版社,1999年,第27—85页;引文据氏著《中古中国与外来文明》,北京:三联书店,2001年,第58页。

称为"血食界"。[1]但出于加强中央权力的考虑,国家正祀常以禁"淫祀"为名,对民间信仰进行控制与规整。而且,中古中国佛、道两大主流宗教于血祭也一直持反对态度。如佛教出于轮回和报应的观念,坚决反对杀生和血食,对于接受血食的俗神,尽量予以改造。[2]而正统道教更从理论上对血祭进行严厉的批判:"永用三天正法,不得禁固天民。民不妄淫祀他鬼神,使鬼不饮食,师不受钱,不得淫盗、治病疗疾,不得饮酒食肉。"[3]自南北朝以来,道教对实行"血牲祭祀"的国家祭祀,甚至也试图加以改造。[4]祆教乃源于古波斯的琐罗亚斯德教,其于血祭有着严格、繁复的规定。在国家正祀对民间祭祀严加控制,主流宗教对血祭极力反对的背景下,行血祭的祆教是否受到影响?

一、琐罗亚斯德教血牲祭祀概说

琐罗亚斯德教有关献牲的规定与实践,是个十分复杂的问题。动物牺牲在该教中的地位如何,一直颇有争议,不同时期的记录甚至出现互相矛盾之处。《阿维斯陀经》中最古老的部分《伽

---

[1] 祁泰履(Terry F. Kleeman)《由祭祀看中国宗教的分类》,载李丰楙、朱荣贵主编《仪式、庙会与社区:道教、民间信仰与民间文化》,台北:中研院中国文哲研究所筹备处,1996年,第551页。

[2] 严耀中先生即考察了唐代高僧收伏江南民间杂神淫祀(如山神)的事实,见其文《唐代江南的淫祀与佛教》,荣新江主编《唐研究》第二卷,北京大学出版社,1996年,第51—62页。

[3]《三天内解经》卷上,《道藏》第28册,文物出版社、上海书店、天津古籍出版社,1988年,第414页。

[4] 雷闻《郊庙之外——隋唐国家祭祀与宗教》,北京:三联书店,2009年,第202—204页。祁泰履认为:"佛道两教都认为血食祭祀不但是不妥,而且因为有实权的神是不接受祭祀的,所以祭祀对祭祀者本身亦没有好处。在中国社会的各种阶级,道、佛两教都会劝人改宗;而对于地方宗教,两教也都想要禁止平民对俗神的供酒肉习惯。在这一点两教就类似于使用'淫祀'的观念以限制民间祭祀的国教",见祁泰履(Terry F. Kleeman)《由祭祀看中国宗教的分类》,第552页。

萨》(*Gāthās*)记载,先知所创立的琐罗亚斯德教是一种精神的、理论的宗教,先知反对动物牺牲,并试图废弃这种仪式。[1]在此基础上,学者们将琐罗亚斯德塑造为进行宗教改革的理论家,他反对献牲、压榨豪麻(Haoma)等宗教仪式,而代之以祈祷、忏悔、祭火。[2]由于《伽萨》内容艰涩难懂,对其理解历来众说纷纭。不过,早期学界这种"重理论"、"轻仪式"的研究倾向越来越遭质疑。当前学界普遍认为,《伽萨》本身就是一部重要的仪式用书,[3]包括血祭在内的仪式,是琐罗亚斯德理论说教的重要根据。如《阿维斯陀经》(*Avesta*)中的祭祀书《耶斯那》(*Yasna*)五十三章第七节有云:

> 倘汝等奋力于传播正教,
> 自会得到正教之报偿,
> 谎言也将从此消除。
> 若汝等放弃奉献,灾难必将降临。[4]

虽然经文中并未点明此"奉献"何所指,但揣其文义,当指某种献祭仪式。稍晚撰成的《诸神颂》(*Yašts*,约成书于公元前8—6世纪)于动物牺牲的描述甚多,因此《伽萨》所云"奉献"仪式,说不定就是一种献牲仪式。如其中的《水神颂》(Yt.5.45−47)记载:

---

〔1〕H. Lommel, "War Zarathustra ein Bauer?", *Zeitschrift für vergleichende Sprachforschung*, Vol. 58, 1931, pp.248−265.

〔2〕H. Lommel, *Die Religion Zarathustras nach dem Awesta dargestellt*, Tübingen: Mohr, 1930.

〔3〕Almut Hintze, "Avestan Literature", Ronald E. Emmerick & Maria Macuch eds., *The Literature of Pre-Islamic Iran*, New York: I. B. Tauris, 2009, pp.3−5.

〔4〕H. Humbach, *The Gāthās of Zarathushtra, and the Other Old Avestan Texts, Part I, Introduction-Text and Translation*, Heidelberg: Carl Winter Universitätsverlag, 1991, p.194.

勇敢、威武的卡维·乌山（Kavi Usan）在埃里兹弗亚山
（Erezifya）向阿娜希塔（Anahit）奉献了百匹马、千头牛、万只
羊。然后他祈求道："善良伟大的阿勒德维·苏拉·阿娜希
塔，赐我力量吧，让我成为万物的主宰，主宰恶魔和人类，主宰
占星师和巫者，主宰诸侯领主。"阿勒德维·苏拉·阿娜希塔
遂赐予他力量，他为她带来祭品，礼拜她，向她奉献牺牲。[1]

也就是说，尽管《伽萨》所描述的琐罗亚斯德教是否实行动物牺牲
尚不明确，但在稍后的新阿维斯陀经（Young Avesta）时代，文献有
关该教献牲的记载无疑非常丰富了。

有关古波斯琐罗亚斯德教献牲的具体细节，古希腊作家斯特
拉波《地理志》曾有详细的描述：

在念诵祷文之后，祭司们在一处洁净的地方奉献牺牲。
他们将牺牲绑住，由祭司主持仪式。祭司将肉切成碎块，分给
人们带走，并未留下给神。因为他们说神所要的是牺牲的灵
魂，而非其肉身。[2]

到了萨珊波斯时期，琐罗亚斯德教重新立为国教，虽然该教曾一度
兴起素食主义，拒绝动物牺牲，[3]但血祭仍逐渐成为宗教仪式的核
心。如国王沙卜尔一世（Šāpūr I）在琐罗亚斯德天房的三体碑铭，

---

[1] F. Wolff, *Avesta: Die Heiligen Bücher der Parsen*, Strassburg: Verlag von Karl J.
Trübner, 1910, pp.171-172.

[2] A. de Jong, "Animal Sacrifice in ancient Zoroastrianism: A Ritual and its Interpretations",
Albert I. Baumgarten ed., *Sacrifice in Religious Experience*, Leiden·Boston·Köln: Birll,
2002, p.133.

[3] S. Shaked, *Dualism in Transformation. Varieties of Religion in Sasanian Iran*, London:
School of Oriental and African Studies, 1994, pp.43-44.

提及其曾于某日宰若干头羊以祭祀,乃为自己及众多亲友的灵魂祈祷。[1]有关祭祀所用牺牲种类、数量等等要求,中古波斯文文献更有详细而严格的规定。

根据琐罗亚斯德教教义,动物被分为"善""恶"两类。益兽必须得到人类全力保护,若虐待他们,就会受到严厉惩罚。另一方面,信徒杀死"恶"的动物是神圣的职责。这样做,他们会削弱恶灵阿里曼(Ahriman)借以在世上行恶的帮手。[2]中古波斯文《创世纪》(Bundahišn)记载了上神奥尔马兹达创造的动物与阿里曼创造的动物之间的对立。[3]琐罗亚斯德教有关动物牺牲的种种规定,多以这种善恶斗争的二元论为理论依据。与其他许多宗教相似,在琐罗亚斯德教中,并非所有动物皆可用作宗教献祭。依宗教律法的规定,恶灵阿里曼所创造的邪恶动物(称作xrafstras),包括爬行动物、昆虫、猫科、狼和其他的食肉动物,绝不能作为牺牲。因为杀死狼这类邪恶的动物并不会释放或解救其灵魂,献祭这样的动物牺牲就是"邪恶的崇拜"。[4]

另外,值得注意的是,某些"至善"的动物也被排除在合法的牺牲祭品之外。在众多益兽中,小公鸡尤其不能作为牺牲使用。据说小公鸡是大法官斯罗什神(Sroš)的代表,其在清晨鸣叫,能驱走恶魔。《辟邪经》(Vidēvdāt)第十八章规定了公鸡的职责乃在于唤醒人类、唤醒斯罗什神。[5]《创世纪》则记载公鸡乃为抵抗恶

―――――――――

〔1〕 M. Back, *Die sassanidischen Staatsinschriften*, Acta Iranica 18, Leiden: E. J. Brill, 1978, pp.284–371.

〔2〕 R. Foltz, "Zoroastrian Attitudes toward Animals", *Society and Animals*, 18, 2010, p.370.

〔3〕 T. D. Anklesaria, *The Bundahišn*, Bombay, 1908, p.156, II.8–9.

〔4〕 A. de Jong, *Traditions of the Magi*, Leiden · New York · Köln: Brill, 1997, pp.177–180. 同样地,献祭益兽往往是以"牛"为例。

〔5〕 J. Darmesteter transl., *Le Zend-Avesta*, II, Paris, 1960, pp.244–247.

魔而生,它与狗合作,共同帮助斯罗什神抵抗谎言。[1]中古波斯文《书信集》规定,除非特殊原因,禁止杀死公鸡;无论如何,杀死公鸡都被认为是一种异教行为。[2]同样地,献祭狗亦是不可想象的:因为狗特别神圣,尤其在对抗污染时是不可缺少的。《辟邪经》第十三、十四、十五章罗列了各种不同的犬,包括牧羊犬、家犬、猎犬等,他们都是善神创造的益兽,如果虐待并杀死他们,将会遭到惩罚。例如,若杀死牧羊犬,则要用两种鞭子各鞭打800下。[3]海狸和豪猪与其一样,均具反抗恶魔的特性。[4]上述诸种益兽皆不可当牺牲用。这一点与中国传统信仰中有关牺牲的规定不尽一致。在中国古代社会,牺牲是宗教诸礼中最重要的供品,指马、牛、羊、鸡、犬、豕,即所谓"六畜"。六畜中最常用的是牛羊豕三牲。马很少用,可能是为了役使。春秋以前耕田不用牛,所以牛用得多,后来用牲口成为传统制度,虽然牛耕推广了,祭祀仍大量用牛。大凡常规的天神地祇宗庙诸礼,则用牛羊豕而不用犬鸡;凡非常之祭,如禳除灾殃、避祛邪恶,则多用犬;凡建造新成行衅礼,则多用羊、犬和鸡;大丧遣奠,则用马。以上情况当然都可能有例外。[5]可见,与波斯琐罗亚斯德教祭祀用牲的一个重要不同是,在某些场合下,中国传统祭祀可以使用犬和鸡。而琐罗亚斯德教所

〔1〕T. D. Anklesaria, *The Bundahišn*, p.156, II. 15.

〔2〕Ervad B. N. Dhabhar ed., *The Pahlavi Rivayat accompanying the Dadistan î Dînîk*, Bombay, 1913, p.188.

〔3〕J. Darmesteter transl., *Le Zend-Avesta*, II, pp.192–209.按,法律规定杀死任何益兽都是一种罪,通常要受鞭刑。参阅M. Macuch, "On the treatment of animals in Zoroastrian Law", in A. van Tongerloo ed., *Iranica Selecta. Studies in honour of Professor Wojtiech Skalimowski on the occasion of his seventieth birthday*, Tumhout: Brepols, 2003, pp.183–186.

〔4〕A. de Jong, "Animal Sacrifice in ancient Zoroastrianism: A Ritual and its Interpretations", pp.134–135.

〔5〕詹鄞鑫《神灵与祭祀——中国传统宗教综论》,南京:江苏古籍出版社,1992年,第227—228页。

常用的献牲品为家养的绵羊、山羊和牛。[1]

在琐罗亚斯德教有关所用牺牲种类的规定中，是否应该使用猪是有争议的。中古波斯文文献中规定在某种情况下，他们禁止杀猪和吃猪肉。《创世纪》记载："若无牧羊犬与家犬，家庭则无法重建。通过消除痛苦，猪保护了世上的人类和牛，它的眼睛能够消除污染。猪像犬一样，驱除痛苦，它的肉能消除人类的污染和痛苦，以达治疗之功效。"[2]然而中古波斯文《仪轨指南》（Nērangestān）所保存的一份《阿维斯陀经》片段记载，猪（与各种幼齿动物一起）作为"在仪式中献给诸神"的动物（pad yazišn ī yazadān kušišn）。[3]若要献祭一头猪（其一般被认为是喂食了恶的造物），它应该以草料和蔬菜喂饲一年后始适宜。[4]这种文献记载出现矛盾的现象并不鲜见，如宗教文献《许不许》（Šāyist-nē-šāyist）[5]中所禁止的一些动物，也出现在宫廷小说所描绘的美食中。[6]

〔1〕R. Foltz, "Zoroastrian Attitudes toward Animals", p.374.

〔2〕Ph. Gignoux, "Dietary Laws in Pre-Islamic and Post-Sasanian Iran", *Jerusalem Studies in Arabic and Islam*, Vol.17, 1994, p.20, 29, 38. T. D. Anklesaria, *The Bundahišn*, p.157.

〔3〕H. Hoffmann, "Drei indogermanische Tiernamen in einem Avesta-Fragment", *Münchener Studien zur Sprachwissenschaft*, Vol.22, 1967, pp.29-38. 有关《仪轨指南》的最新研究，参阅F. M. Kotwal, Kreyenbroek. Ph., *The Hērbedestān and Nērangestān,* Vol.II, *Nērangestān*, Fragard 1, Studia Iranica, Cahier 16, Paris: Association Pour l'Avancement des études Iraniennes, 1995; Vol.III, *Nērangestān*, Fragard 2, Studia Iranica, Cahier 30, Paris: Association Pour l'Avancement des études Iraniennes, 2003; Vol.IV, *Nērangestān*, Fragard 3, Studia Iranica, Cahier 38, Paris: Association Pour l'Avancement des études Iraniennes, 2009.

〔4〕Ph. Gignoux, "Dietary Laws in Pre-Islamic and Post-Sasanian Iran", p.20.

〔5〕J. C. Tavadia, *Šāyest-nē-šāyest; A Pahlavi Text on Religious Customs*, Hamburg: Friederichsen, de Gruyter & CO m.b.H., 1930, p.129.

〔6〕D. Monchi-Zadeh, "Xusrōv i Kavātān ut rētak. Pahlavi Text, Transcription and Translation", in *Monumentum Georg Morgenstierne* II, Acta Iranica 22, Leiden: E. J. Brill, 1983, pp.47-91.

雄性和雌性的动物皆可献祭。如果用雌性动物，不可连同幼崽一起献祭。所有动物应该是完整、健康、强壮的。生病、受伤的动物则不合适。[1]一般情况下，禁止使用幼齿动物。这与献祭水果与蔬菜的有关规定类似：只有成熟后，它们才能够被采摘和收获。因此，小羊羔、乳牛、小马不得作为献祭牺牲。当然，太过年老的动物也不被允许。[2]这一规定，显然与中国古代社会的牺牲祭祀不同。

现代印度的琐罗亚斯德教徒，即帕尔西人（Parsis），大概是迫于印度人的压力，并不实行血祭。不过，现存伊朗的琐罗亚斯德教徒，则仍然献祭动物牺牲。[3]众所周知，7—9世纪，随着阿拉伯兴起并占领伊朗地区，一部分不愿改宗的琐罗亚斯德教徒逃至印度西海岸定居，逐渐发展成今天的帕尔西民族。现代伊朗和印度教徒有关动物牺牲的不同态度，则正好说明了使用动物牺牲，应是阿拉伯兴起之前波斯琐罗亚斯德教早就流行的祭祀仪式。

以上简要回顾了琐罗亚斯德教史上有关动物牺牲的规定与实践，以资比照参考。根据文献记载，中古中国流行的祆教主要来自中亚粟特地区，其与波斯本教相比，在举行宗教祭祀仪式时，尤其是使用动物牺牲方面是否存在不同呢？下面试行考察。

二、入华祆教的血牲祭祀

根据文献记载，中古时期入华祆教的信仰载体乃以西域胡人为主。荣新江先生关于北朝至隋唐时期入华粟特聚落及其变迁的

---

〔1〕N. 56. A. Waag, *Nirangistan, Der Awestatraktat über Die Rituellen Vorschriften*, Leipzig: J. C. Hinrichs Verlag, 1941, p.71.

〔2〕N. 54. A. Waag, *Nirangistan, Der Awestatraktat über Die Rituellen Vorschriften*, pp.67–68.

〔3〕Mary Boyce, *A Persian Stronghold of Zoroastrianism*, Oxford: Oxford University Press, 1977, repr. University Press of America, 1989. 中译本见［英］玛丽·博伊斯原著，张小贵、殷小平译《伊朗琐罗亚斯德教村落》。J. J. Modi, *The Religious Ceremonies and Customs of the Parsees*, 2nd, Bombay, 1937.

系统研究，亦证明了祆教的东传与粟特人的东迁一致同步。[1]因此，若要了解入华祆教的祭祀习俗，必须首先对粟特地区祆教信仰的习俗进行考察。

根据学界的研究，前伊斯兰时期粟特地区的主流宗教是一种变异的琐罗亚斯德教。[2]有关其时粟特地区的宗教仪式，阿拉伯史家比鲁尼（Al-Biruni）的《古代诸民族编年史》曾记载，在每年的首月首日，粟特人同波斯人、花剌子模人一样都会庆祝新年诺鲁孜（Nowruz），而在每年年终的"万灵节"，举行类似的仪式："在庙中盛陈食物，为灵魂祈祷。"[3]苏联中亚考古学家施科达（V. G. Škoda）曾研究了5、6世纪的片治肯特火庙遗址，发现供奉永燃圣火的祭坛（atashgah）；壁画中也常见信众祭拜的神祇形象。在一些私宅遗址的壁画中，亦见神祇形象面前多有小型火坛，或供某种仪式使用。[4]前文我们提及，萨珊波斯时期的宗教祭祀中常见供奉牺牲的场景，《阿维斯陀经》之《诸神颂》中也不乏向诸神献牲的记载，而比鲁尼又言粟特人的许多仪式与波斯人相同，可印证粟

〔1〕荣新江《西域粟特移民聚落考》，原题《西域粟特移民考》，刊《西域考察与研究》，乌鲁木齐：新疆人民出版社，1994，第157—172页；此据其著《中古中国与外来文明》，北京：三联书店，2001年，第19—36页。《北朝隋唐粟特人之迁徙及其聚落》，原载《国学研究》第六卷，北京大学出版社，1999年，第27—85页；此据其著《中古中国与外来文明》，第37—110页。《西域粟特移民聚落补考》，《西域研究》2005年第2期，第1—11，116页。《北朝隋唐粟特人之迁徙及其聚落补考》，提交"古代内陆欧亚与中国文化"国际学术研讨会论文，中国上海，2005年6月24—26日，收入余太山、李锦绣主编《欧亚学刊》第六辑，北京：中华书局，2007年，第165—178页。《魏晋南北朝隋唐时期流寓南方的粟特人》，收入韩昇主编《古代中国：社会转型与多元文化》，上海人民出版社，2007年，第138—152页。

〔2〕V. G. Škoda, "Le culte du feu dans les sanctuaires de Pendžikent", in F. Grenet ed., *Cultes et monuments religieux dans l'Asie Centrale préislamique*, Paris, 1987, p.72.

〔3〕Al-Biruni, *The Chronology of Ancient Nations*, transl. C. E. Sachau, London, 1879, p.226, 222.

〔4〕V. G. Shkoda, "The Sogdian Temple: Structure and Rituals", *Bulletin of the Asia Institute（BAI）, Studies in Honor of Vladimir A. Livshits*, New Series/Volume 10, 1996, pp.195-206.

特地区的祆教也用血牲进行祭祀。

这方面汉籍有关粟特曹国得悉神崇拜的记载，也提供了宝贵的线索。事见《隋书·西域传》曹国条记载：

> 国中有得悉神，自西海以东诸国并敬事之。其神有金人焉，金破罗阔丈有五尺，高下相称。每日以驼五头、马十匹、羊一百口祭之，常有数千人食之不尽。[1]

此处之得悉神，一般被比定为琐罗亚斯德教的"星辰雨水之神"（Tištrya），[2]不过，云"每日以驼五头、马十匹、羊一百口祭之"，似过于夸张，或属误传误记，或仅指某一特定节日耳。新《阿维斯陀经》之《诸神颂》的《星辰雨水神颂》第五十七至五十八节有曰：

> 琐罗亚斯德向阿胡拉·马兹达问道：
> 呵，阿胡拉·马兹达！
> 应该怎样以最隆重的正教礼仪向荣耀的蒂什塔尔献祭？
> 阿胡拉·马兹达回答说：
> 雅利安人应向他奉献供品，奉上巴萨摩枝条，烤制一只纯白或纯黑的绵羊。[3]

此处所提及的"烤制一只纯白或纯黑的绵羊"，与曹国"得悉神"享祀"每日驼五头、马十匹、羊一百口"的盛大场面显不相符；不

〔1〕《隋书》卷八三《西域》，第1855页。

〔2〕W. B. Henning, "A Sogdian God", *Bulletin of the School of Oriental and African Studies*, Vol. XXVIII: II, 1965, pp.252-253.

〔3〕Antonio Panaino, *Tištrya*, Part I, *The Avestan Hymn to Sirius*, Roma: Istituto Italiano Per Il Medio Ed Estremo Oriente, 1990, pp.80-81.

过，曹国"得悉神"的祭祀规模倒是与前引《水神颂》中阿娜希塔神的享祭规模相类似，至于所用祭品不同，则可以不同地域的物产有异来解释。

那么，由中亚地区传入中土的祆教祭祀情况如何？这方面，吐鲁番出土文书透露出珍贵的信息。如高昌章和五年（535）《取牛羊供祀帐》记录道：

> 章和五年乙卯岁正月　日，取严天奴羊一口，供始耕。次三月十一日，取胡未驹羊一口，供祀风伯。次取曲孟顺羊一口，供祀树石。次三月廿四日，康祈羊一口，供祀丁谷天。次五月廿八日，取白姚羊一口，供祀清山神。次六月十六日，取屠儿胡羊一口，供祀丁谷天。次取孟阿石儿羊一口，供祀大坞阿摩。次七月十四日，取康酉儿牛一头，供谷里祀。[1]

学者认为，文书所记载的康祈、康酉儿无疑是来自康国的粟特人，严天奴的"严"字，带有明显的粟特人名因素。[2]所供祀的"风伯"即为风神 Wāt，[3]或气神 Wēšparkar。[4]文书中提及供祀树石的情

---

〔1〕《吐鲁番出土文书》第二册，北京：文物出版社，1981年，第39页。

〔2〕F. Grenet and Zhang Guangda, "The Last Refuge of the Sogdian Religion: Dunhuang in the Ninth and Tenth Centuries", *BAI*, New Series/Volume 10, pp.182–183.

〔3〕敦煌发现的粟特文献即含有献给 Wāt 的颂诗，见 W. B. Henning, "A Sogdian God," p.253.

〔4〕Wēšparkar 来自阿维斯陀语 *Vaiiuš.uparō.kairiiō*-（居于最高统治的 Vayu 神），此神在粟特人中颇流行，常被赋予湿婆的特征，见 B. Maršak, "Les fouilles de Pendjikent", *Comptes rendus des séances de l'Académie des Inscriptions et Belles-Lettres*, 1990, p.307; H. Humbach, "Vayu, Śiva und der Spiritus Vivens im ost-iranischen Synkretismus", *Monumentum H. S. Nyberg*, 1, Acta Iranica, 4, 2me serie vol. I, Leiden: E. J. Brill, 1975, pp.397–408; 田边胜美《ウエーショー：クシヤン朝のもう一つの风神》，《古代オリエント博物馆纪要》，第13卷，1992年，第51—93页; Mary Boyce, "Great Vayu and Greater Varuna", *BAI*, 7, 1993, pp.35–40; M. L. Carter, "OEŠO or Śiva", *BAI*, 9, 1995 pp.143–157.

况,也可从片治肯特1号庙遗址的考古发掘中得到印证。[1]而文书所记的"丁谷天"极有可能是高昌的一座祆祠。[2]以上研究表明,《取牛羊供祀帐》包含了丰富的祆教祭祀信息,[3]说明吐鲁番地区的祆祠常以羊祭祀,与汉地传统中"小祀"用"特牲"的规定相一致。

吐鲁番阿斯塔那377号墓葬出土的《高昌乙酉、丙戌岁某寺条列月用斛斗帐历》曾记载:

> 15 ……粟参兜(斗),供苟(狗)。麦伍昇(升),祀天。
>
> 37 祀天。糜粟拾斛肆昇(升),供作使,并苟(狗)……
>
> 39 ……粟贰兜(斗)究(九)昇(升),供苟(狗)……
>
> 45 ……粟参兜(斗),供苟(狗)。麦伍昇(升),祀天。[4]

这则文书记录了该寺院每月都有固定支出用于"供犬""祀天"。学者们认为此处祭祀的"天"与粟特人信仰的祆教大神Baga有

---

[1] V. G. Shkoda, "K rekonstrutsii rituala v sogdiĭskom khrame", *Archiv Orientální*, 58, 1990, pp.147-151. 在塔吉克斯坦,不少风俗信仰与柳树有关,其可以追溯至伊斯兰化以前。在伊朗麝香柳曾被当作琐罗亚斯德教七圣神之一Spenta Armaiti的标志之一,见V. G. Shkoda, "The Sogdian Temple: Structure and Rituals", *BAI*, New Series/Volume 10, p.198; A. V. Jackson, *Zoroastrian Studies: The Iranian Religion and Various Monographs*, New York, 1928, p.51.

[2] 日本学荒川正晴认为,丁谷天与高昌城东胡天可能为同一祆祠,见其文《北朝隋・唐代における"萨寶"の性格をめぐつて》,《東洋史苑》第50・51合并號,1998年,第169页。荣新江先生不同意这种推测,认为丁谷天与高昌城东胡天为两所不同的祆祠,见其著《中古中国与外来文明》,第47页注[4]。

[3] 张广达先生对这份文书的内涵进行了详细的解说,见《吐鲁番出土汉语文书中所见伊朗语地区宗教的踪迹》,原刊《敦煌吐鲁番研究》第4卷,北京大学出版社,1999年,第7—11页;此据张广达《文本、图像与文化流传》,桂林:广西师范大学出版社,2008年,第224—239页。

[4]《吐鲁番出土文书》第三册,北京:文物出版社,1981年,第226、229页。

关。[1]不过此处供狗、祀天所用祭品仅为粟、麦，而不见有动物牺牲的记载。

至于传入内地的祆祠祭祀情况，也并非无迹可寻。唐张鷟《朝野佥载》卷三记载：

> 河南府立德坊及南市西坊皆有胡祆神庙。每岁商胡祈福，烹猪羊，琵琶鼓笛，酾歌醉舞。酹神之后，募一胡为祆主，看者施钱并与之。其祆主取一横刀，利同霜雪，吹毛不过，以刀刺腹，刀出于背，仍乱扰肠肚流血。食顷，喷水呪之，平复如故。此盖西域之幻法也。[2]

这里"烹猪羊"，表明入华的祆教仍然使用动物牺牲，不过观上下文意，其乃是在商胡中间流行。

唐代入华胡人的祭祀活动亦见于《安禄山事迹》卷上的记载：

> 潜于诸道商胡兴贩。每岁输异方珍货计百万数。每商至，则禄山胡服，坐重床，烧香列珍宝，令百胡侍左右。群胡罗拜于下，邀福于天。禄山盛陈牲牢，诸巫击鼓歌舞，至暮而散。[3]

有关安禄山的种族与信仰，荣新江先生曾进行系统考察，此处安禄山辈烧香罗拜者，荣先生认为"必为祆神；其活动场所，应是祆祠"。[4]若然，则其中"盛陈牲牢"的描述，为入华祆教的血牲祭

---

〔1〕姜伯勤《敦煌吐鲁番文书与丝绸之路》，北京：文物出版社，1994年，第235—237页。

〔2〕(唐)张鷟撰，赵守俨点校《朝野佥载》(《隋唐嘉话·朝野佥载》，唐宋史料笔记丛刊)，北京：中华书局，1979年10月第1版，第64—65页。

〔3〕(唐)姚汝能撰，曾贻芬点校《安禄山事迹》，上海古籍出版社，1983年，第12页。

〔4〕荣新江《中古中国与外来文明》，第235页。

祀,提供了新的例证。

应该指出的是,上引两例祆教血牲祭祀的例子,皆是在入华胡人中进行。按唐贞观五年何禄将祆教诣阙闻奏后,朝廷即在崇化坊建立祆祠,这座祆祠与前后长安城内所建的其他祆祠一样,都集中在胡人聚居区内,显然乃为满足来华胡人的祆教信仰而设。表明当时祆教主要应在来自西域的胡人中流行。为了管理胡人,朝廷还专门设有萨宝府,其下辖有祆正、祆祝主持宗教事务。即使在开元初罢视品官时,萨宝府及下祆正、祆祝还得以保留,可见朝廷对祆教这一外来宗教有区别对待。正如学者所指出:"从萨宝府设置的缘起,我们可看出在当时唐政府的心目中,显然把火祆教当为西域移民的主流宗教,认为是西域胡人中最有影响、最有势力的宗教,只要争取控制了该教的上层人物,便能招徕西域,西域移民便能与汉人相安无事,国土便可安宁。唐政府对外交事务的这种认识,看来是符合当时西域的信仰状况的。"[1]正是由于唐朝廷为满足自身统治需要来确定其宗教政策,才保证了西域胡人所主要信奉的祆教一度流行。

综上所论,有唐一代的中原王朝主要将祆教视为外来事务管理的范畴,因此就入华祆教的"血牲祭祀",似无法将其纳入国家正祀与民间信仰互动的框架下进行分析。然而由唐至宋,祆教传播的命运也终归离不开中古政治与信仰互动的主旋律。

三、祆教纳入祀礼

祭祀使用牺牲,特别是猪牛羊三牲祭祀,是古代诸文明中普

---

〔1〕林悟殊《火祆教在唐代中国社会地位之考察》,载蔡鸿生主编《戴裔煊教授九十诞辰纪念文集:澳门史与中西交通研究》,广东高等教育出版社,1998年,第181页;其著《中古三夷教辨证》,北京:中华书局,2005年,第268页。

遍存在的现象。[1]而中国的先秦文献亦不乏官方重大祭祀使用
牛羊豕的记录，如《尚书·周书·召诰》记周公在新都洛邑进行
社稷："戊午，乃社于新邑，牛一、羊一、豕一。"[2]《仪礼·聘礼》则
明确以"牢"来指称牛羊豕："饩二牢，陈于门西，北面，东上：牛以
西羊、豕，豕西牛、羊、豕。"[3]直到清代，"太牢"的用牲标准仍然是
"羊一、牛一、豕一"。[4]因此，李国强先生说："就时代而言，至迟在
《左传》成书的春秋时代，或者更宽泛地说在从春秋到《仪礼》成
书的先秦时代，'牢'或'大牢'就已经作为固定用牲制度而存在
了。此后，在直至清代的两千多年间，太牢礼制一直为历代王朝所
尊奉恪守，且续有发展，从而构成中国古代官方宗教和仪礼生活中
的重要一极。"[5]当然，太牢礼只是中国古代官方礼制的一个方面。
按中国古代的常规祭礼，牺牲品类因贵族爵位的不同而异。如社
稷祭礼天子用太牢，诸侯用少牢；宗庙之祭大夫以上用羔，士用特
豚（独牲叫"特"）。祭天只限于天子，用特牛。隋朝建立初期，为
完成文化上的统一，在意识形态领域建立新秩序，对祭祀等级亦重
新规整。其《开皇礼》在《周礼》大、小祭的原则基础上，把国家祭
祀具体分为大、中、小祀三种，建立了更为规范的等级秩序。[6]如
《隋书·礼仪志第一》记载：

〔1〕沙义德著、李国强译《猪牛羊三牲祭祀是西方文明特有的祭礼吗？》，马克、邓文
　　宽、吕敏主编《古罗马和秦汉中国——风马牛不相及乎》，《法国汉学》第十四辑，
　　北京：中华书局，2009年，第137—150页。
〔2〕（汉）孔安国传、（唐）孔颖达正义、黄怀信整理《尚书正义》，上海古籍出版社，2007
　　年，第576页。
〔3〕（清）阮元校刻《十三经注疏》，北京：中华书局，1980年，第1062页。
〔4〕《清史稿》卷八二《礼志一》，北京：中华书局，1976年，第2496页。
〔5〕李国强《太牢考论》，马克、邓文宽、吕敏主编《古罗马和秦汉中国——风马牛不相
　　及乎》，第152页。
〔6〕高明士《隋代的制礼作乐——隋代立国政策研究之二》，载黄约瑟、刘健明编《隋
　　唐史论集》，香港大学亚洲研究中心，1993年，第15—35页。

昊天上帝、五方上帝、日月、皇地祇、神州社稷、宗庙等为大祀，星辰、五祀、四望等为中祀，司中、司命、风师、雨师及诸星、诸山川等为小祀。大祀养牲，在涤九旬，中祀三旬，小祀一旬。其牲方色难备者，听以纯色代。告祈之牲者不养。[1]

《隋书·礼仪志第二》记载：

开皇初，社稷并列于含光门内之右，仲春仲秋吉戊，各以一太牢祭焉。牲色用黑。孟冬下亥，又腊祭之。州郡县二仲月，并以少牢祭。百姓亦各为社。[2]

到了唐代，礼典有关动物牺牲的规定更为详备：

凡祀昊天上帝及配座，用苍犊各一，五方上帝、五人帝各用方色犊一，大明青犊一，夜明白犊一，皇地祇及配座用黄犊各一，神州及配座用黝犊各一。宗庙、社稷、帝社、先蚕、先代帝王、五岳、四镇、四海、四渎、孔宣父、齐太公、诸太子庙并用太牢。若冬至祀圆丘，加羊九豕九。祭方丘加羊五豕五。蜡祭神农、伊祁、星辰以下，每方各用少牢，其方不熟则阙之。若行幸，祭大山川用太牢，中山川及州县社稷、释奠用少牢，其风师、雨师、灵星、司中、司命、司人、司禄及行幸祭小山川及马祖、马社、先牧、马步各用羊一。軷祭用羝羊一。[3]

---

〔1〕《隋书》卷六，第117页。

〔2〕《隋书》卷七，第143页。

〔3〕(唐) 杜佑撰，王文锦等点校《通典》卷一○六《礼》六十六，北京：中华书局，1988年，第2771—2772页。

此处所记为《开元礼》的情况。另《郊祀录》所载开元后礼（贞元年间之礼）情况亦相类，有关两者用牲之制的区别，王泾曾云："天宝六载正月诏减用犊之数，肃宗上元中改天地用一太牢，大历六年十一月三日诏五方上帝、九宫大祀各用犊一，其余中祀等用猪羊各一，于是配帝从祀悉无犊矣，至今以为恒式。"表明祭祀用牲从简的变化，而变自玄宗起，至代宗而定恒式。[1]可见，朝廷在规范正祀的过程中，所用牲品数量与种类一直是重要的考量标准。

在确立国家正祀规范的同时，朝廷也从未停止对民间各种信仰的管理与控制。唐初，在太宗初登大宝的武德九年（626）九月，即下令禁绝诸杂祀："诏私家不得辄立妖神，妄设淫祀，非礼祠祷，一皆禁绝。其龟鬼易五兆之外，诸杂占卜，亦皆停断。"[2]当然，随着历史的发展，朝廷对地方祠祀的态度也由"禁绝"逐渐转为吸纳了。开元二十年（732）成书的《大唐开元礼》卷一规定："州县社稷、释奠及诸神祠并同小祀。"雷闻先生认为"这可能是国家礼典首次公开承认了地方祠祀的合法地位，并将其纳入国家祭祀的整体系统之中。同时，这也意味着国家放弃了直接打击地方祠祀的政策，而将其合法性的认定权力下放到地方政府。"[3]那么，祭祀所用牺牲与民间祠祀颇相似的袄教命运又如何呢？《新唐书》卷四六《百官志·祠部》记载："两京及碛西诸州火袄，岁再祀，而禁民祈祭"，[4]这则史料至少透露出两方面的信息：一是，在此禁令颁布之前，百姓曾实行袄教祭祀，否则就无谓有"禁民祈祭"之说了；至于禁止百姓祭祀的原因，个中或许与袄教祭祀中"烹猪羊"等仪式有关，盖与其他"淫祀"一样，有违国家正祀。不过当时袄

---

〔1〕陈戍国《中国礼制史·隋唐五代卷》，长沙：湖南教育出版社，1998年，第99页。

〔2〕《旧唐书》卷二《太宗本纪》上，第31页。

〔3〕雷闻《郊庙之外——隋唐国家祭祀与宗教》，第258页。

〔4〕《新唐书》卷四六，第1195页。

教毕竟是外来宗教，尽管其血祭与国家正祀相违背，其也不见容于佛、道二教，但朝廷对祆教的态度毕竟是暧昧的，虽然"禁民祈祭"，但还是允许其在胡人中奉行。这也表明其时祆教作为外来宗教，其独立的特征是明显的。

不过从意识形态角度考虑，中原王朝对外来文化向存戒心。《唐会要》卷三三记载："自汉武帝，幻伎始入中国，其后或有或亡，至国初通西域复有之。高宗恶其惊俗，勑西域关津不令入中国。"[1]《唐大诏令集》开元二年十二月二十二日《令蕃客国子监观礼教敕》云：

> 夫国学者，立教之本，故观文字可以知道，可以成化。庠序爰作，皆粉泽于神灵；车书是同，乃范围于天下。自戎夷纳款，日夕归朝，慕我华风，孰先儒礼……自今已后，蕃客入朝，并引向国子监，令观礼教。[2]

随后爆发的安史之乱，使国家人民遭受了极其严重的损失，严重地打击了统治者的信心。祸首安禄山、史思明及其一批部下，属西域胡人背景；而后帮助平乱的回鹘人又居功自傲，在内地为非作歹。这一切均助长了社会各阶层的部分人士，包括统治阶级与被统治阶级的排外、仇外心理。这无疑成为后来武宗灭佛和取缔三夷教的思想根源。[3]

会昌三年（843），由于回鹘破灭西迁已成定局，朝廷无所顾

---

〔1〕（宋）王溥撰《唐会要》卷三三，中册，北京：中华书局，1955年，第611页。

〔2〕（宋）宋敏求编《唐大诏令集》卷一二八，北京：中华书局，2008年，第689页。

〔3〕林悟殊《唐代三夷教政策论略》，刊荣新江主编《唐研究》第4卷，北京大学出版社，1998年，第1—14页；收入其著《唐代景教再研究》，北京：中国社会科学出版社，2003年，106—119页。

忌,敕令取缔摩尼教:"会昌三年,敕天下摩尼寺并废入宫。京城女摩尼七十二人死。及在此国回纥诸摩尼等,配流诸道,死者大半。"[1]至会昌五年(845),武宗大举灭佛,景教和祆教亦不能幸免于难:"勒大秦穆护祆三千余人还俗,不杂中华之风。"[2]大中元年(847)闰三月,唐宣宗正式为佛教"平反":

> 会昌季年,并省寺宇。虽云异方之教,无损致理之源。中国之人,久行其道,厘革过当,事体未弘。其灵山胜境、天下州府,应会昌五年四月所废寺宇,有宿旧名僧,复能修创,一任住持,所司不得禁止。[3]

但并无提及如何处置祆教等外来宗教。不过,唐以后三夷教的命运各不相同,则是不争之事实。摩尼教在中国被取缔后,或以民间秘密结社的模式出现,成为诸多农民运动的一股力量;[4]或遁迹山林,成为道化摩尼教。[5]至于景教,唐亡后,中土的景教徒还力图保存自己的命脉,还在整理传抄本教的经典,[6]但唐后景教的影响

---

[1] (宋)赞宁《大宋僧史略》,日本大正新修《大藏经》(54),No.2126,财团法人佛陀教育基金会出版部,1990年3月初版。

[2] (宋)王溥《唐会要》卷四七,第841页。另,(宋)宋敏求编《大唐诏令集》卷一一三《拆寺制》(第591页)、李德裕《会昌一品集》卷二〇([唐]李德裕撰《李卫公会昌一品集》,丛书集成初编据畿辅丛书本排印,北京:中华书局,1985年,第1856—1859页)、《新唐书》卷五二《食货志》(北京:中华书局,1975年,第1361页)、《资治通鉴》卷二四八(北京:中华书局,1956年,第8015—8016页)均有记载,惟文字略有出入。

[3]《旧唐书》卷一八下《宣宗本纪》,第617页。

[4] 林悟殊《唐代三夷教的社会走向》,收入其著《中古三夷教辩证》,第346—351页。

[5] 林悟殊《宋元时代中国东南沿海的寺院式摩尼教》,见林著《摩尼教及其东渐》,北京:中华书局,1987年,第145—158页;台北:淑馨出版社增订本,1997年,第166—179页。

[6] 林悟殊《敦煌景教写本伯3847之再研究》,刊《敦煌吐鲁番研究》第五卷,北京大学出版社,2001年,第59—77页;其著《唐代景教再研究》,第123—145页。

究竟何如，则文献阙载。如元代的也里可温，虽然包含景教这一教派，但迄今尚无从证明其是承续了唐代景教。[1]而独有祆教，被纳入中原王朝的祭礼之中，呈现出与摩尼教、景教不同的传播命运。《宋史》卷一〇二《礼志》载：

> 建隆元年（960），太祖平泽、潞，仍祭祆庙、泰山、城隍，征扬州、河东，并用此礼。
>
> 初，学士院不设配位，及是问礼官，言："祭必有配，报如常祀。当设配坐。"又诸神祠、天齐、五龙用中祠，祆祠、城隍用羊一，八笾，八豆。旧制，不祈四海。帝曰："百谷之长，润泽及物，安可阙礼？"特命祭之。[2]

《宋会要辑稿》第一八册《礼》十八《祈雨》：

> 国朝凡水旱灾异，有祈报之礼。祈用酒脯醢，报如常祀……京城……五龙堂、城隍庙、祆祠……以上并勅建遣官……大中祥符二年（1009）二月诏：如闻近岁命官祈雨……又诸神祠，天齐、五龙用中祠例，祆祠、城隍用羊，八笾，八豆，既设牲牢礼料，其御厨食、翰林酒、纸钱、驰马等，更不复用。[3]

这些记载表明，宋代祆祠和城隍等民间祠祀一起，得到了官方承认，从而与"淫祠"相区分。而其用牲羊一，与前引文献记载祆教

---

〔1〕林悟殊《唐代三夷教的社会走向》，收入其著《中古三夷教辩证》，第364页。

〔2〕《宋史》卷一百二《礼志》，第2497、2501页。

〔3〕（清）徐松辑《宋会要辑稿》第十八册《礼》十八，北京：中华书局影印本，1957年，第一册，第733、735—736页。

祭祀的牲品数量一致。或许表明，使用牺牲是朝廷之所以吸纳祆教的重要原因，缘祆教实行血祭的方式与传统的民间信仰类似，与国家正祀亦不相违背。

若将祆教命运置于中晚唐以来国家祀典与地方信仰互动的大背景下考虑，更能丰富我们对这一外来宗教在本土传播的认识。中晚唐以来，随着中央权力的衰落，朝廷将地方神祠认定权下放州官，进而将其纳入礼典体系中的"小祀"。[1]而到了北宋，中央集权逐步增强，中央政权对地方信仰的控制愈发加强了。宋太祖建隆四年（963）十一月，"诏以郊祀前一日，遣官奏告东岳、城隍、浚沟庙、五龙庙及子张、子夏庙，他如仪。"[2]《宋史·职官志》四中记太常寺的职能包括："若礼乐有所损益，及祀典、神祇、爵号与封袭、继嗣之事当考定者。拟上于礼部。"[3]而同书《职官志》三记载元丰改制后祠部郎中、员外郎的职掌是："掌天下祀典、道释、祠庙、医药之政令。……若神祠封进爵号，则覆太常所定以上尚书省。凡宫观、寺院道释，籍其名额，应给度牒，若空名者毋越常数。"[4]而《唐六典》记载祠部郎中、员外郎"掌祠祀享祭，天文漏刻，国忌庙讳，卜筮医药，道佛之事。"[5]两相比较，《宋史·职官志》的记载"很明显地突出了'祠庙'的内容"，"唐玄宗天宝七载的努力方向是由朝廷制定地方祠祀的具体名单，其实已使'祀典'概念有了从儒家经典的抽象原则具体化的倾向，而北宋时期，具有朝廷的赐额、赐号逐步成为地方祠祀合法性之先决条件，否则就是淫祠。"[6]正是在这种历史发展的大背景下，祆教也最终成为国家祀典所吸

〔1〕雷闻《郊庙之外——隋唐国家祭祀与宗教》，第274页。
〔2〕《宋史》卷一○二《礼志》五，第2497页。
〔3〕《宋史》卷一六四《职官志》四，第3883页。
〔4〕《宋史》卷一六三《职官志》三，第3853页。
〔5〕（唐）李林甫等撰，陈仲夫点校《唐六典》，北京：中华书局，1992年，第120页。
〔6〕雷闻《郊庙之外——隋唐国家祭祀与宗教》，第271—273页。

纳的对象,逐渐汇入中国的万神殿了。当然从文化双向互动的角度来看,祆教的加入,也无疑为中国的万神殿增加了新的成员。

以前我们曾从职官任免权变化的角度,考察了唐宋时期祆祠庙祝的汉化。[1]这里,我们以血牲祭祀为例,考察祆教从独立的外来宗教演变为中土"合法化"民间信仰的过程,说明祆教的传播始终离不开国家与地方、中央权力与民间信仰互动的历史大背景。这一考察庶几为祆教华化问题添新注脚。

---

[1] 张小贵《唐宋祆祠庙祝的汉化——以史世爽家族为中心的考察》,原刊《中山大学学报》(社会科学版),2005年第3期,第72—76页;收入其著《中古华化祆教考述》,北京:文物出版社,2010年,第39—58页。

西文刊物缩略语
（Abbreviations）

AA	Artibus Asaie
Acta Ir.	Acta Iranica
Acta Or.	Acta Orientalia
AM	Asia Major
AMI	Archälogische Mitteilungen aus Iran
ArtsA	Arts Asiatiques
BAI	Bulletin of the Asia Institute
BEFEO	Bulletin de l'École française d'Extrême Orient
BSO(A)S	Bulletin of the School of Oriental and (African) Studies
CAAD	China Archaeological and Art Digest
CAJ	Central Asiatic Journal
E. Ir.	Encyclopaedia Iranica
EW	East and West
HJAS	Harvard Journal of Asian Studies
IA	Iranica Antiqua
IF	Indogermanische Forschungun

IIJ	Indo-Iranian Journal
IISHS	Indo-Iranian Studies, in Honour of Shams-ul-ullema Dastur Darab Peshotan Sanjana, London and Leipzig 1925.
JA	Journal Asiatique
JAOS	Journal of the American Oriental Society
JAAS	Journal of Asian and African Studies
JRAS	Journal of the Royal Asiatic Society
MIO	Mitteilungen des Instituts für Orientforschung
MS	Monumenta Serica
SBE	Sacred Books of the East, ed. by F. Max Müller
SRAA	Silk Road Art and Archaeology
St. Ir.	Studia Iranica
TP	T'oung Pao
TPS	Transactions of the Philological Society, London
ZDMG	Zeitschrift der Deutschen Morgenlandischen Gesellschaft
ZS	Zentralasiatische Studien

参考文献

一 中日文书目

毕波《中古中国的粟特胡人：以长安为中心》，北京：中国人民大学出版社，2011年。

［英］玛丽·博伊斯著，张小贵、殷小平译《伊朗琐罗亚斯德教村落》，北京：中华书局，2005年。

蔡鸿生《唐代九姓胡与突厥文化》，北京：中华书局，1998年。

陈怀宇《景风梵声——中古宗教之诸相》，北京：宗教文化出版社，2012年。

［伊朗］图拉吉·达利遥义著，吴赟培译《萨珊波斯：帝国的崛起与衰落》，北京大学出版社，2021年。

［伊朗］贾利尔·杜斯特哈赫选编，元文琪译《阿维斯塔－琐罗亚斯德教圣书》，北京：商务印书馆，2005年。

葛承雍《番僧入华来》（《胡汉中国与外来文明·宗教卷》），北京：三联书店，2019年。

［法］葛乐耐著，毛铭译《驶向撒马尔罕的金色旅程》，桂林：漓江出版社，2016年。

龚方震、晏可佳《祆教史》，上海社会科学院出版社，1998年。

郭德焱《清代广州的巴斯商人》，北京：中华书局，2005年。

韩香《隋唐长安与中亚文明》，北京：中国社会科学出版社，2006年。

——《两汉迄五代中亚胡人的来华及活动》，北京：中国社会科学出版社，2016年。

——《波斯锦与锁子甲——中古中国与萨珊文明》，北京：社会科学文献出版社，2022年。

姜伯勤《中国祆教艺术史研究》，北京：三联书店，2004年4月。

［意］康马泰著，毛铭译《唐风吹拂撒马尔罕》，桂林：漓江出版社，2016年。

［美］乐仲迪著，毛铭译《从波斯波利斯到长安西市》，桂林：漓江出版社，2017年。

［俄］B.A.李特文斯基主编，马小鹤译，余太山审订《中亚文明史》第三卷，北京：中国对外翻译出版社，2003年。

李零《波斯笔记》，北京：三联书店，2019年。

［美］布鲁斯·林肯著，晏可佳译，龚方震校《死亡、战争与献祭》，上海人民出版社，2002年。

林梅村《轴心时代的波斯与中国——张骞通西域前的丝绸之路》，西安：西北大学出版社，2021年。

林悟殊《摩尼教及其东渐》，北京：中华书局，1987年；台北淑馨出版社，1997年。

——《波斯拜火教与古代中国》，台北新文丰出版公司，1995年。

——《唐代景教再研究》，北京：中国社会科学出版社，2003年。

——《中古三夷教辨证》，北京：中华书局，2005年。

——《中古夷教华化丛考》，兰州大学出版社，2011年。

——《敦煌文书与夷教研究》，上海古籍出版社，2011年。

——《摩尼教华化补说》，兰州大学出版社，2014年。

罗丰《固原南郊隋唐墓地》，北京：文物出版社，1996年。

——《胡汉之间—"丝绸之路"与西北历史考古》，北京：文物出版社，2004年。

［俄］马尔夏克著，毛铭译《突厥人、粟特人与娜娜女神》，桂林：漓江出版社，2016年。

马小鹤《摩尼教与古代西域史研究》，北京：中国人民大学出版社，2008年。

——《霞浦文书研究》，兰州大学出版社，2014年。

荣新江《中古中国与外来文明》，北京：三联书店，2001年；修订版，北京：三联书店，2014年。

——《中古中国与粟特文明》，北京：三联书店，2014年。

荣新江、张志清主编《从撒马尔干到长安——粟特人在中国的文化遗迹》，北京图书馆出版社，2004年。

荣新江、华澜、张志清主编《粟特人在中国——历史、考古、语言的新探索》，《法国汉学》第十辑，北京：中华书局，2005年12月。

荣新江、罗丰主编《粟特人在中国：考古发现与出土文献的新印证》，北京：科学出版社，2016年6月。

芮传明《东方摩尼教研究》，上海人民出版社，2009年。

——《摩尼教敦煌吐鲁番文书译释与研究》，兰州大学出版社，2014年。

山西省考古研究所、太原市考古研究所、太原市晋源区文物旅游局《太原隋虞弘墓》，北京：文物出版社，2005年。

陕西省考古研究所《西安北周安伽墓》，北京：文物出版社，2003年。

沈睿文《安禄山服散考》，上海古籍出版社，2015年。

——《中古中国祆教信仰与丧葬》，上海古籍出版社，2019年。

施安昌《善本碑帖论集》，北京：紫禁城出版社，2002年2月。

——《火坛与祭司鸟神》，北京：紫禁城出版社，2004年12月。

孙武军《入华粟特人墓葬图像的丧葬与宗教文化》，北京：中国社会科学出版社，2014年。

滕磊《西域圣火——神秘的古波斯祆教》，北京：人民美术出版社，2004年。

王媛媛《从波斯到中国：摩尼教在中亚和中国的传播》，北京：中华书局，2012年。

魏庆征编《古代伊朗神话》，太原：北岳文艺出版社，1999年。

西安市文物保护考古研究院编《北周史君墓》，北京：文物出版社，2014年。

许序雅《唐代丝绸之路与中亚历史地理研究》，兰州：西北大学出版社，2000年。

——《唐朝与中亚九姓胡关系史研究》，兰州大学出版社，2012年。

——《唐代丝绸之路与中亚史地丛考——以唐代文献为研究中心》，北京：商务印书馆，2015年。

杨富学：《回鹘摩尼教研究》，北京：中国社会科学出版社，2016年。

姚崇新、陈怀宇、王媛媛《敦煌三夷教与中古社会》，兰州：甘肃教育出版社，2013年。

元文琪《二元神论：古波斯宗教神话研究》，北京：中国社会科学出版社，1997年。

张广达《文本、图像与文化流传》，桂林：广西师范大学出版社，2008年。

张庆捷《民族汇聚与文明互动——北朝社会的考古学观察》，北京：商务印书馆，2010年。

张小贵《中古华化祆教考述》，北京：文物出版社，2010年。

——《祆教史考论与述评》，兰州大学出版社，2013年。

张云《上古西藏与波斯文明》，北京：中国藏学出版社，2005年。

青木健《ゾロアスタ—教の興亡：サ-サ-ン朝ペルシアからムガル帝國へ》，東京刀水書房，2007年。

——《ゾロアスタ—教》，東京株式会社講談社，2008。

荒川正晴《ソグド人の移住聚落と東方交易活動》，東京岩波書店，1999年。

石田幹之助《東亞文化史叢考》，東京東洋文庫，1973年3月25日發行，1978年8月15日再版。

伊藤義教《古代ペルシア》，東京岩波書店，1974年。

——《ゾロアスタ—研究》，東京岩波書店，1979年。

——《ペルシア文化渡来考》，東京岩波書店，1980年。

——《アヴェスタ—》，世界古典文學全集第三卷，築摩書房，1981年。

——青木健編，《伊藤義教氏転寫・翻訳〈デーンカルド〉第3卷（1）》，東京大學東洋文化研究所附屬東洋學研究情報センタ—，2007年。

——青木健編，《伊藤義教氏転寫・翻訳〈デーンカルド〉第3卷（2）》，東京大學東洋文化研究所附屬東洋學研究情報センタ—，2009年。

神田喜一郎《東洋學說林》，東京弘文堂刊，1948年，此據《神田喜一郎全集》第1卷，株氏会社同朋社出版，1986年。

森部豊《ソグド人の東方活動と東ユーラシア世界の歴史的展開》,関西大学出版部,2010年。

——(編)《ソグド人と東ユーラシアの文化交渉》,東京勉誠出版株氏会社, 2014年。

森安孝夫《シルクロードと唐帝国》東京株式会社講談社, 2016年。

——《ソグドからウイグルへ シルクロード東部の民族と文化の交流》,汲古書院,2011。

奈良県立大学ユーラシア研究センター編《ゾロアストリアニズムと奈良》,奈良県立大学ユーラシア研究センター學術叢書4,奈良:京阪奈情報教育出版株式会社,2022年。

岡田明憲《ゾロアスター教—神々への賛歌》,東京株式会社平河出版社,1982年。

——《ゾロアスター教の悪魔拂い》,東京株式会社平河出版社,1984。

曽布川寛、吉田豊編《ソグド人の美術と言語》,京都臨川書店,2011年。

二 西文书目

Andrés-Toledo, M. Á., *The Zoroastrian Law to Expel the Demons: Wīdēwdād10–15*, Wiesbaden: Harrasowitz Verlag, 2016.

Anklesaria, B. T., *Pahlavi Vendidād*, Bombay: Shahnamah Press, 1949.

—— *Zand-Ākāsīh: Iranian or Greater Bundahišn*, Bombay, Published for the Rahnumae Mazdayasnan Sabha by its Honorary Secretary Dastur Framroze A. Bode, 1956.

—— *Vichitakiha-i Zatsparam*, Bombay: Trustees of the Parsi Punchayet Funds and Properties, 1964.

Ântiâ, E. K. transl., *Kârnâmak-i Artakhshîr Pâpakân*, Bombay: Fort Printing Press, 1900.

Azarpay, G., *Sogdian Painting*, Berkeley·Los Angeles·London: University of California Press, 1981.

Bailey, H. W., *Zoroasrian Problems in the Ninth Cenury Books*, Ratanbai Katrak Lectures, Oxford: The Clarendon Press, 1943.

Benveniste, E., *The Persian Religion According to the Chief Greek Texts*, Paris: Librairie Orientaliste. Paul Geuthner, 1929.

Bernard, P. et F. Grenet eds., *Histoire et cultes de l'Asie centrale préislamique*, Paris: Editions du CNRS, 1991.

Boyce, M., *A Reader in Manichaean Middle Persian and Parthian*, Leiden: E. J. Brill, 1975.

—— *A History of Zoroastrianism*, Vol.I, Leiden: E. J. Brill, 1975, 3rd ed. 1996.

—— *A Persian Stronghold of Zoroastrianism*, based on the Ratanbai Katrak Lectures1975, Oxford: Oxford University Press, 1977, University of America, 1989.

—— *Zoroastrians: Their Religious Beliefs and Practices*, London, Boston and Henley: Routledge & Kegan Paul, 1979, 1984, 2001.

—— *A History of Zoroastrianism*, Vol.II, Leiden: E. J. Brill, 1982.

—— *Zoroastrianism: Its Antiquity and Constant Vigour*, Costa Mesa, California and New York: Mazda Publishers in association with Bibliotheca Persica, 1992.

Boyce, M. ed. and transl., *Textual Sources for the Study of Zoroastrianism*, Manchester University Press, 1984.

Boyce, M. & F. Grenet, *A History of Zoroastrianism*, Vol.III, Leiden: E. J. Brill, 1991.

Cantera, Alberto, *Studien zur Pahlavi-Übersetzung des Avesta*, Wiesbaden: Harrassowitz Verlag, 2004.

—— ed., *The Transmission of the Avesta*, Wiesbaden: Harrassowitz Verlag, 2012.

Cereti, Carlo G. ed. and transl., *The Zand ī Wahman Yasn: A Zoroastrian Apocalypse*, Rome: IsMEO, 1995.

Choksy, J. K., *Purity and Pollution in Zoroastrianism*, Austin: University of Texas Press, 1989.

—— *Conflict and Cooperation: Zoroastrian Subalterns and Muslim Elites in Medieval Iranian Society*, New York: Columbia University Press, 1997.

—— *Evil, Good, and Gender: Facets of the Feminine in Zoroastrian Religious History*, Toronto Studies in Religion 28, New York: Peter Lang, 2002.

Coyajee, Sir J. C., *Cults & Legends of Ancient Iran & China*, Fort, Bombay: J. B. Karani's Sons, 1936.

Darmesteter, J. transl., *The Zend-Avesta*, Part I, *The Vendīdād*, in F.Max Müller ed. *Sacred Books of the East* (*SBE*), Vol. IV, Oxford University Press, 1887; repr. Motilal Banarsidass, Delhi, 1965, 1969, 1974, 1980.

—— *The Zend-Avesta*, Part II, *The Sīrōzahs, Yasts and Nyāyis*, in F. Max Müller ed. *SBE*, Vol. XXIII, Oxford University Press, 1884; repr. Motilal Banarsidass, Delhi, 1965, 1969, 1975, 1981.

Daryaee,T., *Sasanian Persia:The Rise and Fall of an Empire*, London·New York: I. B. Tauris, 2009.

Dhabhar, B. N., *The Persian Rivayats of Hormazyar Framarz and Others, Their Version with Introduction and Notes*, Bombay: K.R.Cama Oriental Institute, 1932.

Dhalla, M. N., *Zoroastrian Civilization from the Earliest Times to the Downfall of the Last Zoroastrian Empire, 651 A.D.*, London·New York: Oxford University Press, 1922.

Duchesne-Guillemin, J., *The Western Response to Zoroaster*, Ratanbai Katrak Lectures 1956, Oxford: The Clarendon Press, 1958.

—— *Symbolik des Parsismus*, Symbolik der Religionen 8, Stuttgart: Anton Hiersemann, 1961.

—— *La religion de l'Iran ancien*, Paris: Presses Universitaires de France, 1962, Eng. tr. by K. Jamasp Asa, Bombay: Tata Press Ltd., 1973.

Emmerick, R. E. & M. Macuch ed., *The Literature of Pre-Islamic Iran*, New York: I. B. Tauris & Co. Ltd., 2009.

Farridnejad, Sh., *Die Sprache der Bilder: Eine Studie zur Ikonographischen Exegese der Anthropomorphen Götterbilder im Zoroastrismus*, Wiesbaden: Harrassowitz Verlag, 2018.

Foltz, Richard C., *Religions of the Silk Road: Overland Trade and*

Cultural Exchange from Antiquity to the Fifteenth Century, New York: St. Martin's Griffin, 1999.

Frumkin, G., *Archaeology in Soviet Central Asia* (Handbuch der Orientalistik VII.3.1., ed. J.E. van Lohuizen-de Leeuw), Leiden: E. J. Brill, 1970.

Frye, R. N., *The Heritage of Persia*, London: Weidenfeld and Nicolson, 1962.

——*The History of Ancient Iran*, München: C. H. Beck'sche Verlagsbuchhandlung, 1984.

Geldner, K. F. ed., *Avesta, The Sacred Books of the Parsis*, 3 vols., Stuttgart: W. Kohlhammer, 1886–96.

Gershevitch, I., *The Avestan hymn to Mithra*, text with English transl. and notes, Cambridge: Cambridge University Press, 1959.

Ghirshman, R., *l'Iran: des origins a l'Islam*, Paris: Payot, 1951.

—— *Iran: Parthians and Sassanians*, Thames and Hudson, 1962.

Gignoux, Ph. and A. Tafazzoli, *Anthologie de Zādspram*, Paris: Association pour l'Avancement des Études Iraniennes, 1993.

Gnoli, Gh., *Zoroaster's Time and Homeland: A Study on the Origins of Mazdeism and Related Problems*, Istituto Universitario Orientale. Seminario di Studi Asiatici, Series Minor 7; Naples, 1980.

—— *Zoroaster in History*, Biennial Yarshater Lecture Series 2; New York: Bibliotheca Persica Press, 2000.

Grenet, F., *Les pratiques funéraires dans l'Asie centrale sédentaire de la conquête grecque à l'islamisation*, Paris: Editions du CNRS, 1984.

—— ed., *Cultes et monuments religieux dans l'Asie centrale préislamique*, Paris: Editions du CNRS , 1987.

Musée Guimet, *Lit de pièrre, sommeil barbare; Présentation, après restauration et remontage, d'une banquette funéraire ayant appartenu à un aristocrate d'Asie centrale venu s'établir en Chine au VIᵉ siècle*, Paris: Musée Guimet, 13 avril-24 mai 2004.

Hartman, S. S., *Parsism, The Religion of Zoroaster*, Leiden: E. J. Brill,

1980.

Haug, M., *Essays on the Sacred Language, Writings, and Religion of the Parsis*, London: Trübner & Co., Ludgate Hill, 1884; repr. London: Routledge, 2000, 2002.

Henning, W. B., *Zoroaster: Politician or Witch-doctor?* London: Oxford University Press, 1951.

—— *W. B. Henning's Selected Papers*, Leiden: E. J. Brill, 1977.

Herzfeld, E., *Zoroaster and his world*, 2 vols., Princeton: Princeton University Press, 1947.

Hinnells, J. R., *Zoroastrian and Parsi Studies. Selected Works of John R. Hinnells*, Aldershot et al.: Ashgate Publishing Ltd., 2000.

Hintze, A., *Der Zamyad Yasht: Edition, Übersetzung, Kommentar*, Wiesbaden: Dr. Ludwig Reichert Verlag, 1994.

—— *‚Lohn' im Indoiranischen: Eine semantische Studie des Rigveda und Avesta*, Wiesbaden: Dr. Ludwig Reichert Verlag, 2000.

——*A Zoroastrian Liturgy: The Worship in Seven Chapters (Yasna 35–41)*, Wiesbaden: Harrassowitz, 2007.

Hinz, W., *Zarathustra*, Stuttgart: W. Kohlhammer Verlag, 1961.

Hoffmann, K., *Aufsätze zur Indoiranistik*, Band 1–3, Wiesbaden: Dr. Ludwig Reichert Verlag, 1975, 1976, 1992.

Hoffmann, K. & Johanna Narten, *Der Sasanidische Archetypus: Untersuchungen zu Schreibung und Lautgestalt des Avestischen*, Wiesbaden: Dr. Ludwig Reichert Verlag, 1989.

Hovannisian, R. G. & Sabagh, G., *The Persian Presence in the Islamic World*, Cambridge, 1998.

Humbach, H. in collaboration with J. Elfenbein and P. O. Skjærvø, *The Gāthās of Zarathushtra and the Other Old Avestan Texts*, 2 vols., Heidelberg: Carl Winter·Universitätsverlag, 1991.

Humbach, H. and Klaus Faiss, *Zarathushtra and His Antagonists*, Wiesbaden: Dr. Ludwig Reichert Verlag, 2010.

Jaafari-Dehaghi, M., *Dādestān ī Dēnīg. Part I: Transcription,*

Translation and Commentary, Paris: Association pour l'Avancement des Études Iraniennes, 1998.

Jackson, A. V. W., *Zoroaster: The Prophet of Ancient Iran*, New York: Columbia University Press, 1899.

—— *Zoroastrian Studies: The Iranian Religion and Various Monographs*, New York: Columbia University Press, 1928.

de Jong, A., *Traditions of the Magi: Zoroastrianism in Greek and Latin Literature*, Leiden · New York · Köln: Brill, 1997.

Kellens, J., *Essays on Zarathustra and Zoroastrianism*, transl. and ed. By P. O. Skjærvø, Costa Mesa: Mazda Publishers, Inc., 2000.

Kellens, J. & E. Pirart, *Les textes vieil-avestiques*, Vol.I-III, Wiesbaden: Dr. Ludwig Reichert Verlag, 1988, 1989, 1991.

Klingenschmitt, G., *Frahang i ōīm. Edition und Kommentar*, Ph.D. diss., University of Erlangen, 1968.

Kotwal, F. M., *The Supplementary Texts to the Šāyest nē-šāyest*, Munksgaard · Copenhagen: Det Kongelige Danske Videnskabernes Selskab, 1969.

Kotwal, F. M. & J. W. Boyd, *A Persian Offering. The Yasna: A Zoroastrian High Liturgy*, Paris: Association pour l'Avancement des Études Iraniennes, 1991.

Kotwal, F. M. & A. Hintze, *The Khorda Avesta and Yašt Codex E1: Facsimile edition*, Wiesbaden: Harrassowitz Verlag, 2008.

Kotwal, F. M. & Ph. G. Kreyenbroek, *The Hērbedestān and Nērangestān*, Vol. I-IV, Paris: Association Pour l'Avancement des Études Iraniennes, 1992, 1995, 2003, 2009.

Kreyenbroek, Ph. G., *Sraoša in the Zoroastrian Tradition*, Leiden: E. J. Brill, 1985.

—— *Living Zoroastrianism: Urban Parsis Speak about their Religion*, Richmond: Curzon Press, 2001.

Lankarany, F.-Th., *Daēna im Avesta: Eine semantische Untersuchung*, Reinbek: Wezler, Verlag für Orientalistische Fachpublikationen, 1985.

V. A. Livshits, *Sogdian epigraphy of Central Asia and Semirech'e*, translated from the Russian by Tom Stableford, ed. by Nicholas Sims-Williams, London: School of Oriental and African Studies, 2015.

Lommel, H., *Die Religion Zarathustras: nach dem Awesta dargestellt*, Tübingen: Mohr, 1930.

Lurje, P. B., *Personal Names in Sogdian texts*, Wien: Verlag der Österreichischen Akademie der Wissenschaften, 2010.

Macuch, M., *Das Sasanidische Rechtsbuch "Mātakdān i hazār dātistān" (Teil II)*, Wiesbaden: Franz Steiner Verlag GmbH, 1981.

—— *Rechtskasuistik und Gerichtspraxis zu Beginn des siebenten Jahrhunderts in Iran: Die Rechtssamlung des Farroḫmard i Wahrāmān*, Wiesbaden: Harrassowitz Verlag, 1993.

Malandra, William W., *An Introduction to Ancient Iranian Religion*, Minneapolis: University of Minnesota Press, 1983.

Malandra, William W. & Pallan Ichaporia eds., *The Pahlavi Yasna of the Gāthās and Yasna Haptaŋhāiti*, Wiesbaden: Dr. Ludwig Reichert Verlag, 2013.

Unvala, Manockji R. ed., *Dārāb Hormazyār's Rivāyat*, 2 vols., Bombay: British India Press, 1922.

Marshak, B. I., *Legends, Tales, and Fables in the Art of Sogdiana*, New York: Bibliotheca Persica Press, 2002.

de Menasce, J. tr., *Le troisième livre du Denkart*, Paris: Librairie C. Klincksieck, 1973.

Moazami, M., *Wrestling with the Demons of the Pahlavi Widēwdād: Transcription, Translation, and Commentary*, Leiden · Boston: Brill, 2014.

Modi, J. J., *The Religious System of the Parsis*, Bombay: Bombay Education Society's Press, 1903.

—— *The Religious Ceremonies and Customs of the Parsees*, 2nd edition, Bombay: Jehangir B. Karani's Sons, 1937.

Molé, M., *Culte, mythe et cosmologie dans l'Iran ancient: Le problème zoroastrien et la tradition mazdéenne*, Paris: Presses Universitaires de

France, 1963.

—— *La legende de Zoroastre: selon les textes pehlevis*, Paris: Librairie C. Klincksieck, 1967.

Moulton, J. H., *The Teaching of Zarathushtra: Eight lectures and addresses delivered to Parsis in Bombay*, Second Edition, Bombay: P. A. Wadia, 1917.

—— *The Treasure of the Magi: A Study of Modern Zoroastrianism*, London: Oxford University Press, 1917.

—— *Early Zoroastrianism*, London: Constable & Company Ltd, 1926.

Mukherjee, B. N., *Nanā on Lion: A Study in Kushāna Numismatic Art*, India · Calcutta: The Asiatic Society, 1969.

Narten, J., *Die Aməṣ̌a Spəṇtas im Avesta*, Wiesbaden: Otto Harrassowitz, 1982.

—— *Der Yasna Haptaŋhāiti*, Wiesbaden: Dr. Ludwig Reichert Verlag, 1986.

—— *Kleine Schriften,* Wiesbaden: Dr. Ludwig Reichert Verlag, 1995.

Nigosian, S. A., *The Zoroastrian Faith: Tradition and Modern Research*, Montreal & Kingston · London · Buffalo: McGill-Queen's University Press, 1993.

Nyberg, H. S., *Texte zum mazdayasnischen Kalender*, Uppsala: A.-B. Lundequistska Bokhandeln, 1931.

—— *Die Religionen des Alten Iran*, Deutsch von H. H. Schaeder, Leipzig: J. C. Hinrichs Verlag, 1938.

—— *A Manual of Pahlavi*, Part I–II, Wiesbaden: Otto Harrassowitz, 1964, 1974.

Pakzad, F., *Bundahišn: Zoroastrische Kosmologie und Kosmogonie*, Kapitel I–VI, Universität Tübingen, 2003.

Panaino, A., *Tištrya*, Part I, *The Avestan Hymn to Sirius*, Roma: Istituto Italiano per il Medio ed Estremo Oriente, 1990.

—— *Tištrya*, Part II, *The Iranian Myth of the Star Sirius*, Roma: Istituto Italiano per il Medio ed Estremo Oriente, 1995.

Pourshariati, P., *Decline and Fall of the Sasanian Empire: The Sasanian-Parthian Confederacy and the Arab Conquest of Iran*, London·New York: I. B. Tauris, 2008.

Rose, J., *Zoroastrianism: An Introduction*, London·New York: I. B. Tauris, 2011.

Rosenfield, John M., *The Dynastic Arts of the Kushans*, Berkeley and Los Angeles: University of California Press, 1967.

Russell, James R., *Zoroastrianism in Armenia*, Harvard Iranian Series, Vol.5, Cambridge, MA: Harvard University, 1987.

Schippmann, K., *Die iranischen Feuerheiligtümer*, Berlin·New York: Walter de Gruyter, 1971.

Schlerath, B. ed., *Zarathustra*, Wege der Forschung 159, Darmstadt: Wissenschaftliche Buchgesellschaft, 1970.

Shaked, S., *The Wisdom of the Sasanian Sages (Dēnkard VI)*, Boulder, Colorado: Westview Press, 1979.

—— *Dualism in Transformation: Varieties of Religion in Sasanian Iran*, London: School of Oriental and African Studies, University of London, 1994.

—— *From Zoroastrian Iran to Islam: Studies in Religious History and Intercultural Contacts*, Variorum, 1995.

Shenkar, M., *Intangible Spirits and Graven Images: The Iconography of Deities in the Pre-Islamic Iranian World*, Leiden·Boston: Brill, 2014.

Škoda, V. G., *The Temples of Penjikent and the Problems of Sogdian Religion (5th to 8th Centuries)*, in Russian, St. Petersburg, 2009.

Skjærvø, P. O., *The Spirit of Zoroastrianism*, New Haven and London: Yale University Press, 2011.

Stausberg, M., *Faszination Zarathushtra: Zoroaster und die Europäische Religionsgeschichte der Frühen Neuzeit*, Berlin·New York: Walter de Gruyter, 1998.

—— *Die Religion Zarathushtras: Geschichte-Gegenwart-Rituale*, Vol.1–2, Stuttgart: Verlag W. Kohlhammer, 2002.

—— *Die Religion Zarathushtras: Geschichte-Gegenwart-Rituale*, Vol.3,

Stuttgart: Verlag W. Kohlhammer, 2004.

—— ed., *Zoroastrian rituals in Context*, Leiden · Boston: Brill, 2004.

—— etc. eds., *The Wiley Blackwell Companion to Zoroastrianism*, West Sussex: John Wiley & Sons. Ltd., 2015.

Stewart, S. ed., *The Everlasting Flame: Zoroastrianism in History and Imagination*, London: Tauris, 2013.

Tavadia, J. C., *Šāyest-nē-šāyest, A Pahlavi Text on Religious Customs*, Hamburg: Friederichsen, de Gruyter & CO m.b.H., 1930.

Unvala, Manockji R. ed., *Dārāb Hormazyār's Rivāyat*, 2 vols, Bombay: British India Press, 1922.

de la Vaissière, E., *Histoire des marchands sogdiens*, Paris: Collège de France, Institut des Hautes Etudes Chinoises, 2002; 2ⁿᵈ ed., 2004.

—— *Sogdian Traders. A History*, tr. by James Ward, Leiden · Boston: Brill, 2005.

West, M. L., *The Hymns of Zoroaster: A New Translation of the Most Ancient Sacred Texts of Iran*, London · New York: I. B. Tauris, 2010.

Wiesehöfer, J., *Ancient Persia. From 550 BC to 650 AD*, transl. by Azizeh Azodi, London · New York: I. B. Tauris Publishers, 1996.

Williams, Alan V. ed. and tr., *The Pahlavi Rivāyat Accompanying the Dādestān ī Dēnīg*, 2 vols., Munksgaard · Copenhagen: Det Kongelige Danske Videnskabernes Selskab, 1990.

——*The Zoroastrian Myth of Migration from Iran and Settlement in the Indian Diaspora*, Leiden · Boston: Brill, 2009.

Williams, R. G. & J. W. Boyd, *Ritual Art and Knowledge: Aesthetic Theory and Zoroastrian Ritual*, Columbia: University of South Carolina Press, 1993.

Wolff, F., *Avesta: Die heiligen Bücher der Parsen*, Strassburg: Verlag von Karl J. Trübner, 1910.

Yarshater, E. ed., *The Cambridge History of Iran*, Vol.3, I–II, Cambridge: Cambridge University Press, 1983.

—— *Encyclopaedia Iranica*, New York, 1982 ff. on Encyclopædia

Iranica (iranicaonline.org).

    Zaehner, R. C., *Zurvān: A Zoroastrian Dilemma*, Oxford: The Clarendon Press, 1955.

    —— *The Teachings of the Magi: A Compendium of Zoroastrian Beliefs*, London: G. Allen and Unwin, 1956.

    —— *The Dawn and Twilight of Zoroastrianism*, London: Weidenfeld and Nicolson, 1961.

后　记

本书的撰写一如既往地得到业师林悟殊先生和蔡鸿生先生的指导和鼓励，可惜书稿未成，而蔡师已遽归道山，谨将此书献给蔡师在天之灵。

本书部分内容曾以单篇论文形式在不同的学术报告会和期刊、论文集发表，此次诠次成书时均做了不同程度的技术处理。谨向提供学术交流机会的荣新江、罗丰、沈睿文、郝春文、游自勇、贺喜、杨富学、沙武田、张晓校、李军、张达志、赵洪娟等先生，以及静冈文化艺术大学的青木健教授和奈良县立大学的中岛敬介先生表示感谢。在论文正式刊发过程中，葛承雍、李锦绣、刘进宝、冯培红、国洪更、党燕妮、陈霞诸先生，以及《文史》《世界历史》《欧亚学刊》《丝路文明》《丝绸之路考古》《考古学研究》《丝绸之路研究集刊》《中国中古史集刊》《唐研究》《西域研究》《敦煌研究》等期刊的编辑部及编辑老师均惠予方便，提供帮助。本书部分章节的撰写是和研究生李清波、毛宝艳、庞晓林一起合作完成的。此外，徐松岩、陈明、林圣智、徐弛、常宗政、罗帅、孙武军、王庆昱、巫新华、已故的赵和平先生，伦敦大学的 N. Sims-Williams 教授，德国波鸿大学的 Kianoosh Rezania 教授，印度孟买的 Parvez Bajan 教授、塔吉克国立古代博物馆的 Kamila Majlunova 女士，日本的福岛惠博士、影山悦子博士，香港大学的李美贤女士、郑妙冰博士，香港前辈詹益邦先生，研究生李晓嘉、张宇，来自伊朗的波斯语老师麦迪均为本书撰写提供过各种帮助。书稿最后三节是2018—2019年在德国图宾根大学访学时完成的，谨向资助访学的暨南大学"彭磷基青年骨干教师出国访学项目"和提供诸多方便的图宾根大学汉学系黄菲教授、傅汉思教授（Hans Ulrich Vogel）、闵道安教授（Achim Mittag）表示感谢。同时也多谢暨南大学文学院、历史系、社科处等单位的领导和同事，在日常教学科研中给予的诸多帮助。本书是国家社科基金青年项目的结项成果，本书出版也得到暨南大学高水平大学建设经费资助，一并致谢。

　　需要指出的是，本书的各章节均曾单独成文发表，内容难免重复，敬祈读者谅解。曾翊健同学认真校对了书稿，纠正了不少错误，谨致谢忱。非常感谢上海古籍出版社，特别是吕瑞锋、胡文波先生和盛洁女史为本书出版所做的努力。限于学力，书中尚有诸多不足及错误之处，概由笔者负责。

张小贵

2021年3月19日

图书在版编目（CIP）数据

中古祆教东传及其华化研究 / 张小贵著. —上海：
上海古籍出版社, 2022.11
　ISBN 978-7-5732-0484-4

　Ⅰ. ①中… Ⅱ. ①张… Ⅲ. ①祆教—研究—中国—中
古 Ⅳ. ①B983.8

中国版本图书馆CIP数据核字（2022）第201262号

中古祆教东传及其华化研究

张小贵　著

上海古籍出版社出版发行

（上海市闵行区号景路159弄1-5号A座5F　邮政编码201101）

　　（1）网址：www. guji. com. cn
　　（2）E-mail：guji1@guji. com. cn
　　（3）易文网网址：www. ewen. co

浙江临安曙光印务有限公司印刷

开本890×1240　1/32　印张10.125　插页2　字数245,000
2022年11月第1版　2022年11月第1次印刷
ISBN 978-7-5732-0484-4

B·1283　定价：58.00元
如有质量问题，请与承印公司联系